江苏档案精品选编纂委员会

江苏省明清以来档案精品选

淮安卷

江苏人民出版社

总 目

序

谢 波

　　档案馆作为永久保管档案的基地，是人类文化传承的重要载体和思想文化创新的重要源泉。

　　编纂《江苏省明清以来档案精品选》，是全省档案系统共同开展的一项档案文化建设重点工程，是我省档案部门履行"为党管档、为国守史、为民服务"使命要求，围绕中心、服务大局的一项重要举措，根本目的是整合全省档案精品资源，集中公布江苏档案资源建设的丰硕成果，展示江苏历史、人文的丰厚底蕴，服务社会主义文化大发展大繁荣。

　　江苏物华天宝，人杰地灵，养育了一代又一代勤劳智慧、心灵手巧的人民，创造出了辉煌灿烂的物质文明和精神文明。自明清以来，江苏的综合实力在中国的省级政区中就一直居于前列。新中国成立后特别是改革开放以来，江苏各项事业高速发展，在经济、政治、社会、文化等各方面均处于全国领先位置，积累了雄厚的经济文化实力。这一领先的进程，真实地定格于档案中，保存于全省各级各类档案馆里。

　　这些档案，浩如烟海。丰富翔实的档案史料，客观记载了江苏各项事业发展演化的脉络，反映了历史发展变化的内在规律，是我们今天多角度深入了解和研究明清以来江苏政治、经济、军事、文化以及社会情况的第一手珍贵资料。特别是中国共产党成立以来形成和保存下来的大量珍贵档案，再现了江苏人民在党的领导下开展革命斗争、社会主义建设和改革开放，全面建设小康社会、建设美丽江苏的光辉历程，这是国家珍贵的文化财富、民族的宝贵遗产，是我们今天开展党史研究的宝贵资源和党史教育的重要素材。

　　前事不忘，后事之师。记载着历史真实面貌的档案资料，是续写江苏更加辉煌灿烂历史新篇章的重要参考和借鉴。编纂档案文献资料，留存社会发展的足迹，服务今天的经济社会各项事业，是我国档案界、史学界的优秀传统，是中华文明生生不息、不断进步的重要源泉。也正是这一优秀传统，使得中华文明能够随着历史的发展、社会的进步而不断充实新的内容。通过档案工作者有选择地编纂加工，使海量的档案资源更加有序化，为党和政府重大决策提供参考，为人民群众接触档案、了解档案、利用档案提供便利，是档案工作者的职责所在。正是基于这一要求，全省档案部门集中力量，对各级档案馆中的档案进行梳理，编辑出版了《江苏省明清以来档案精品选》。通过本书的编纂出版，整合全省档案精品资源，发挥规模效应，使江苏历史、人文的丰厚底蕴得到集中展示，使档案存史、资政、育人功能得到更好的发挥，同时为我们大力开展爱党、爱国、爱家乡教育提供丰富的第一手教材。这是我省档案部门围绕中心、服务大局的一项重要工作创新，也是档案部门贯彻落实党的十八大精神、服务文化强省建设的具体举措。同时，《江苏省明清以来档案精品选》的编纂出版，定能为学术界开发利用档案创造便利的条件。通过对明清以来历史档案的开发利用，探寻我省近代以来各项事业发展演化的脉络，把握历史发展变化的内在规律，为当代经济社会各项事业发展服务，为建设美丽江苏书写更加辉煌灿烂的新篇章。

2013年7月

前言

淮安市（2001年由原淮阴市更名）现辖清河、清浦、淮阴、淮安4区，涟水、洪泽、盱眙、金湖4县。作为全国历史文化名城和革命老区，特别是一代伟人周恩来的故乡，淮安蕴涵了极为丰富的档案资源。从大量的档案史料中遴选出精品，编辑出版《江苏省明清以来档案精品选·淮安卷》（本书以下简称《淮安卷》），具有重要的历史文化价值，也是淮安繁荣大文化建设的一块厚重基石。

根据江苏省档案局的统一部署，编者主要着眼于辖地馆藏，对藏品进行全面梳理，反复斟酌，精中选优之后，最终确定了精品范围。其内容涉及政治、经济、军事、文化、科教等方面。《淮安卷》共搜集了35件（组）档案精品，主要包括明清档案、民国档案、革命历史档案、中华人民共和国成立后档案4个部分。

一、明清档案7件（组）。包括明代盱眙县村民宅基地买卖契约、清代《淮安城市坿近图》、清末淮安籍绅士杜秉寅家政文书、《淮郡历科题名碑》等。其中，明天启五年（1625）形成的盱眙县村民宅基地买卖契约年代久远、十分罕见，系"江苏省珍贵档案"；光绪年间的《淮安城市坿近图》，清晰可见旧城、新城和夹城"三联城"格局，尽显淮安（现淮安市淮安区）古城旧貌，为研究我国地图测绘、历史古城建筑以及城市规划等提供了极为少见的第一手资料；淮安籍绅士杜秉寅的家政文书乃保存较为完好的私人档案，主要是其与家人之间三十多年间（1884~1916）就经营生意、料理家业方面的来往信函、账簿、税据、契约等，对于研究清末民初淮商及地方社会、经济状况，有着重要的参考价值。

二、民国档案4件（组）。包括江苏银行清江支行财务决算报告、淮阴船闸工程设计施工图纸、万国储蓄会储蓄单和江苏省立淮阴师范学校复校史料。其中，江苏省立淮阴师范学校复校史料，对于研究两淮（淮阴、淮安）地方文化教育以及淮阴师范学校（院）、江苏省淮阴中学、淮安中学校史都有十分重要的参考价值。

三、革命历史档案11件（组）。包括抗日战争时期高邮县政府、津浦路东各县联防办事处等对敌斗争所制发的一系列通令、训令，解放战争时期华中银行、新四军淮阴县办事处及华中行政办事处等形成的文件、照片。其中，抗日战争时期的革命历史档案，是从金湖县档案馆保存的833件"江苏省珍贵档案"中精选出来的。其内容反映了当时抗日民主政府在加强武装建设、打击日伪顽、扩大抗日救亡政策宣传、密切军民关系、提高群众文化水平、促进当地经济社会发展等方面所作出的努力，是研究地方革命史以及进行爱国主义教育极为珍贵的素材。

四、中华人民共和国成立后档案13件（组）。主要是著名人物的手迹、名人故居修建档案。其中：刘少奇给中共盱眙县委的信和题写的《盱眙日报》报头，周恩来给淮安县人民委员会的信、为《淮安日报》题写的报头和给淮安县负责人的题词，邓颖超给周尔辉、孙桂云并转淮安县委领导同志的信，以及邓小平为周恩来纪念馆题写的馆名都是"江苏省珍贵档案"。淮安是以他们为代表的老一辈无产阶级革命家生活或工作、战斗过的地方。此类档案体现了他们对淮安人民的深情厚谊和对淮安工作的关怀指导，值得我们永远铭记。

《淮安卷》的编纂出版，整合了现有的淮安档案精品资源，从一定的视角展示了淮安历史、人文的丰厚底蕴，这是全市档案部门长期以来付出艰辛劳动的成果。但我们在编纂过程中发觉，由于种种原因，馆藏历史档案仍显欠缺，档案收集工作任重而道远、光荣而艰巨。档案事业的建设和发展一方面需要"档案馆走向社会"，不断增强服务社会的能力；另一方面也需要"社会走进档案馆"，不断引导广大利用者走进档案馆，分享档案资源建设及其编研成果，使广大人民群众逐步了解、认同档案馆的公共性和公益性，从而更加支持档案资源建设。而《淮安卷》的出版发行正是一种宣传和引导的好形式。编者希望，借助淮安和全省档案精品的价值和影响，发挥规模效应，宣传档案工作，提升档案工作的社会影响力，提高社会对珍贵档案的保护意识和关注度，以推动档案收集工作可持续健康发展。

编 者

2013年7月

凡例

为便于读者查阅和利用，本书采用了图文对照的编排形式，每件（组）档案精品由保管单位、内容及评价、原件影印件和原文照录等四部分组成。对收录的档案文献在保持历史原貌的前提下，进行了一些必要的技术加工，主要有以下几个方面：

一、标题：所辑档案文献，凡没有标题或原标题过于简单的，均由编者重新拟定了标题。读者可在阅读原文时加以对照，编者将不予一一加注。

二、形成时间：本书所辑档案文献一般按时间顺序排列。原文有落款时间的，沿用原文时间；原文无落款时间而标出时间的，均为编者考订而得出，以"*"标出。

三、文字校勘：因原件残缺、污损等原因，致使字迹脱落或辨认不清的字，用"□"表示，每一"□"代表一个字；错别字后用"［］"符号，并于其中补以正字；"〈 〉"表示编者增补之字；"（ ）"一般用于需要提示或说明的地方，如：（花押）、（印章）等；不常用的繁体字一般改为简化字。

四、语句格式处理：在原文照录中，凡原文无标点及标点不完全的，均作了重新标点和分段。

目录
Contents

革命历史档案
Archives of the Revolutionary History

中华人民共和国成立后档案
Archives after the Founding of PRC

明清档案

盱眙县村民宅基地买卖契约

保管单位：盱眙县档案馆

内容及评价：

盱眙县村民宅基地买卖契约形成于明天启五年（1625）。是年农历三月初九日，盱眙县桂五镇刁营村农民耿尚贤、耿尚林兄弟因急需用钱，经中人说合，将宅基地变卖给村民刁干廷，并立下变卖文契。该文契基本完整，格式规范，是盱眙乃至苏北地区现存最早的房地产交易文契，为研究明清房地产交易提供依据，具有珍贵的史料价值。

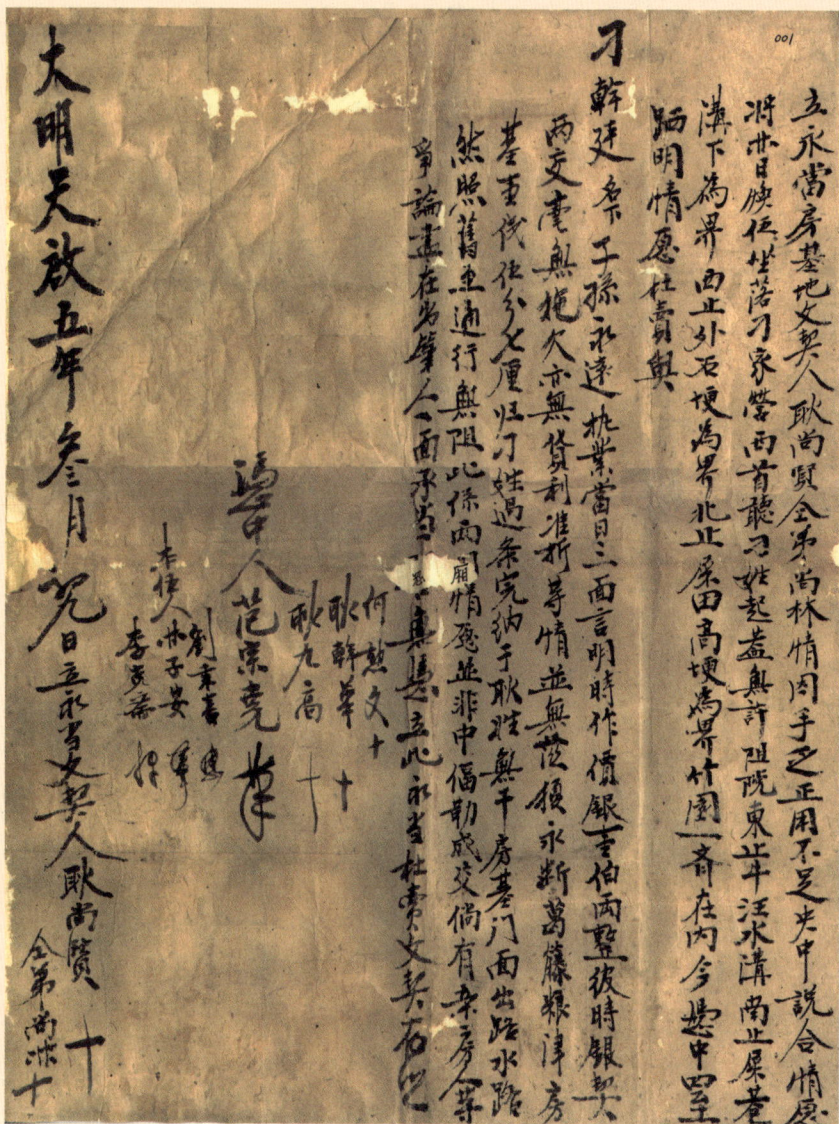

盱眙县村民宅基地买卖契约

全文：

立永当房基地文契人耿尚贤同弟尚林，情因手乏正用不足，央中说合，情愿将林日焕伍坐落习家营西首听，习姓起盖无许阻挡。东止牛汪水沟，南止屎巷沟下为界，西止外石埂为界，北止屎田高埂为界，竹园一齐在内，今凭中四至跐明，情愿杜卖与习干廷名下，子孙永远执业。当日三面言明，时作价银壹佰两整，彼时银契两交毫无拖欠，亦无贷利准折等情，并无兹扰，永断葛藤粮津。房基壹钱伍分七厘归习姓，过条完纳，于耿姓无干。房基门面出路水路然照旧至通行无阻。此系两相情愿，并非中偪勒成交。倘有亲房人等争论，尽在出笔人一面承当。恐无凭，立此永当杜卖文契存照。

何动文（花押）

耿干华（花押）

耿九高（花押）

凭中人　范宗尧（花押）

本伍人　刘秉□（花押）

林子安（花押）

李克斋（花押）

大明天启五年三月初九日立永当文契人　耿尚贤（花押）　同弟尚林（花押）

淮阴县村民农田买卖契约

保管单位： 淮安市淮阴区档案馆

内容及评价：

淮阴县村民农田买卖契约共3件，形成于清嘉庆十七年（1812）至1931年。清嘉庆十七年（1812）农历十月初九日，淮阴县（现淮安市淮阴区）寿宁乡十一上五甲村民王姓兄弟，因急需用钱，经中人说合，将祖上留下的四十六亩四分五厘六毫八系七忽五照阳田卖给于善章，并立下绝卖文契（白契）。民国时期，地方政府曾于1928年、1931年两次对该契约进行验契注册，形成了国民政府财政部验契纸、江苏省淮阴县田地注册证各一份。其中，验契纸上同时盖有江苏省财政厅和淮阴县政府的骑缝章。此外，在原契约上贴有3枚票面为"壹角"的国民政府印花税票，加盖有"淮阴县政府印花税销讫"的印章。

这三件史料内容完整、格式规范、签署完备，真实地反映了清代土地买卖及民国时期地契管理的概况，是淮安市现存较早的地产交易史料，为研究清代、民国地产交易与管理提供原始依据，具有珍贵的史料价值。该档案是上海市档案馆于1975年移交给淮阴县档案馆的。

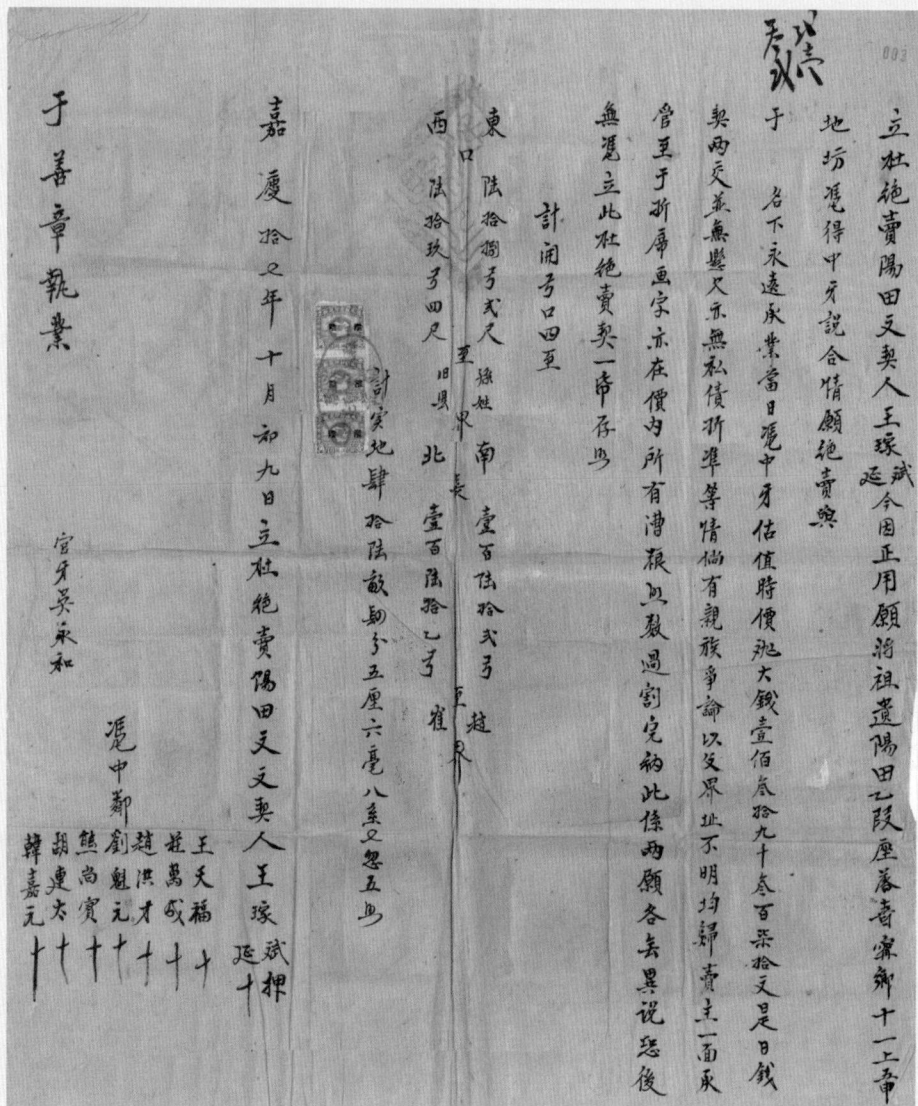

清嘉庆年间淮阴县田地买卖契约

全文：

立杜绝卖阳田文契人王琢斌、王琢延，今因正用，愿将祖遗阳田乙段，座落寿宁乡十一上五甲地坊，凭得中牙说合，情愿绝卖与于名下永远承业。当日凭中牙估值时价姚大钱壹佰叁拾九千叁百柒拾文。是日钱契两交，并无悬欠，亦无私债折准等情。倘有亲族争论以及界址不明，均归卖主一面承管。至于折席画字亦在价内。所有漕粮照数过割完纳。此系两愿，各无异说。恐后无凭，立此杜绝卖契一纸存照。

计开弓口四至。

东口陆拾捌弓贰尺至孙姓界，南长壹百陆拾贰弓至赵界；

西口陆拾玖弓四尺至旧县界，北长壹百陆拾乙弓至崔界；

计实地肆拾陆亩肆分五厘六毫八系七忽五照。

嘉庆拾七年十月初九日立杜绝卖阳田文文契人　王琢斌　押

立杜绝卖阳田文文契人　王琢延（花押）

凭中邻　王天福（花押）

庄万成（花押）

赵洪才（花押）

刘魁元（花押）

熊尚宾（花押）

胡连太（花押）

韩嘉元（花押）

于善章执业　　　官牙吴永和

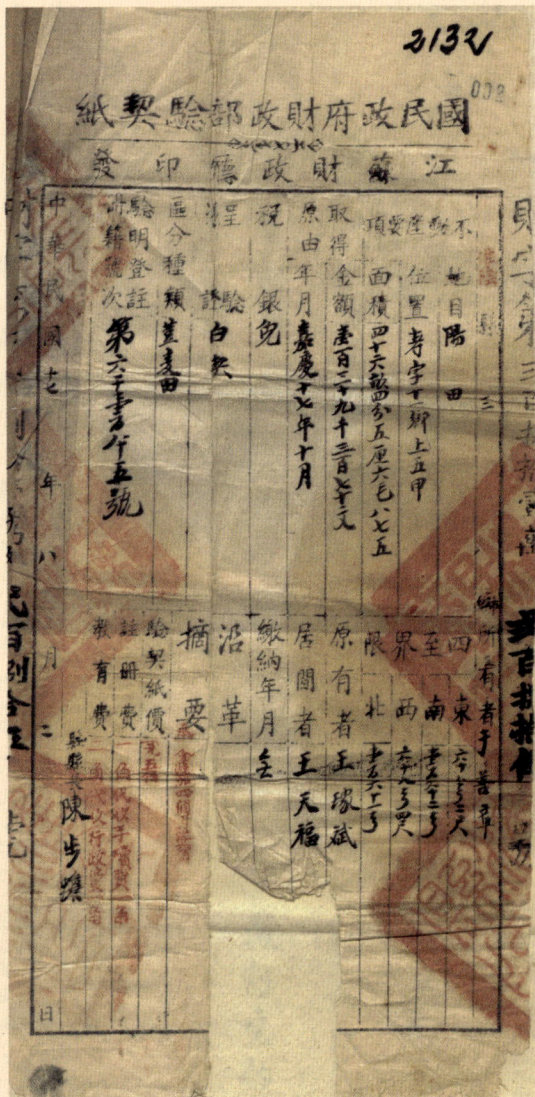

国民政府财政部验契纸

全文：

财字第叁佰捌壹万贰佰捌拾伍号（骑缝书写半字）

国民政府财政部验契纸

江 苏 财 政 厅 印 发

淮阴县	三区	□□乡		所有者 于善章	
不动产要项	地 目	阳田	四至界限	东	六十八弓二尺
	位 置	寿字十一乡上五甲		南	壹百六十二弓
	面 积	四十六亩四分五厘六毫八七五		西	六十九弓四尺
				北	壹百六十一弓
取得原由	金 额	壹百三十九千三百七十文	原有者		王琢斌
	年 月	嘉庆十七年十月	居间者		王天福
税 银		免	缴纳年月		无
呈验凭证		白契	沿革摘要		奉□递加四个月□六角
区分种类		豆麦田	验契纸价		一元五角
验明登注册籍号次		第六千壹百八十五号	注 册 费		一角代收手续费一角
			教 育 费		二角代收行政费一角
淮阴县县长 陈步蟾					
中华民国十七年八月二日					

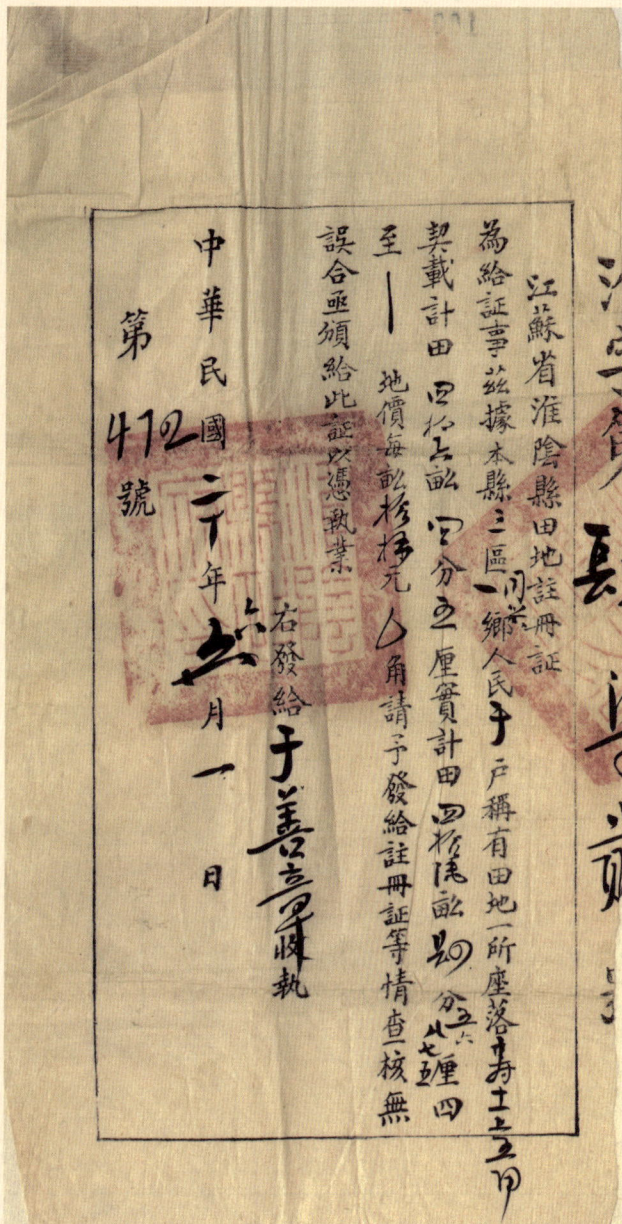

江苏省淮阴县田地注册证

全文：

淮字第 肆柒贰 号（骑缝书写半字）

江苏省淮阴县田地注册证

为给证事，兹据本县三区同兴乡人民于　户称，有田地一所座落寿十一上五甲，契载计田四拾六亩四分五厘，实计田四拾陆亩四分五六八七五厘四至——，地价每亩拾捌元　角，请予发给注册证等情。查核无误，合亟颁给此证，以凭执业。

右发给 于善章 收执

中华民国二十年六月一日（盖淮阴县政府印）

第 472 号

清河县村民宅基地买卖契约

保管单位： 淮安市档案馆

内容及评价：

清河县村民宅基地买卖契约共2件。其中，一件是同治十二年（1873）农历九月初一日清河县王厚昌将父遗宅基地一块绝卖于王九成的；一件是同治十三年（1874）农历六月十七日清河县刘大昌、谢李氏将祖产遗地绝卖于徐鹤庆的。这两件契约两份"编号官契"保存尚好，其内容基本完整，官牙、凭中等人员签名完备，盖有"官编印"等官方印章，对研究清代两淮城区（现淮安市区）房地产交易，具有重要参考价值。

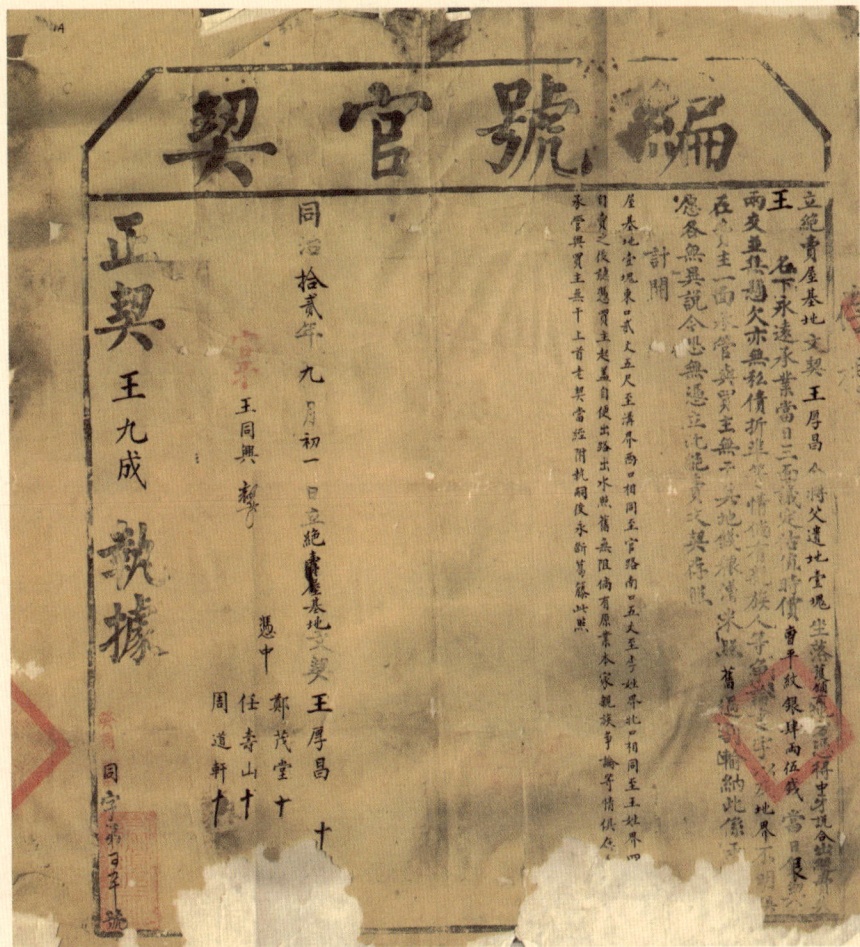

清河县宅基地买卖契约

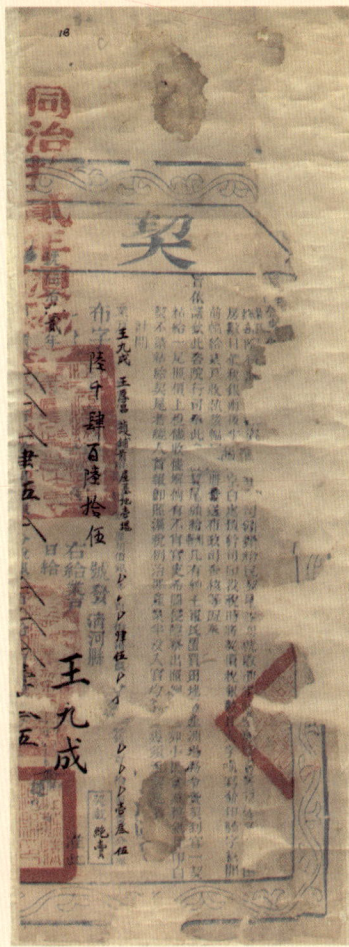

契尾

全文：

编号官契

　　立绝卖屋基地文契王厚昌，今将父遗地一块坐落护铺前地方，凭得中牙说合，出绝卖与王名下，永远承业。当日三面议定，估值时价曹平纹银四两五钱。当日银契两交，并无悬欠，亦无私债折准等情。倘有亲族人等争论、画字以及地界不明，俱在卖主一面承管。与买主无干。其地、钱、粮、漕米照旧过割输纳。此系两相情愿，各无异说。令恐无凭，立此绝卖文契存照。

　　计开

　　屋基地一块。东口二丈五尺至沟界，西口相同至官路，南口五丈至李姓界，北口相同至王姓界。四□□□□自卖之后，听凭买主起盖自便。出路出水照旧无阻。倘有原业、本家亲族争论等情，俱□□□□承管。与买主无干。上首老契，当经附执，嗣后永断葛藤。此照。

同治十二年九月初一日立绝卖屋基地文契王厚昌（花押）

官牙　王同兴（花押）

凭中　郑茂堂（花押）任寿山（花押）周道轩（花押）

正契　王九成 执据

癸酉　同字第□□□□号

（编号印章）

契尾全文（略）

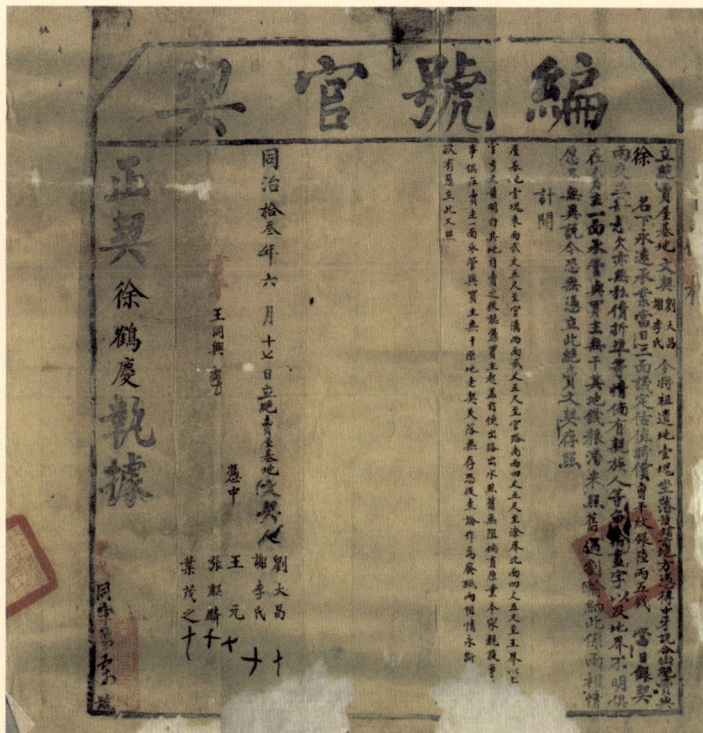

清河县村民宅基地买卖契约

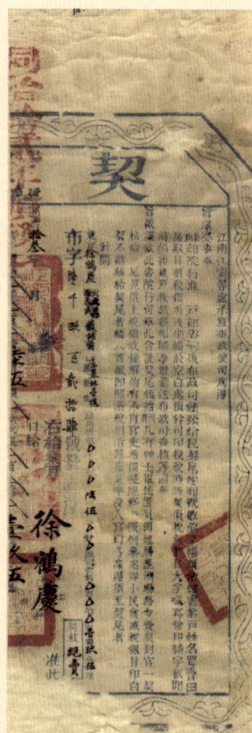

契尾

全文：

编号官契

　　立绝卖屋基地文契刘大昌、谢李氏，今将祖遗地一块坐落护铺前地方，凭得中牙说合，出绝卖与徐名下，永远承业。当日三面议定，估值时价曹平纹银六两五钱。当日银契两交，并无悬欠，亦无私债折准等情。倘有亲族人等争论、画字以及地界不明，俱在卖主一面承管，与买主无干。其地、钱、粮、漕米照旧过割输纳。此系两相情愿，各无异说。今恐无凭，立此绝卖文契存照。

　　计开

　　屋基地一块。东面二丈五尺至官沟，西面二丈五尺至官路，南面四丈五尺至涂界，北面四丈五尺至王界以上。□□□官弓丈量明白。其地自卖之后，听凭买主起盖自便。出路出水照旧无阻。倘有原业、本家亲族争□□□事，俱在卖主一面承管。与买主无干。原地老契失落无存，恐后查论作为废纸，两相情永断，□□□欲有凭，立此又照。

　　　　　　同治十三年六月十七日立绝卖屋基地 文契人　刘大昌（花押）谢李氏（花押）

　　　　　　　　　　　　　　　　凭中　王元（花押）张麒麟（花押）叶茂之（花押）

　　　　　　　　　　　　　　　　官牙　王同兴（花押）

　　　　　　　　　　　　　　　　正契　徐鹤庆 执据

　　　　　　　　　　　　　　甲戌同字第□□□号（编号印章）

　　　　　　　　　　　　　　　　　　　　　　　　　（契尾全文略）

《淮安城市坿近图》

保管单位：淮安市淮安区档案馆

内容及评价：

光绪三十四年（1908）初，江北陆军学堂组织学生实习，用经纬仪对学校所在地淮安府城进行测量，并按五千分之一的比例绘制《淮安城市坿近图》。是年四月，测绘完毕，委托浙江制印工程郑静甫描成底图。从这张地图中，可清晰地看出淮安古城在明代已形成了旧城、新城和夹城"三联城"的格局，尽显我国唯一的由三座城池相连的古城旧貌。图上详尽描绘了当时淮安府以镇淮楼、总督漕运公署、淮安府署和南门大街形成的一条中轴线，加上方整对称的棋盘形街道，是典型的州府格局。该图为研究我国地图测绘、历史古城建筑以及城市规划，提供了极为少见的第一手材料。

淮安城市坿近图

清末淮安籍绅士杜秉寅家政文书

保管单位：淮安市淮安区档案馆

内容及评价：

清末淮安籍绅士杜秉寅家政文书形成于清光绪十年（1884）至1916年。杜秉寅（1854～1923）字宾谷，道名默靖，江苏淮安（现淮安市淮安区）人，清代拔贡。清光绪十九年（1893）任山东邹县知县；光绪二十四年（1898）任高唐州知州；光绪二十六年（1900）任临清直隶州知州。杜秉寅先后参加过同善会、道院，是济南道院的创始人和最年长的道首。1921年3月，杜秉寅为第一任统院掌方（统掌），实是道院最高道首，负责道院一切事务，并和美国传教士李佳白等人在北京组织红卍字会筹备处，杜秉寅为世界红卍字会的创始人之一。清朝末年和民国初期，杜秉寅为山东有影响的官僚之一。

光绪年末，杜秉寅移居山东，在淮家业交由其二表兄杨聘斋经营打理，这组档案包含杜秉寅与杨聘斋相互之间30多年就经营生意、料理家业等方面的来往信函（密信和家信120余件）、账簿、税据、契约、电报以及贺卡、名贴等。这些档案原始材料由杨聘斋收藏在家中一只木箱内，保存较为完好。杜秉寅家政文书对于研究清末至民国初期淮商和地方政治、经济的发展，具有重要参考价值。

保存杜秉寅与杨聘斋家政文书的木箱

光绪十一年（1885）杏月合同

全文：

盖闻陈雷合志订盟，逾胶漆之坚，管鲍分金致富，通市厘之利，情因吾等各出支本，凑成足制钱捌百串，在南门大街麒麟巷南首租赁门面，开张全泰字号，售卖布匹等物。其本舒玉村翁出足大钱肆百千文，杨聘斋兄出足大钱肆百千文。公议每月权提官利壹分贰厘，按年终取付，事先不准预提。店事生意一切悉请舒玉村翁办理，每年俸金陆拾千文。杨聘斋兄每年俸金贰拾肆千文。两造除俸之外，每年不准透支分文。如有透支，至年终官利扣拨，毫无异说。舒春兄在店照应，每年俸金肆拾千文，亦不准透支。言明店中及诸友一概不准做小伙，恐有分心，各事难得划一。为此，预申两造概不许在店内挂欠分文，店友亦不得透支暂悬。彼此一德一心，以期店业日增月盛。遇有要事，公商酌办，不得一人专主。每年正月，公同结账一次。盈则照本公分，亏则照本公摊。每年除官利、店使、店费算清外，如有赢余提取贰成，照俸摊派。分送诸友，以答其劳。恐后无凭，立此合同，各执一纸永远存照。

光绪拾壹年杏月　日立合同

杨聘斋（画押）

舒玉村（画押）

凭中　曹润之（画押）

立此合同二纸各执一纸存照

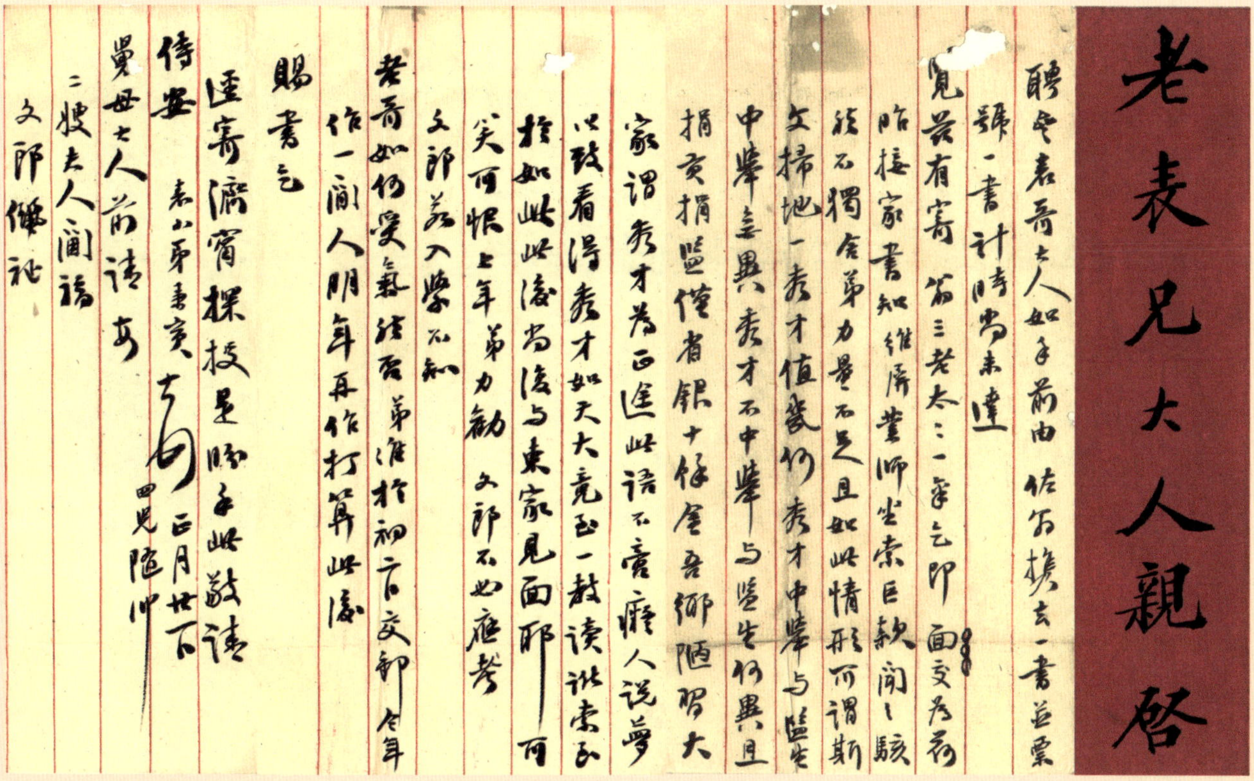

杜秉寅写给二表兄杨聘斋的信

全文：

聘斋表哥大人如手：

前由佐尔携去一书并票号一书，计时尚未达览，兹有寄翁三老太太一玺，乞即面交为荷。昨接家书，知准屏业师坐索巨款，闻之骇□。不独舍弟力量不足，且如此情形所谓斯文扫地。一秀才值几何？秀才中举与监生中举无异，秀才不中举与监生何异？且捐贡捐监仅省银十余金。吾乡陋习，大家谓秀才为正途，此语不啻痴人说梦，以致看得秀才如天大，竟至一教读讹索至于如此。此后，尚复与东家见面耶？可笑！可恨！上年，弟力劝文郎不必应考。文郎□入学不知，老哥如何受气□否？弟准于初二日交卸。今年作一闲人，明年再作打算。此后赐书乞迳寄济宁探投是盼。手此，敬请侍安。

表小弟秉寅顿首　正月廿一日　四儿随叩舅母大人前请安！二嫂夫人阃福！

文郎□祉。

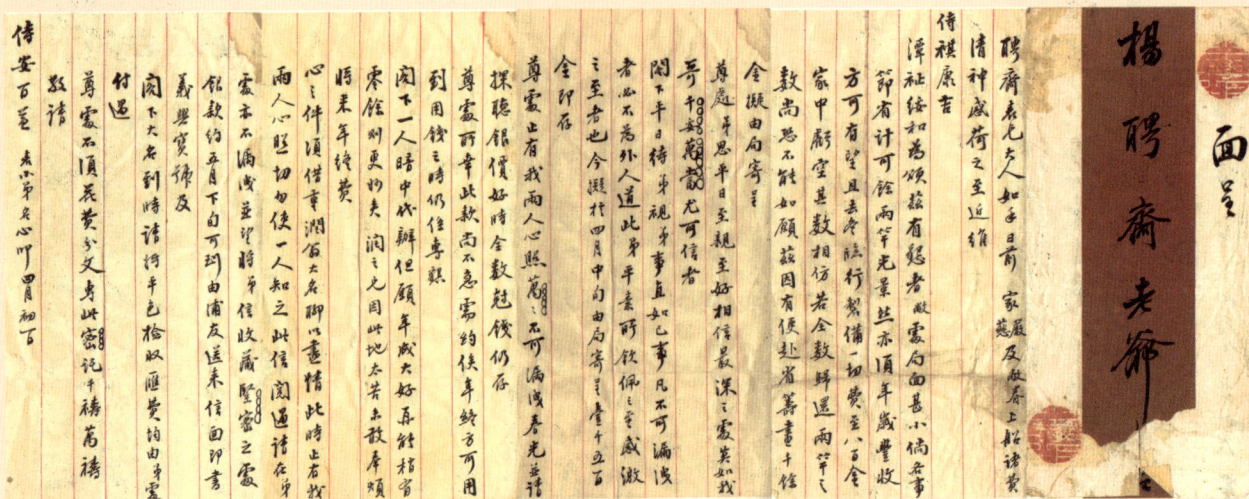

杜秉寅写给二表兄杨聘斋的信

全文:

聘斋表兄大人如手:

日前,家严、慈及敝眷上船,诸费清神,感荷之至。近维侍祺康吉,潭祉绥和为颂。兹有恳者,敝处局面甚小。倘各事节省,计可余两竿光景。然亦须年岁丰收,方可有望。且去冬临行制备一切费至八百金,家中亏空其数相仿。若全数归还两竿之数,尚恐不能如愿。兹因有便,赴省筹画千余金,拟由局寄呈尊处。弟思平日至亲至好,相信最深之处莫如我哥,千安万当尤可信者。

阁下平日待弟视弟事直如己事,凡不可漏泄者必不为外人道。此弟平素所钦佩之至,感激之至者也。今拟于四月中旬由局寄呈壹千五百金,即存尊处。止有我两人心照,万万不可漏泄春光。并请探听银价,好时全数克钱,仍存尊处。所幸此款尚不急需,约侯年终方可用到。用钱之时仍系专恳阁下一人暗中代办,但愿年成大好。再能稍有零余则更妙矣。润之兄因此地太苦,未敢奉烦。将来年终费心之件,须借重润翁大名聊以尽情,此时止有我两人心照,切勿使一人知之。此信阅过,请在弟处亦不漏泄,并望将弟信收藏紧密之处。银款约五月下旬可到,由浦友送来,信面即书义与宝号及阁下大名,到时请将平色检收。汇费均由弟处付过,尊处不须花费分文。专此密托,千祷万祷。

敬请侍安百益。

表小弟名心叩 四月初一日

杜秉寅写给二表兄杨聘斋的信

全文：

聘斋表兄大人如手：

前寄一函，谅蒙青睐。

比维上侍康娱，华潭迪吉为颂。弟一是敉平无善可告，惟家严慈以次均托庇平安，地方亦称绥谧堪慰雅怀。兹寄上库平足色宝银贰千两，祈拾收。此项系留作日后加捐花样之用，且恐明年结算交代有不敷之处，仍须抽提补足。故必须存典，方可便于取携。务请我哥代为筹商，不胜感荷。万一有为难之处，拟请趁银价好时暂为易钱，即存宝号候示，再为设法可也。手此，祗请侍安。

小弟秉寅 顿首 八月廿日

杨聘斋收到的电报

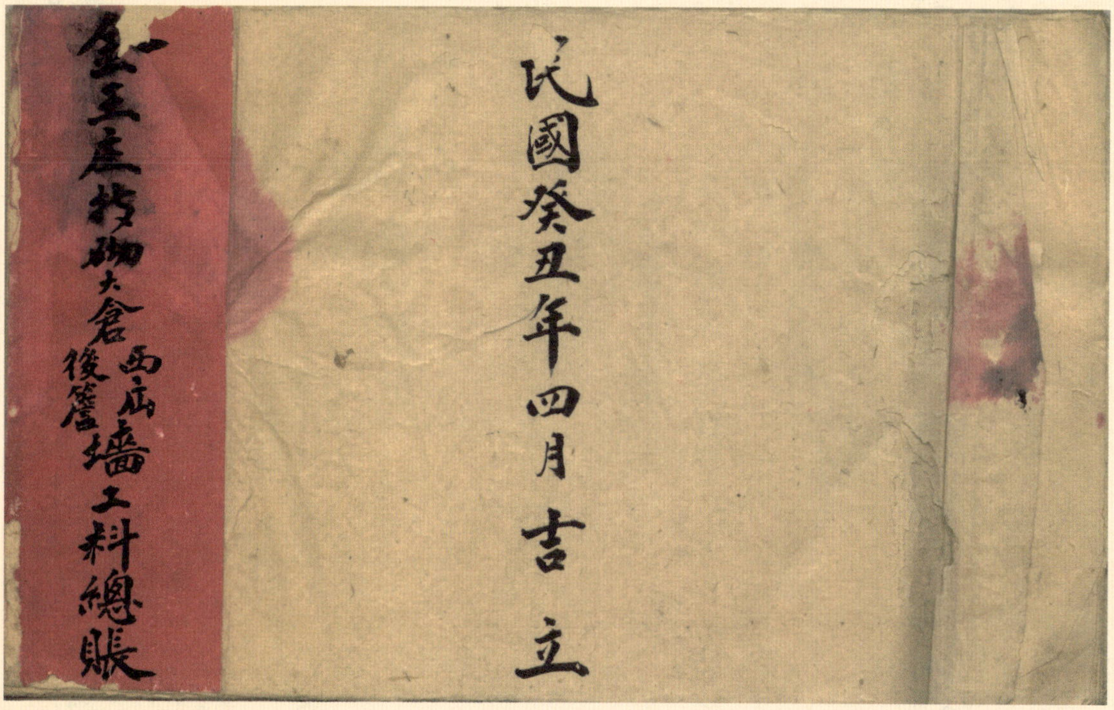

民國癸丑年四月吉立

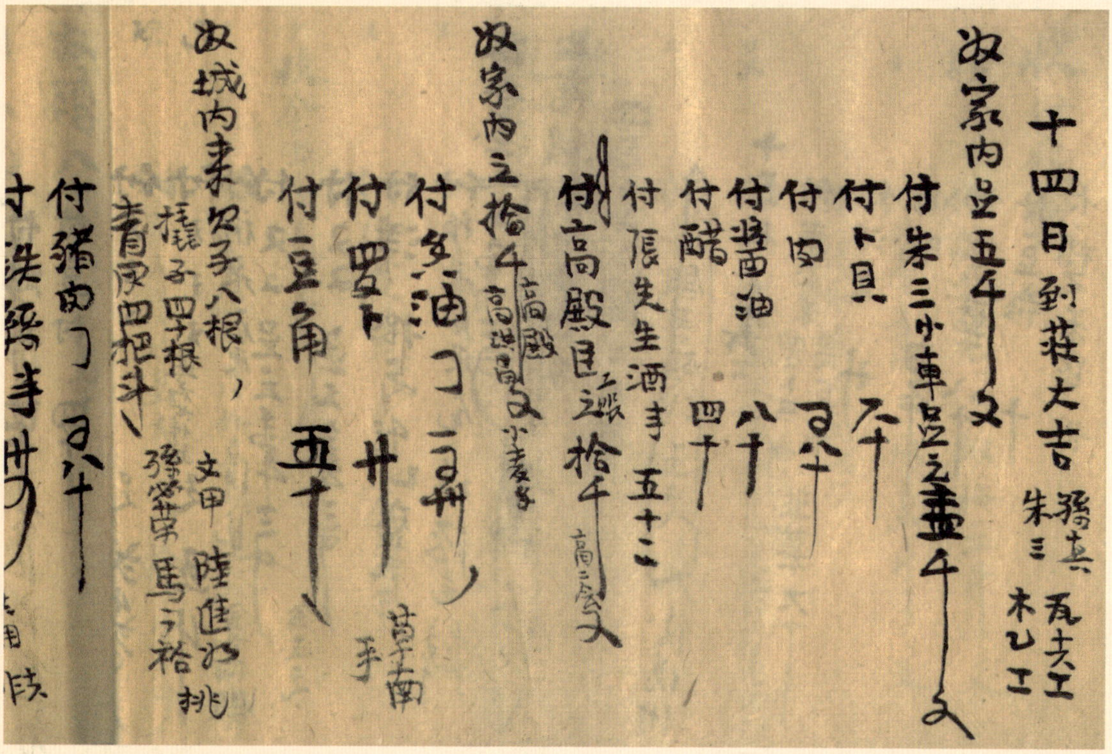

金玉庄挣砌大倉西麻後簷墻工料總賬

十四日到莊大吉 孫其 瓦士工 朱三 木上工

改宗内品五千又
付朱三小車品之金千又
付卜貝 不
付肉 又千
付醬油 八千
付醋 四千
付陳生酒手 五十二
僬高殿且二源拾千 高二殿又
改宗内三拾千 高殿又又小麦家
付各油一千 高殿
付罢卜 廿千 草南手
付豆角 五十千
改城内東双子八根一
撬子四根一
青廢四把斗 文甲 陸進水挑
孫愛宋 馬三裕
付豬的勺 又八十一
寸洗鍋手卅

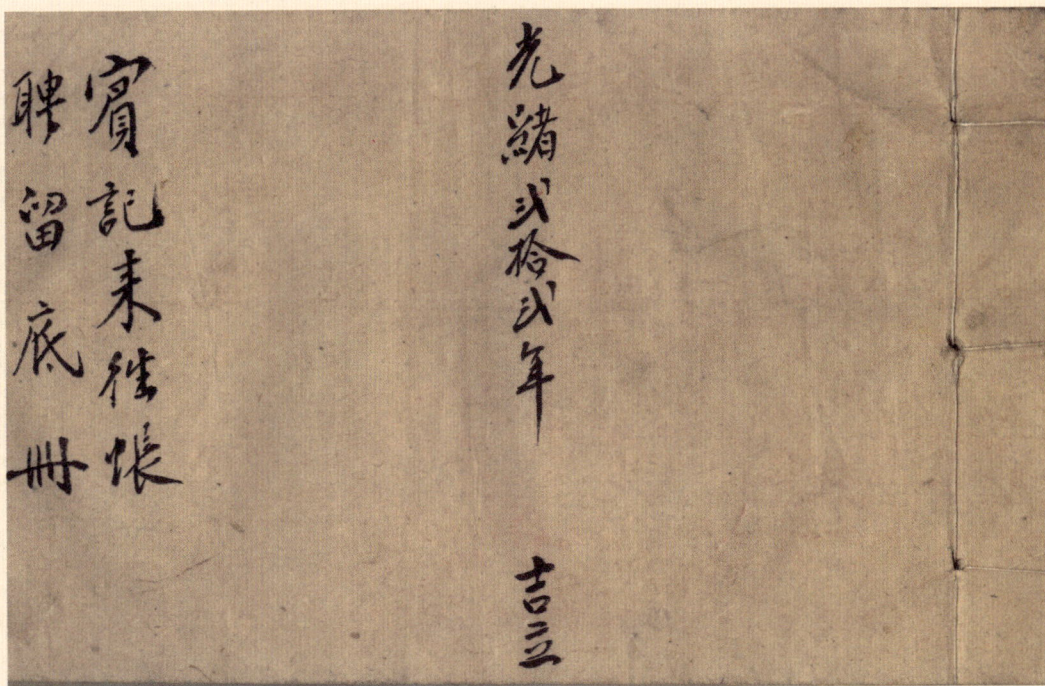

光绪二十二年（1896）的账簿与底册

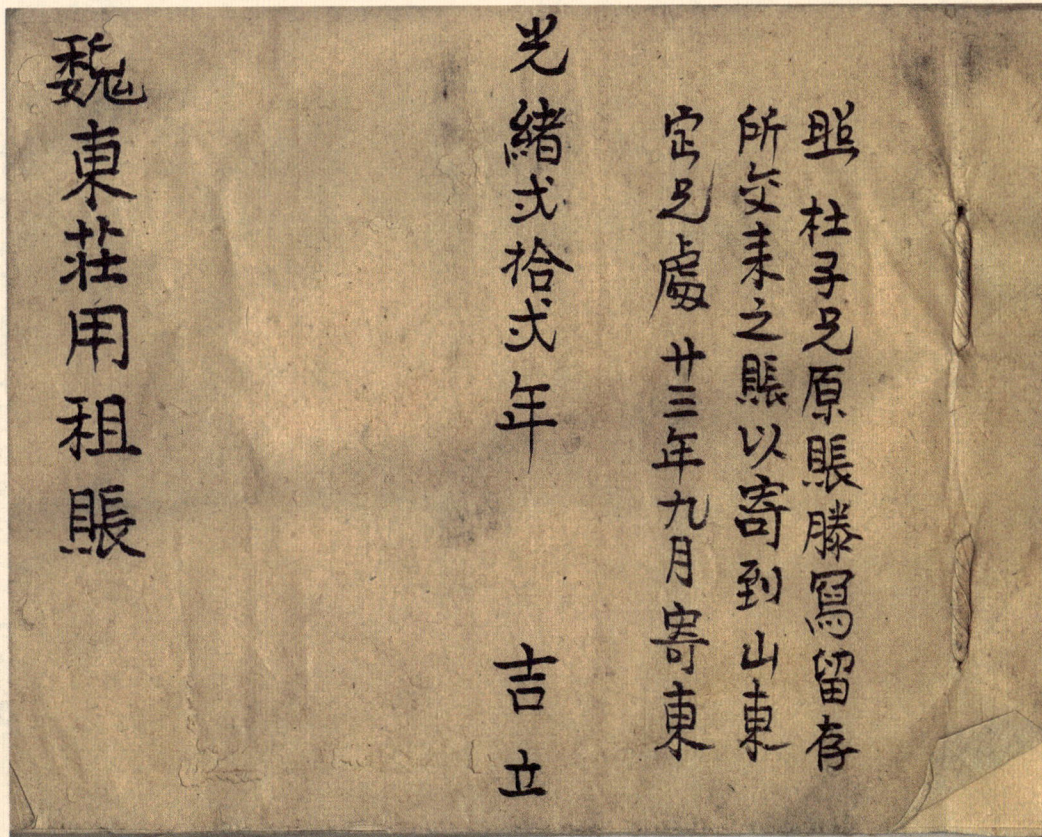

1913年的账簿与底册

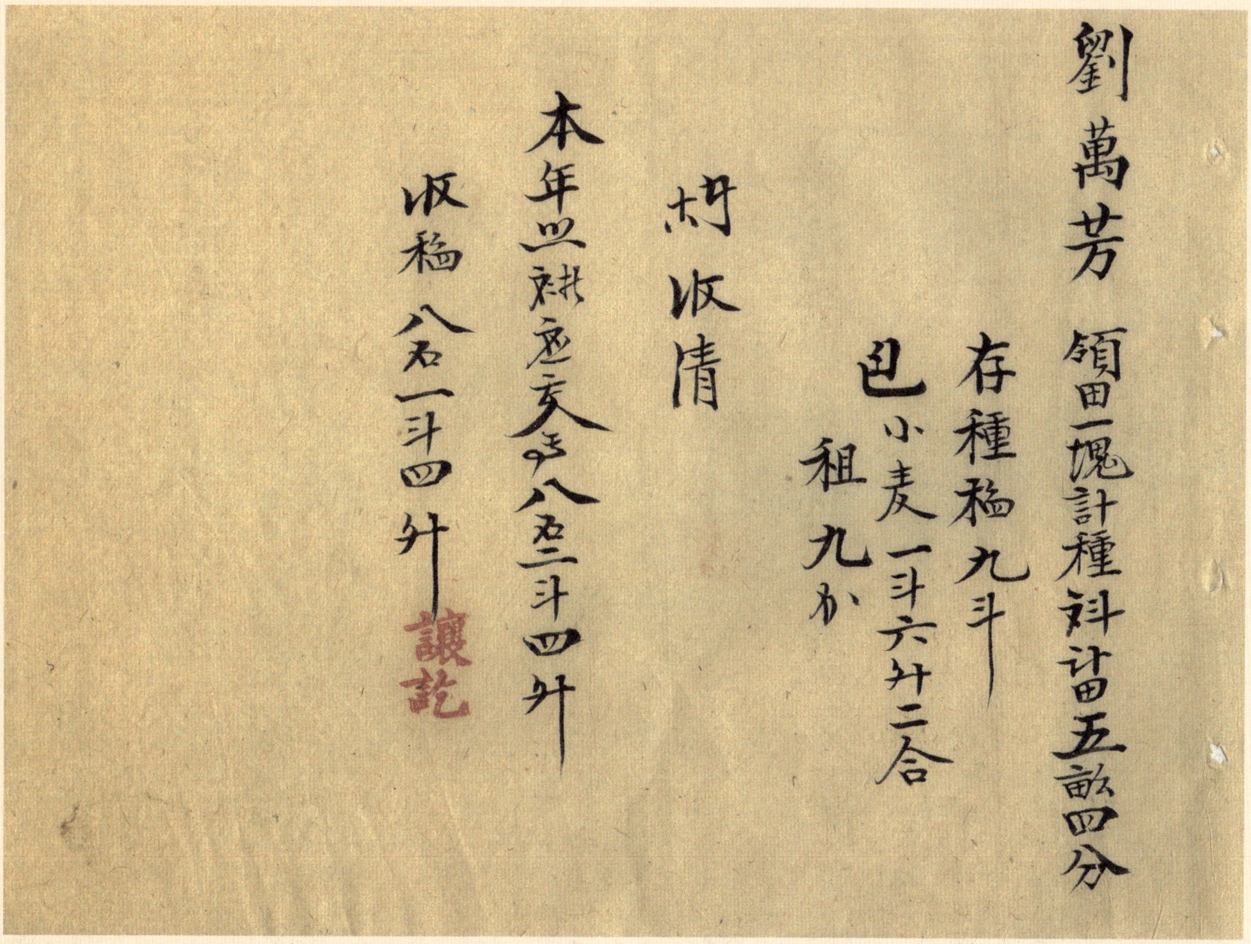

劉萬芳　領田一塊計種科詽五畝四分

存種稻九斗

巴小麦一斗六升二合

租九加

村收清

本年□□就应交正八五二斗四升

收稻八石一斗四升　讓記

光绪年间刘万芳租赁农田种稻契约

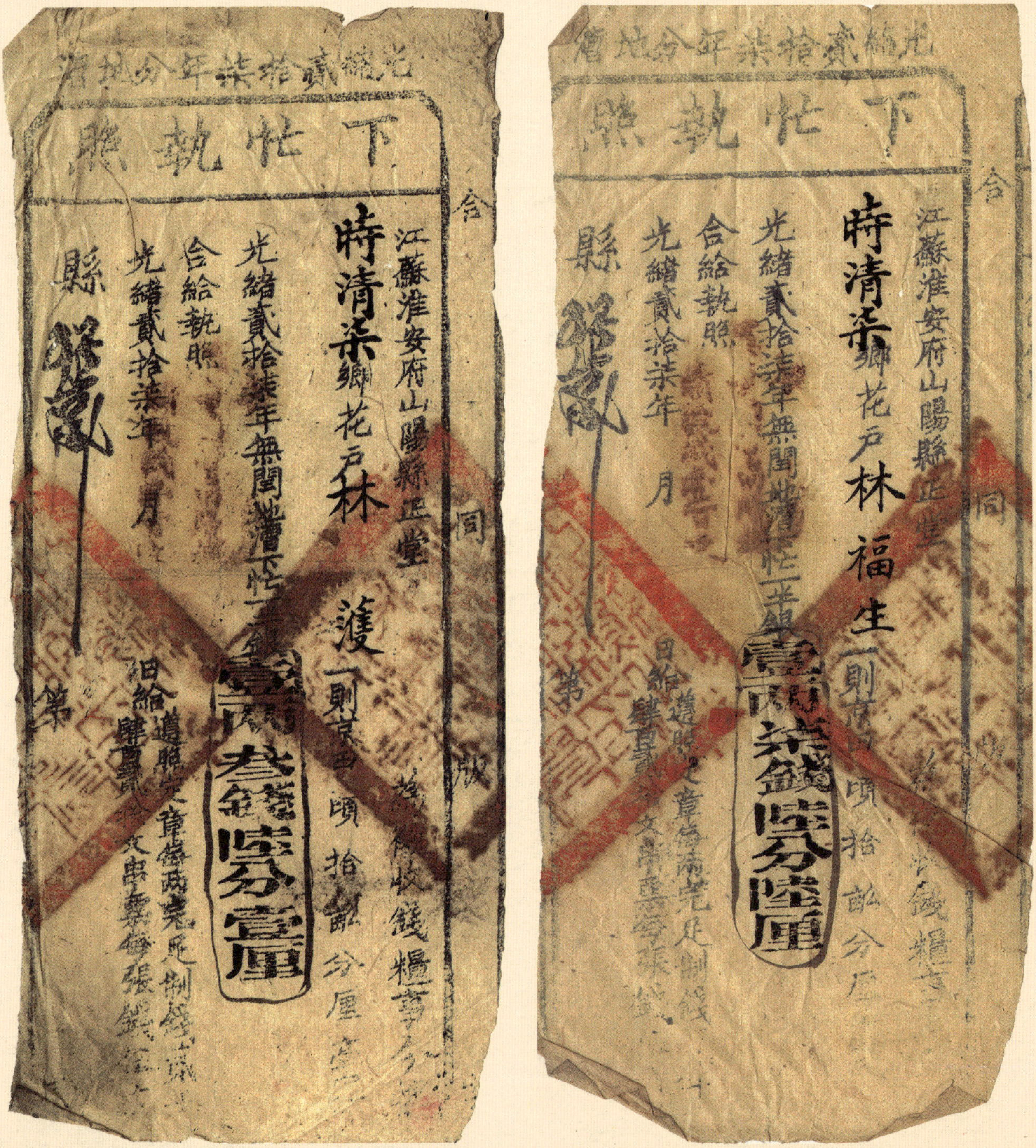

光绪年间的地方税票

两江督标安徽泗州营警察学堂兼陆军毕业凭照和毕业证书

保管单位： 盱眙县档案馆

内容及评价：

泗州营都阃府毕业凭照系清光绪三十四年（1908）二月二十日，由泗州营都阃府（清代正四品武官都司的别称）颁发，凭照持有人系盱眙籍学生杜葆森，男，时年29岁，学业成绩优等第三名。两江督标安徽泗州营警察学堂兼陆军毕业证书由两江督标安徽泗州营巡警学堂考试毕业官江南巡警总局警务参事，以及警察学堂总办、监督、正副提调、教习、总稽查兼教习等8人共同签发。这两份文件联系密切，层次分明，结构完整、文字清晰、内容翔实，是研究清代两江及安徽地方军警学校建设的重要史料。

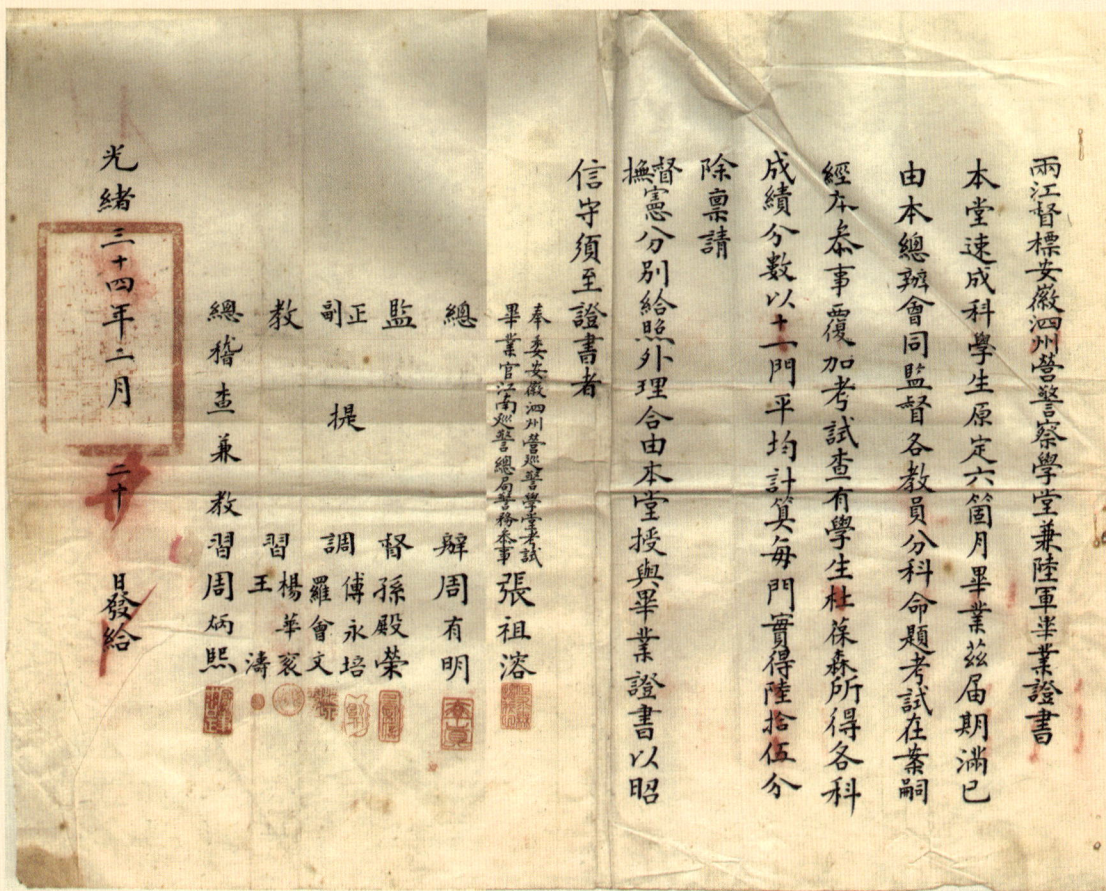

两江督标安徽泗州营警察学堂兼陆军毕业证书

全文：

本堂速成科学生原定六个月毕业，兹届期满，已由本总办会同监督各教员分科命题考试在案。嗣经本参事覆加考试，查有学生杜葆森，所得各科成绩分数以十一门平均计算每门实得陆拾伍分。除禀请督抚宪分别给照外，理合由本堂授与毕业证书，以昭信守须至证书者。

奉委安徽泗州营巡警学堂考试 毕业官江南巡警总局警务参事　张祖溶　（花押）

总　办　周有明　（花押）

监　督　孙殿荣　（花押）

正提调　傅永培　（花押）

副提调　罗会文　（花押）

教　习　杨华衮　（花押）

王　涛　（花押）

总稽查兼教习　周炳熙　（花押）

光绪三十四年二月二十日发给

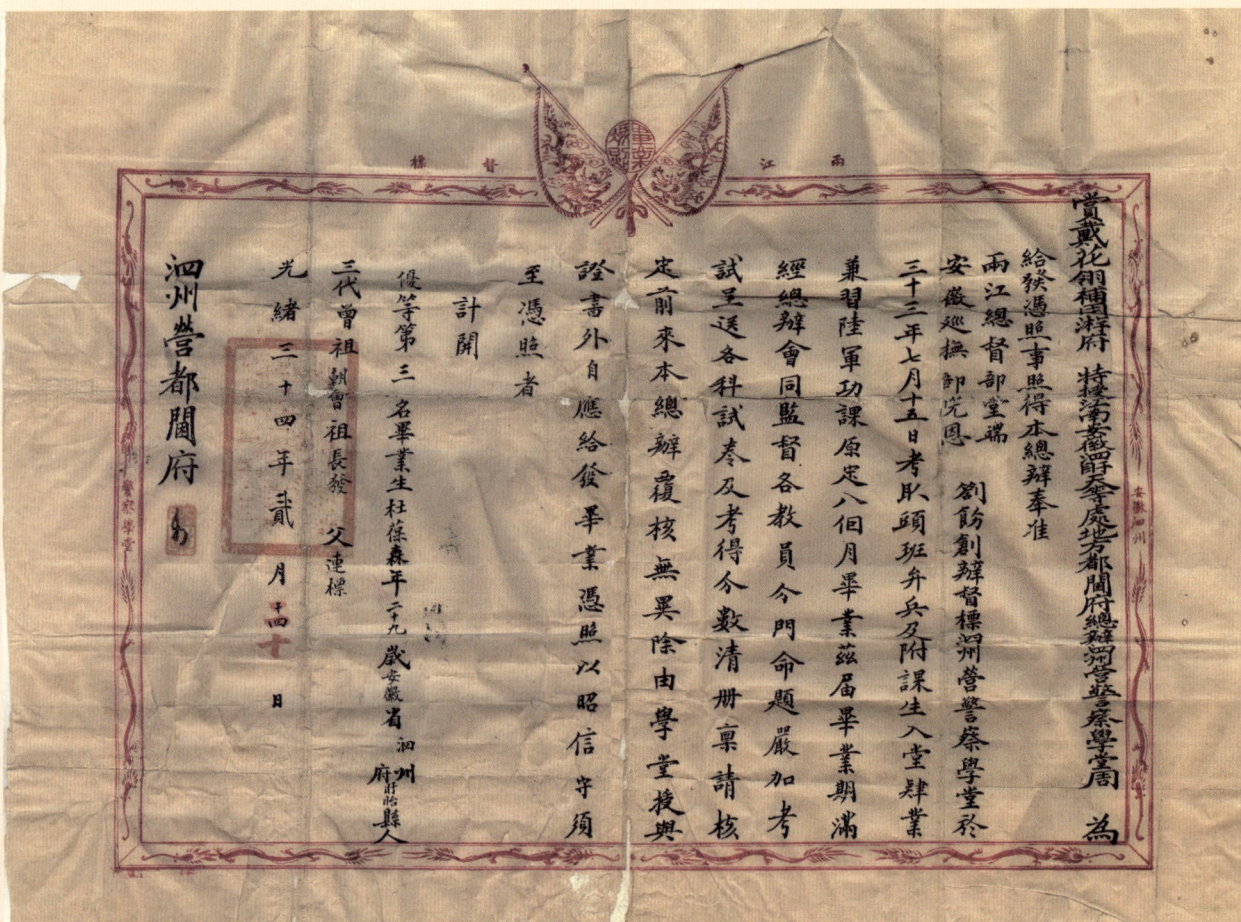

安徽泗州营都阃府毕业凭照

全文：

　　赏戴花翎补用游府 特授江南安徽泗盱天等处地方都闾府总办泗州营警察学堂周　为给发凭照事照得本总办奉准

　　两江总督部堂端

　　安徽巡抚部院恩

　　答饬创办督标泗州营警察学堂，于三十三年七月十五日考取头班弁兵及附课生入堂肄业兼习陆军功课。原定八个月毕业，兹届毕业期满。经总办会同监督各教员分门命题严加考试，呈送各科试卷及考得分数清册，禀请核定。前来本总办覆核无异，除由学堂授予证书外，自应给发毕业凭照，以昭信守须至凭照者。

　　计开

　　优等第三名毕业生杜葆森，年二十九岁，安徽省泗州府盱眙县人。

　　三代曾祖 朝会 祖 长发 父 连标

　　　　　　　　　　　　　　　　　　　　光绪三十四年二月二十日（印）

　　　　　　　　　　　　　　　　　　　　泗州营都闾府（画、花押）

《淮郡历科题名碑》

保管单位：淮安市淮安区档案馆

内容及评价：

　　《淮郡历科题名碑》形成于清宣统三年（1911）。根据《淮郡历科题名碑》记载，该题名碑首次编纂于清嘉庆己未年（1799），由山阳（现淮安市淮安区）人汪廷珍、张廷杰、李秉恭编纂。现存的版本是山阳人田毓璠在1799年版本基础上重修而成的。题名碑记录了自唐会昌壬戌年（842）至清光绪甲辰年（1904），淮安府辖区内参加科举考试，取得功名（进士、举人）的1283人的姓名和籍贯。其中：淮安府历科进士题名录部分，记载了唐会昌壬戌年（842）至清光绪甲辰年（1904）的进士254名；淮安府历科举人题名录部分，记载了明洪武甲子年（1384）至清光绪癸卯年（1903）考取的举人1029名。《淮郡历科题名碑》对于研究科举制度演变和淮安历史文化，是一份不可多得的珍贵资料。

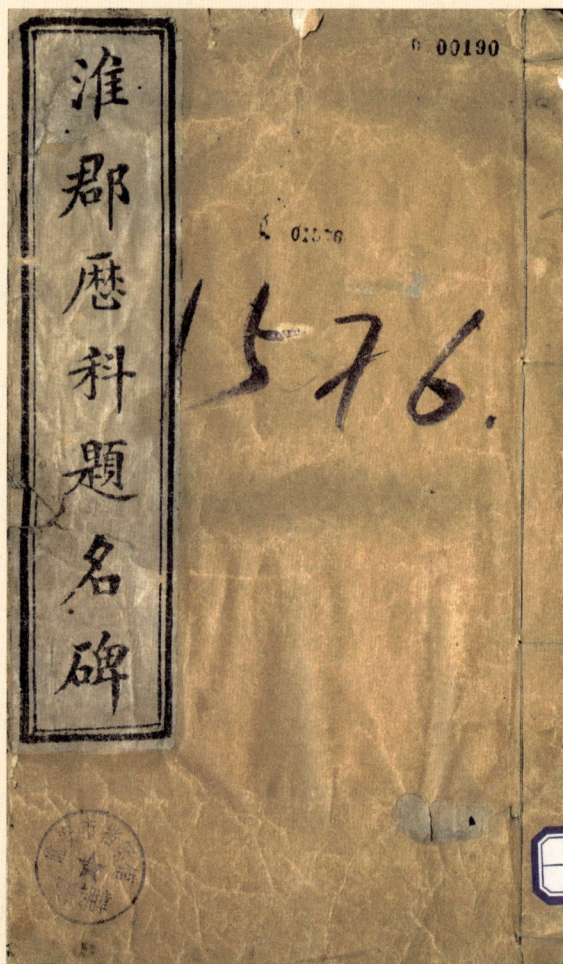

《淮郡历科题名碑》

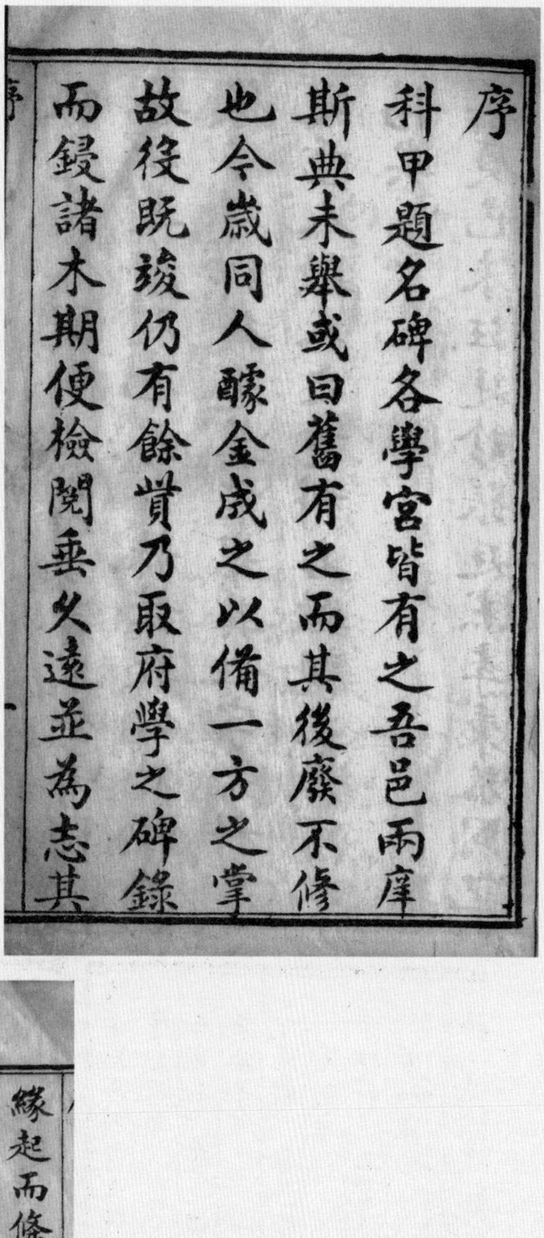

序
科甲題名碑各學宮皆有之吾邑兩庠
斯典未舉或曰舊有之而其後廢不修
也今歲同人釀金成之以備一方之掌
故後既竣仍有餘貲乃取府學之碑錄
而錄諸末期便檢閱垂久遠並為志其

汪廷珍、张廷杰、李秉恭序

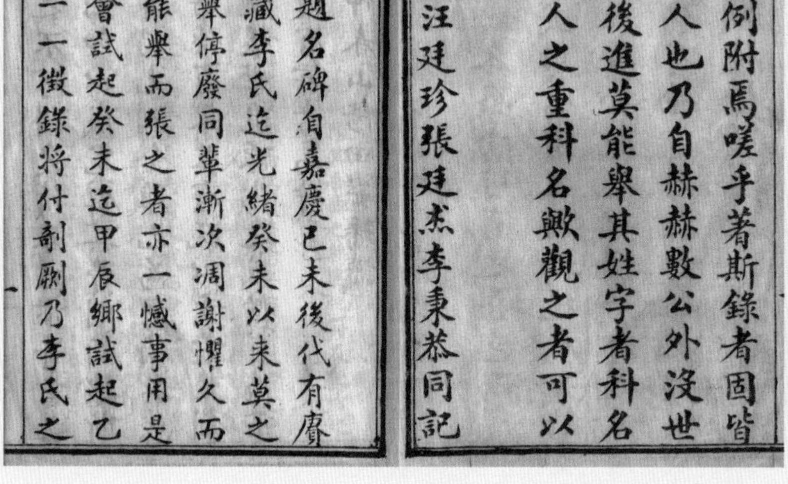

序
吾郡歷科題名碑自嘉慶巳未後代有廢
續板向庋藏李氏迄光緒癸未以來莫之
或繼近科舉停廢同輩漸謝惆悵久而
廢關無有能舉而張之者亦一憾事用是
溯洄搜討會試起癸未迄甲辰鄉試起乙
酉迄癸卯一一徵錄將付剞劂乃李氏之

嘉慶巳未汪廷珍張廷杰李秉恭同記
悵矣
之重人歟人之重科名歟觀之者可以
後多有鄉後進莫能舉其姓字者科名
吾鄉之聞人也乃自赫赫數公外沒世
緣起兩條例附焉嗟乎著斯錄者固皆

田毓璠序

乙卯科今從雅錄改丁卯科凡此類愈有証據至志書有會榜
在前鄉科及在後者今無從考姑仍篇書之
一丁卯以後五十年間時不甚遠身兩遠間謹就衆兩記憶參校
書之
一唐宋元進士可考者寥寥只依志書登載其鄉篇劉羲一人不
試之年但注明某科會試中式
一殿試後始賜進士其有前科會試後科殿試者惠載其名於殿
以舉人名兹不錄
一乾隆壬午召試在秋闈之前恩賜諸公卿在榜發之後一依時
日為序
一是碑用志先民黜勵後學故中式元魁惠載其後來兩歷官爵

一本淮人而寄籍他處者則書某邑某省籍而現居淮土者
則書某籍寓居他邑以此識別縣學則俱書為某處籍
一本淮人而籍隸他鄉者載於邮榜則不復見於會榜惟鄉科無
考者則見於會榜而流屬淮土者鄉會試皆注之
一徐郡海州荊明俱隸淮安今既分而他屬其人自不當復隸吾
籍故丁卯修志書時惠炎之今亦不錄惟項棒申武時尚未甫阜寧
人後分置阜寧時猶書本邑故縣志不載但其時尚未甫阜寧
之名後今於府學仍註山陽而縣學亦載若其子地龍中式在阜
邑已建之後縣學自不應載矣
一初置阜寧時山陽人有以阜籍中式者但後既改歸故仍書山

榮不登錄

例言

陽以從簡易清河人有先籍山陽者亦如之
一殿名者或書榜名或書後改之名各就所見兩不能備考
一副榜在前朝原不以為科名後改之名本朝初年亦有仍歸學藏考故其名
多軼修志時不能無遺今就兩知可憑考補之至會試副榜志
書祇有潘取臨之一人以及明通榜中正榜無從考正難記憶一
二兩星漏賈多舉從其闕
一時闊數百年地薰數百里其中關署振牾不能自保兩望當世
君子匡其誤正隨即告隨改
一是書之板興雜雅錄並藏碑名每科續書山籍亦每科續刊其
費則新隸斯籍者任之

淮安府歷科進士題名碑
唐會昌年
壬戌科　趙　嘏　山陽
宋治平年
丁未科　徐　積　山陽
元祐年
丁卯科　王資深　山陽
宣和年
甲辰科　王　洋　山陽　張　未　山陽

例言及淮安府历科进士题名碑

全文：

序

科甲题名碑，各学宫皆有之。吾邑两庠斯典未举，或曰旧有之，而其后废不修也。今岁，同人醵金成之，以备一方之掌故。役既竣仍有余资，乃取府学之碑，录而镂诸木，期便检阅，垂久远。并为志其缘起而条例附焉。嗟乎，著斯录者，固皆吾乡之闻人也，乃自赫赫数公外，没世后，多有乡后进莫能举其姓字者。科名之重人欤？人之重科名欤？观之者可以惕矣。

嘉庆己未汪廷珍张廷杰李秉恭同记。

序

吾郡历科题名碑，自嘉庆己未后，代有赓续板。向庋藏李氏，迄光绪癸未以来，莫之或继。近科举停废，同辈渐次凋谢，惧久而废阙，无有能举而张之者，亦一憾事。用是溯洄搜讨，会试起癸未迄甲辰，乡试起乙酉迄癸卯，一一征录，将付剞劂。乃李氏之板，展转求之不可得，爰倩朱君亦奇。书之通付西法影印，以成完[璧]。其费则新隶斯籍者任之，亦仍先例。今虽已为刍狗矣，然一方掌故所系，有举莫废。既以竟前辈创垂之绪，且使后世追怀先进，或犹有凭吊而称述之者，有所考焉。

时宣统辛亥仲春，山阳田毓璠识。

例言

府学兼载六邑，县学专志三阳。其吾乡之转寄他籍，及他方之流寓斯土者，一并载之。

乡科次序：先南榜，次北榜，次寄籍，次副榜。府学碑于数者之中，又各以六邑宪纲为次。其原榜名次可考者，谨依其序。然难保其一无倒置也。

丁卯以前，以府县志书为主。其有志书未载，而家乘谱志确有可凭者，增入之。两志中有彼此互异者，考证之。如：县志不载邹岳明系脱误，则据府志补之。马进、杜旻二人府志无年分，由其时尚未考订明确，则依县志书之。蒋庄邑志作许庄，依南国贤书定作。蒋叶恩、唐辂未载北榜，今为注明。倪有厚两志并列之。

乙卯科今从肆雅录改丁卯，凡此类悉有证据。至志书，有会榜在前乡科反在后者，今无从考核，姑仍旧书之。

丁卯以后五十年间，时不甚远，身所逮闻，谨就众所记忆，参校书之。

唐宋元进士可考者寥寥，只依志书登载。其乡荐刘晟一人，不以举人名，兹不录。

殿试后始赐进士，其有前科会试后科殿试者，悉载其名于殿试之年，但注明某科会试中式。

乾隆壬午召试在秋闱之前恩赐诸公，则在榜发之后一依时日为序。

是碑用志先民、兼励、后学，故中式元魁悉载，其后来所立官爵概不登录。

本淮人而寄籍他处者，则书某邑某省籍。他籍而现居淮土者，则书某籍寓居某邑，以此识别；县学则俱书为某处籍。

本淮人而籍隶他处者，载于乡榜，则不复见于会榜。惟乡科无考者，则于会榜注之。其他乡而流寓淮土者，乡会试皆注之。

徐郡海州前明俱隶淮安，今既分而他属，其人自不当复隶吾籍，故丁卯修志书时悉芟之，今亦不录。惟项樟中式时本山阳人，后分置阜宁时拨归本邑，故县志不载。但其时尚未有阜宁之名，今于府学仍注山阳，而县学亦载。若其子□龙中式在阜邑已建之后，县学碑自不应载矣。

初置阜宁时，山阳人有以阜籍中式者，但后既改归，故仍书山阳，以从简易。清河人有先籍山阳者，亦如之。

改名者，或书榜名，或书后改之名，各就所见，不能备考。

副榜在前朝，原不以为科名。本朝初年亦仍归学岁考，故其名多轶，修志时不能无遗，今就所知可凭者，补之至会试副榜志书。只有潘取临一人，以及明通榜中正榜无从考正，虽记忆一二，而□漏实多，宁从其阙。

时阅数百年，地兼数百里，其中阙略牴牾，不能自保。所望当世君子匡其谬误，随告随改。

是书之板与肆雅录并藏碑名。每科续书此籍，亦每科续刊。其费，则新隶斯籍者任之。

淮安府历科进士题名碑

唐会昌年
壬戌科　赵碬_{山阳}

宋治平年
丁未科　徐积_{山阳}

元祐年
丁卯科　王资深_{山阳}

宣和年
甲辰科　王洋_{山阳}　张耒_{山阳}

宝祐年

癸丑科　单公選_{山阳}　刘幼发_{盐城}

丙辰科　陆秀夫_{盐城}

元延祐年

甲寅科　赵篔翁_{山阳}

乙卯科　韩涣_{山阳}

明洪武年

乙丑科　杨靖_{山阳}

甲戌科　陈献_{盐城}

丁丑科　齐政_{山阳}

永乐年

乙未科　王谕_{山阳}

戊戌科　金濂_{山阳}

辛丑科　罗铨_{山阳}

宣德年

庚戌科　沈翼_{山阳}　　王通_{山阳}　　罗宁_{安东}

正统年

壬戌科　马顼_{山阳}

乙丑科　史敏_{山阳}

戊辰科　韩敏_{山阳}　　李讚_{山阳}

景泰年

辛未科　张海_{安东}

甲戌科　史瑾_{山阳}　　叶淇_{山阳}　　马进_{山阳}　　吴節_{山阳}　　吴扁_{山阳}

天顺年

丁丑科　毕玉_{山阳}　　沈珤_{山阳}

甲申科　陈讓_{山阳}　　叶贽_{山阳}

成化年

丙戌科　杨理_{山阳}　　石渠_{清河}

己丑科　张和_{山阳}　　沈纯_{山阳}

壬辰科　金廸 安东

乙未科　尹珍 山阳　佟珍 山阳

戊戌科　韦斌 山阳　顾达 山阳　魏玺 山阳　史效 山阳

辛丑科　高雲 山阳　孙荣 山阳

甲辰科　王益谦 安东

丁未科　房鑑 山阳锦衣卫官籍　石珤 盐城

弘治年

庚戌科　王莹 山阳　徐逵 山阳湖广籍

癸丑科　吴焕 山阳　杜旻 山阳　郑端 盐城

丙辰科　陈澜 山阳会元探花

己未科　杨清 清河

壬戌科　甯溥 山阳　蓝郁 盐城

乙丑科　胡琏 沭阳世居山阳

正德年

戊辰科　杨谷 山阳会魁　李元 山阳　潘壎 山阳

辛未科　尹京 山阳

甲戌科　蔡昂 山阳会魁探花　万云鹏 盐城

丁丑科　胡效才 沭阳世居山阳

辛巳科　佟应龙 山阳

嘉靖年

癸未科　卢蕙 山阳　胡有恒 山阳　纪镰 山阳江西籍

丙戌科　夏雷 盐城

己丑科　卢淮 山阳　胡思忠 桃源

乙未科　杨上林 山阳　牛斗 山阳

戊戌科　冯焕 山阳　臧珊 山阳　蒿宾 清河山东籍

辛丑科　沈坤 山阳状元

甲辰科　倪润 山阳　张侃 山阳

丁未科　孙世芳 安东　朱莨 桃源

庚戌科　叶恩 山阳　陈斗南 盐城魁

癸丑科　李永康 盐城山东籍

丙辰科　胡应嘉 沭阳世居山阳

己未科　丁士美 清河状元

壬戌科　祝尚义 山阳

万历年

甲戌科　夏应星_{盐城}

丁丑科　朱维藩_{山阳}　　邱度_{山阳}　　羊可立_{安东}　　孙世桢_{安东}

丙戌科　杨伯柯_{山阳}

己丑科　张世才_{山阳}　　吴棐_{山阳}　　刘一临_{山阳}

戊戌科　顾慥_{山阳四川籍}

甲辰科　高登龙_{山阳}　　阎世科_{山阳}

癸丑科　高世望_{山西世居山阳}

丙辰科　邱可孙_{山阳}

崇祯年

辛未科　夏曰瑚_{山阳会魁探花}

甲戌科　刘自竑_{山阳}

丁丑科　姜应龙_{盐城}

庚辰科　陈台孙_{山阳}

癸未科　周爽_{山阳}　　邱俊孙_{山阳}　　朱日升_{山阳}　　王凤仁_{山阳}　　孙榘_{盐城}

大清顺治年

丙戌科　胡之骏_{山阳}

丁亥科　王家祯_{山阳}　　王世疅_{盐城}　　汤调鼎_{清河}

己丑科　刘芳声_{山阳}　　张新标_{山阳}　　黄宣泰_{山阳}　　卜永昇_{安东}

壬辰科　徐越_{山阳}　　周龙甲_{山阳}　　林文儁_{山阳}

乙未科　邱象升_{山阳}　　陆求可_{山阳}　　杨名耀_{山阳}　　张翮飞_{盐城}

戊戌科　詹之瑛_{山阳}　　陈美典_{山阳}　　胡可及_{山阳}　　阎若琛_{山阳}　　孙一致_{盐城榜眼}　　沈汉_{盐城}
　　　　张树屏_{盐城}　　杨正中_{盐城}

己亥科　徐衮宇_{山阳}　　刘昌言_{山阳}　　汤濩_{清河}

辛丑科　程涞_{山阳}　　李鎧_{山阳}　　王克鞏_{山阳}　　阎泂_{山阳}　　李时谦_{山阳}　　李时震_{山阳}

康熙年

甲辰科　杨才瑰_{山阳辛丑会魁}　　刘谦吉_{山阳会魁}　　马文璧_{山阳}　　邹峰_{山阳}

丁未科　许国璠_{山阳}

庚戌科　刘始恢_{山阳}

己未科　张睿_{山阳}

壬戌科　刘洛中_{山阳}　　刘愈_{山阳}　　吴晟_{山阳}　　张豹_{安东}

乙丑科　许肇起_{山阳}

辛未科　许志进_{山阳}

甲戌科　成永健_{盐城}

癸未科　阮应商_{山阳}

丙戌科　杨开沅_{山阳癸未会榜}　周宪_{山阳}

己丑科　阎詠_{山阳}　颜敏_{盐城}　王鏸_{盐城}

壬辰科　丁善_{山阳}　程梦星_{仪征世居山阳}

癸巳科　程釜_{歙县世居山阳}

乙未科　张宏俊_{山阳}　邱镛_{山阳}　刘信嘉_{山阳}

戊戌科　顾仔_{安东}

雍正年

甲辰科　周龙官_{山阳癸卯会试□元}

庚戌科　阮学浩_{山阳}

癸丑科　阮学濬_{山阳}　项樟_{山阳}

乾隆年

丙辰科　吴泰_{山阳}　徐铎_{盐城}

己未科　邱柱_{山阳}　丁潍_{山阳}

壬戌科　朱涵_{山阳}　刘霈_{盐城}　陈惠畴_{盐城}　陈大复_{宝应世居清河}

乙丑科　温如玉_{直隶寓居清河}

戊辰科　卞樂_{盐城会魁}

辛未科　吕文光_{山阳}　田弟怡_{山阳}

壬申科　王溥_{山阳}

甲戌科　吴玉鎔_{山阳会魁}　刘希向_{山阳}　曹师圣　徐士缙_{盐城}

丁丑科　陈柱_{山阳}　阮芝生_{山阳}

庚辰科　曹文埴_{歙县世居山阳传□}

癸未科　李汝麟_{山阳会魁}　胡一鸿_{山阳}　程沅_{安东}

辛卯科　毛晋登_{山阳}　程晋芳_{歙县世居山阳}

壬辰科　胡啮鳳_{山阳}

戊戌科　陈文彬_{山阳会魁}　张如骞_{桃源}

辛丑科　王秉正_{山阳}

丁未科　章守勋_{清河}　谈祖绶_{浙江寓居清河}

己酉科　汪廷珍_{山阳榜眼}

庚戌科　王蘭芬_{山阳}　张时霖_{清河}

嘉庆年

丙辰科　张斯沅_{清河}

己未科　吴準_{山阳}

壬戌科　李宗昉_{山阳会魁榜眼}　蒲忭_{清河}

乙丑科　丁兆祺_{山阳}　程元吉_{安东}

辛未科　陶克讓_{山阳}

甲戌科　许世堪_{山阳宛平籍}

丁丑科　龚裕_{清河}

道光年

己丑科　高士魁_{山阳}

壬辰科　丁琳_{山阳}　孙檠_{安东}

癸巳科　万应新_{山阳}

丙申科　韦坦_{山阳}　孔继荣_{山东世居清河}

丁未科　丁寿昌_{山阳}

庚戌科　尹耕雲_{桃源}

咸丰年

己未科　丁寿祺_{山阳}　王文锦_{阜宁}

庚申科　秦焕_{山阳}

同治年

壬戌科　夏抡谟_{桃源}

癸亥科　许焕_{山阳}　裴荫森_{阜宁庚中会榜}

乙丑科　顾雲臣_{山阳}　薛尚义_{安东}　王锡元_{安徽寓居山阳}

戊辰科　杨鼎来_{山阳会魁}

辛未科　许桂芬_{盐城}　王岱_{阜宁}　项联晋_{阜宁}

光绪年

庚辰科　裔步鸾_{盐城}

癸未科　朱占科_{山阳}

丙戌科　杨士骧_{安徽寄居山阳}

己丑科　丁宝铨_{山阳}

壬辰科　丁福申_{山阳}　周钧_{山阳}

戊戌科　许汝棻_{丹徒寄居山阳}

癸卯科　田毓璠_{山阳}　田步蟾_{清河会魁}　王鸿翔_{丹徒寄居山阳}

甲辰科　张廷栋_{山阳}　徐锺恂_{山阳}　季龙图_{盐城}

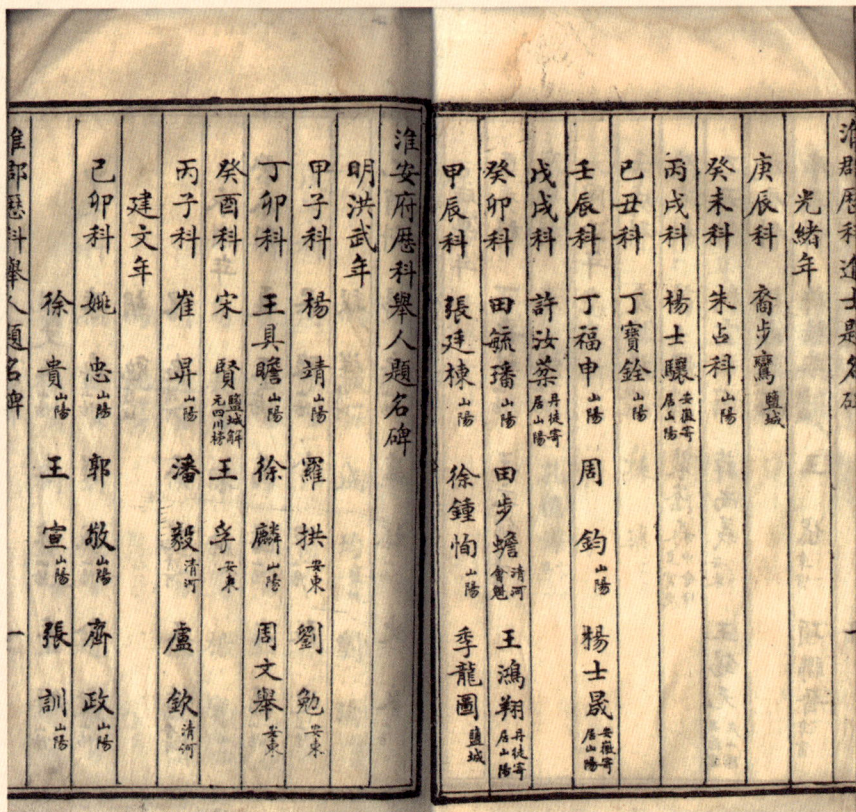

淮安府历科举人题名碑

明洪武年

甲子科　杨靖 山阳　罗拱 安东　刘勉 安东

丁卯科　王具瞻 山阳　徐麟 山阳　周文举 安东

癸酉科　宋贤 盐城解元四川榜　王孚 安东

丙子科　崔昇 山阳　潘毅 清河　卢钦 清河

建文年

己卯科　姚忠 山阳　郭敬 山阳　齐政 山阳　徐贵 山阳　王宣 山阳　张训 山阳　姚文玉 山阳　朱谅 山阳
　　　　李缙 山阳　李鼎 山阳　贺诚 山阳　金衡 山阳　胡勉 盐城　倪忠 清河　王悦 清河　王循 清河

永乐年

癸未科　夏正 山阳　万亿 山阳　崔濂 山阳　吴豫 山阳　金辉 山阳　张进 山阳　段祥 清河

乙酉科　杨忠 山阳　卢臻 山阳　史良 山阳　苏瞻 山阳　毕昱 山阳　徐豫 山阳　阚诚 山阳　成均 盐城
　　　　刘润 盐城

戊子科　周骥 山阳

辛卯科　贾坚_{山阳}　帅正_{山阳}　邓勉_{山阳}　高仪_{山阳}　陈和_{山阳}　杨實_{山阳}　胡暹_{山阳}　候廸_{山阳}

　　　　张政_{清河}　冯軏_{清河}

甲午科　杨谦_{山阳}　刘勉_{山阳}　赵振_{山阳}　高祥_{山阳}　刘铎_{山阳}　王谕_{山阳}　贾进_{安东}

丁酉科　薛佑_{山阳}　马骧_{山阳}　金濂_{山阳}

庚子科　罗铨_{山阳}

癸卯科　邵进_{山阳}　候林_{山阳}　朱翀_{盐城}　井礼_{安东}　云衢_{桃源}　刘聪_{桃源}

宣德年

丙午科　胡靖_{山阳}　祝铭_{山阳}　米容_{山阳}

己酉科　沈翼_{山阳}　王庸_{山阳}　唐骐_{盐城}　罗宁_{安东}

壬子科　纪辅_{山阳}　高祥_{山阳}

正统年

戊午科　包瑛_{山阳}　周瑛_{山阳}　陈恕_{山阳}　史敏_{山阳}　张鹏_{山阳}　韩敏_{山阳}

辛酉科　冯節_{山阳}　金铣_{山阳}

甲子科　李昂_{山阳}

丁卯科　周祐_{山阳}　曹璽_{山阳}　李讚_{山阳}　史瑾_{山阳}

景泰年

庚午科　沈清_{山阳经魁}　齐谏_{山阳}　叶淇_{山阳}　陈信_{山阳}　郑昇_{山阳}　崔纶_{山阳}　吴節_{山阳}

　　　　张宸_{山阳}　马□_{山阳}　王济_{山阳}　王钦_{清河}　张海_{安东}　苏庆_{安东}

癸酉科　沈瑶_{山阳}　高鑑_{山阳}　饶宾_{山阳}　孙禬_{山阳}　张琳_{山阳}　陆璇_{山阳}　刘瑛_{山阳}　李震_{山阳}

　　　　毕玉_{山阳}　芮毓_{山阳}　刘玘_{山阳}　李镛_{山阳}　朱镛_{山阳}　王佑_{山阳}　华诚_{山阳}

　　　　金良弼_{山阳}　蓋铧_{安东}　徐琠_{安东}　王渊_{桃源}

丙子科　陈治安_{山阳}　潘亨_{山阳}　姚鹏_{山阳}　杨清_{盐城}　蒋英_{盐城}　李通_{清河}　田聪_{清河}

天顺年

己卯科　陈讓_{山阳}　叶赟_{山阳}　周雲_{山阳}　徐宣_{山阳}　万瓒_{山阳}　史莹_{山阳}　刘镇_{桃源}

壬午科　尹珍_{山阳}　杨淮_{山阳}　王耕_{山阳}　李聪_{安东}

成化年

乙酉科　姚晟_{山阳}　张素_{山阳}　戴讓_{山阳}　张文献_{山阳}　沈誌_{山阳}　魏璽_{山阳}　许鹏_{山阳}

　　　　杨理_{山阳}　石渠_{清河}　金廸_{安东}

戊子科　蒋琮_{山阳}　韦斌_{山阳}　孙荣_{山阳}　高雲_{山阳}　沈缤_{山阳}　沈纯_{山阳}　樊錡_{山阳}　周鑾_{山阳}

　　　　张和_{山阳}

辛卯科　王信_{山阳}　赵澄_{山阳}　林昂_{山阳}　张尚武_{山阳}　陈轩_{山阳}　宁昂_{山阳}　许贵_{盐城}　曹襘_{清河}

　　　　翟林_{山阳}

甲午科　顾达_{山阳}　史效_{山阳}　佟珍_{山阳}　汪成_{山阳}　皇甫福_{安东}

丁酉科　杨春_{山阳}　马铉_{山阳}　蒋钦_{山阳}　薛悦_{安东}

庚子科　高绶_{山阳}　康廉_{山阳}　李富_{山阳}　王益谦_{安东}

癸卯科　王莹_{山阳}　徐誌_{盐城}　吴世英_{盐城}　瞿鑑_{盐城}

丙午科　赵欒_{山阳}　胡奎_{山阳}　邹鑾_{山阳}　吴焕_{山阳}　段泰_{清河}　嵇钢_{安东}

弘治年

己酉科　潘濂_{山阳}　孙瑜_{山阳}　王琦_{山阳}　宋贤_{盐城四川榜解元}　蓝郁_{盐城}　郑端_{盐城}　章鑾_{清河}

壬子科　许陈谟_{盐城}　苏霭_{清河}

乙卯科　杨清_{清河}　胡琏_{沭阳世居山阳}　杨磐_{山阳顺天榜}　陈澜_{山阳宛平籍}

戊午科　杜澜_{山阳经魁}　牛璠_{山阳}　宁溥_{山阳顺天榜}

辛酉科　唐源_{山阳}

甲子科　李元_{山阳}　颜润_{盐城}　林本_{安东}　佟应龙_{山阳辽东籍}

正德年

丁卯科　蔡昂_{山阳}　潘埙_{山阳}　杨谷_{山阳}　陆远_{山阳}　刘尚_{山阳}　尹京_{山阳}　赵相_{山阳}

庚午科　王坚_{山阳}　张鸣鸾_{安东}

癸酉科　黄杰_{山阳}　万雲鹏_{盐城}

丙子科　胡效才_{沭阳世居山阳}

己卯科　卢淮_{山阳}　樊希雍_{山阳}　胡有恒_{山阳}　管禄_{盐城}　胡思忠_{桃源}　胡效忠_{沭阳世居山阳}

嘉靖年

壬午科　卢蕙_{山阳}　陈训_{盐城}　张言_{山阳顺天榜}

乙酉科　徐珮_{山阳}　夏雷_{盐城}

戊子科　冯焕_{山阳}　相栋_{山阳}　刘衮_{盐城}

辛卯科　沈坤_{山阳}　牛斗_{山阳}　杨上林_{山阳}

甲午科　张应元_{山阳}　王梦龟_{山阳}　臧珊_{山阳}　陈应_{盐城}

庚子科　张侃_{山阳}　陈斗南_{盐城}

癸卯科　张枏_{山阳}　倪润_{山阳}　朱茇_{桃源}　金滋_{山阳顺天榜}

丙午科　陈思武_{山阳}　卢可约_{山阳}　陈震_{山阳}　宋敬_{盐城}　金诰_{盐城}　祝尚义_{山阳顺天解元}
　　　　唐辂_{山阳顺天经魁}　叶恩_{山阳顺天榜}　宋杰_{清河顺天榜}　羊杰_{安东河南籍}　孙继武_{安东贵州籍}
　　　　胡应徵_{沭阳世居山阳经魁}

己酉科　王绅_{山阳}　丁士美_{清河}　李永康_{盐城山东籍}

壬子科　胡应嘉_{沭阳世居山阳}

乙卯科　萧洪_{山阳}　成果_{盐城}

戊午科　张东晓_{山阳}

辛酉科　阮嘉林_{山阳}

隆庆年

丁卯科　朱维藩 山阳

庚午科　梁仲仁 山阳　　马一化 山阳　　羊可立 安东河南籍

万历年

癸酉科　杨伯柯 山阳　　王久章 山阳　　夏应星 盐城　　阎国魁 山阳山西籍　　孙世祯 安东贵州籍

丙子科　邱度 山阳　　刘一临 山阳　　王典 山阳　　王兴德 安东　　阎士望 山阳山西籍

己卯科　吴棐 山阳　　刘均 山阳顺天榜

壬午科　倪鲁 山阳　　沈柿 山阳　　阎国祯 山阳山西籍

乙酉科　陈继昌 山阳　　阎国宠 山阳山西籍　　杜逢时 山阳陕西籍　　羊一中 安东河南籍

戊子科　张世才 山阳　　阎会春 山阳山西籍

辛卯科　李世隆 山阳

甲午科　李润民 山阳经魁　　张和 山阳　　钱柏龄 山阳　　尹光淮 山阳　　宗山 清河

丁酉科　岳钟秀 山阳　　高士望 山阳山西籍　　姚之典 徽州世居山阳扬州籍

庚子科　高登龙 山阳　　阎世科 山阳山西籍　　孙世祐 安东贵州籍

癸卯科　詹应光 山阳经魁　　汪文贵 山阳　　陶成德 清河　　刘三锡 盐城山西籍

己酉科　张泰燭 山阳　　王士骞 山阳

壬子科　许邦治 山阳

乙卯科　邱可孙 山阳　　戴华 山阳　　蒋庄 山阳　　潘叔旸 山阳

戊午科　高登瀛 山阳

天启年

辛酉科　张腾蛟 山阳副榜

甲子科　高登泰 山阳　　邱为因 山阳　　孙榘 盐城　　乔尧仁 山阳山西榜

丁卯科　夏曰瑚 山阳经魁　　武柱国 山阳　　倪有厚 山阳　　李逢春 盐城　　姚思孝 徽州世居山阳扬州籍

　　　　潘尊乾 山阳副榜　　卢鸿骞 山阳副榜

崇祯年

庚午科　张奕颖 山阳　　吴天选 山阳　　周爽 山阳

癸酉科　刘白竑 山阳　　张树屏 盐城　　汤调鼎 清河　　王启运 安东副榜

丙子科　陈台孙 山阳　　冯汝缙 山阳　　嵇宗孟 安东

己卯科　邱俊孙 山阳　　王家桢 山阳　　尚祐卿 山阳　　童縠 山阳　　王启运 安东

壬午年　胡从中 山阳　　朱日升 山阳　　王国柱 盐城　　李生 盐城　　沃起龙 山阳副榜

大清顺治年

乙酉科　周龙甲 山阳经魁　　胡之骏 山阳　　张芳葵 山阳　　刘芳声 山阳顺天榜

丙戌科　张新标_{山阳经魁}　黄宣泰_{山阳}　胡可及_{山阳}　朱殿宸_{山阳}　周道隆_{山阳}　王世疅_{盐城}
　　　　卜永昇_{安东}　陆求可_{山阳副榜}

戊子科　詹之瑛_{山阳经魁}　陆求可_{山阳副魁}　程涞_{山阳}　林文儁_{山阳}　杨文正_{山阳}　李奕隆_{山阳}
　　　　沈汉_{盐城}　马文璧_{山阳亚榜}

辛卯科　金城_{山阳经魁}　陈白汉_{山阳}　程治_{山阳}　张翮飞_{盐城}　徐越_{山阳顺天经魁}
　　　　杨名耀_{山阳顺天亚魁}　马文璧_{山阳顺天榜}　王表_{安东顺天榜}　陈丹_{山阳汉军籍顺天榜}
　　　　陈愚_{山阳汉军籍顺天榜}　熊辅衮_{山阳副榜}　沈毓芳_{盐城副榜}　高宏道_{安东副榜}
　　　　沈天珍_{山阳顺天副榜}

甲午科　李时震_{山阳经魁}　徐衮字_{山阳}　陈美典_{山阳}　薛鼎臣_{盐城}　汤濩_{清河}　邱象升_{山阳顺天亚魁}
　　　　潘取临_{山阳顺天榜}　卞为鲸_{山阳顺天榜}　杨方_{山阳顺天榜}　孙一致_{盐城顺天榜}
　　　　高宏道_{安东顺天榜}　阎若琛_{山阳山西籍}

丁酉科　杨才瑰_{山阳}　王克巩_{山阳}　薛尽臣_{盐城}　吴一清_{山阳顺天榜}　刘昌言_{山阳顺天榜}
　　　　李镗_{山阳副榜}　周鳞_{山阳副榜}　高尔治_{盐城副榜}　李时谦_{山阳顺天副榜}

庚子科　许国璠_{山阳经魁}　李镗_{山阳}　李时谦_{山阳顺天榜}　高尔玷_{盐城顺天榜}　阎泂_{山阳山西籍}
　　　　张新栋_{山阳副榜}　高第京_{山阳顺天榜}

康熙年

癸卯科　刘谦吉_{山阳}　邹崞_{山阳}　刘始恢_{山阳}　田龚商_{安东}　王惟彝_{盐城山东籍顺天榜}
　　　　夏之时_{盐城副榜}

丙午科　徐羽仪_{山阳}　王姚熊_{山阳}　卢肇芳_{山阳}　周鼎元_{山阳云南籍}

己酉科　张新杼_{山阳}　马骏_{山阳顺天榜}　李时晋_{山阳顺天榜}　张睿_{山阳}　尚元调_{山阳}　汤铭_{山阳副榜}
　　　　邱五典_{山阳副榜}　金人望_{安东顺天副榜}

乙卯科　许坦_{山阳经魁}　何宽_{山阳}　刘洛中_{山阳}　张豹_{安东}　张拱乾_{山阳副榜}

丁巳科　吕仲吕_{山阳}　杜雯_{山阳}　刘愈_{山阳}

戊午科　王锦_{山阳经魁}　吴晟_{山阳}　周蕃孙_{安东}　李望穋_{山阳副榜}　舒方愈_{山阳顺天副榜}

甲子科　许肇起_{山阳经魁}　吴宁谧_{山阳}　阎詠_{山阳山西籍}　周鳞_{山阳顺天副榜}

丁卯科　杨九霞_{山阳山东籍顺天榜}

庚午科　许志进_{山阳}　成永健_{盐城}　宋恭贻_{盐城顺天榜}

癸酉科　杨开沅_{山阳亚魁}　杜乔_{山阳副榜}　王师维_{盐城副榜}

丙子科　邱迈_{山阳}　倪典学_{山阳}　阮应商_{山阳}　张舜绪_{山阳}　李浣玉_{山阳}　刘永禄_{山阳顺天副榜}

己卯科　邱闻衣_{山阳}　邹增_{山阳}　王鏆_{盐城}　颜敏_{盐城}　张钟_{山阳副榜}　邱象艮_{山阳副榜}
　　　　陈庄_{山阳副榜}　李琬_{山阳顺天榜}

壬午科　周宪_{山阳}　沈俨_{盐城}　陶立忠_{盐城}

乙酉科　潘建功_{山阳}　张鈇_{山阳}　刘炳_{盐城}　程塽_{安东}　程鏊_{安东}　刘国琮_{山阳副榜}

戊子科　刘信嘉_{山阳}　丁善_{山阳}　程銎_{歙县世居山阳}

辛卯科　何焕如_{山阳}　杨飞熊_{山阳顺天经魁}　杨绳祖_{山阳顺天榜}　程梦星_{仪征世居山阳顺天榜}

癸巳科　张宏俊_{山阳经魁}　吴观光_{山阳经魁}　邱镛_{山阳}　刘宏_{山阳}　邱镇_{山阳}　张鸿儒_{安东}

颜仔_{安东顺天榜} 何坦_{山阳河南籍}

甲午科　邵忻_{山阳}　姜昌茂_{盐城}　潘御炳_{山阳顺天榜}　李子贵_{山阳副榜}

丁酉科　吴泰_{山阳经魁}　鲍斐英_{山阳亚魁}　周龙官_{山阳}　邱最_{山阳}　邱熹_{山阳}

庚子科　张潮_{山阳顺天榜}

雍正年

癸卯科　倪尔琰_{山阳}　王鸿睿_{山阳}　徐铎_{盐城}　薛缓_{安东}

甲辰科　邹岳_{山阳}

丙午科　陈惠畴_{盐城}

己酉科　阮学浩_{山阳亚魁}　唐心恭_{山阳}　王熊飞_{山阳}　王凤翥_{盐城}　丁克章_{山阳副榜}

　　　　戴大纯_{山阳副榜}　王钜_{盐城副榜}

壬子科　邱柱_{山阳亚魁}　倪日觐_{山阳}　阮学浚_{山阳}　吴丰_{山阳}　项樟_{山阳}　丁潍_{山阳}　梁遇_{山阳}

乙卯科　邱钜_{山阳副榜}　施廷钧_{山阳顺天副榜}　汪窦_{山阳顺天副榜}

乾隆年

丙辰科　吴鹏_{山阳}　胡礼全_{桃源}　刘霈_{盐城顺天榜}

戊午科　程钦_{山阳经魁}　左国柱_{山阳亚魁}　黄泰交_{山阳亚魁}　韩棠_{山阳}　叶廪_{山阳}　吴□炳_{山阳}

　　　　刘梁_{盐城}　徐□_{盐城顺天榜}　陈大复_{宝应世居清河顺天榜}

辛酉科　朱涵_{山阳顺天榜}　范长元_{山阳副榜}

甲子科　许廷秀_{山阳}　马珩_{山阳}　孙王铸_{山阳顺天榜}　张再洪_{盐城顺天榜}　卞銮_{盐城顺天榜}

　　　　任相_{山阳山东籍顺天榜}　温如玉_{直隶寓居清河}

丁卯科　吴玉鎔_{山阳经魁}　杨应星_{山阳}　吕文光_{山阳}　马士荣_{山阳}　项兆龙_{阜宁}　王光曾_{盐城}

　　　　王绍裘_{山阳顺天榜}　李蟠枢_{山阳顺天榜}　郝权_{山阳副榜}

庚午科　张钊_{山阳}　朱书晜_{山阳}　田弟怡_{山阳}

壬申科　曹师圣_{山阳经魁}　陈柱_{山阳}　王溥_{山阳}　阮葵生_{山阳}　刘希向_{山阳}　徐士缙_{盐城}

　　　　曹文埴_{歙县寓居山阳}　李芹_{山阳储方}　潘兆登_{山阳副榜}　汪缙_{休宁改归清河顺天榜}

癸酉科　阮芝生_{山阳}　陈根实_{山阳}　许文机_{山阳顺天榜}　晋炎_{山阳副榜}　程华年_{安东副榜}

丙子科　刘崇谨_{山阳}　孙谋_{山阳顺天榜}　汪缙_{休宁改归清河}　陈鸿_{宝应寓居清河顺天副榜}

己卯科　黄泰履_{山阳}　李汝麟_{山阳}　程沆_{安东}　陈树_{山阳顺天经魁}　程仁言_{山阳仪征籍副榜}

庚辰科　邱渶_{山阳亚魁}　胡一鸿_{山阳}

壬午科　程晋芳_{歙县世居山阳召试等一名钦赐}　金培_{山阳}　胡一鸣_{山阳}　孙宸_{甘泉寓居山阳亚魁}

乙酉科　毛晋登_{山阳副榜}　夏圣锡_{盐城经魁}　成景贤_{盐城}　毛晋明_{山阳副榜}　石韫玉_{山阳副榜}

戊子科　吕兆龙_{山阳亚魁}　常循_{山阳}　戴栋_{山阳}　倪谔_{盐城亚魁}　卞琢_{盐城}　范思学_{清河}

　　　　毛晋明_{山阳顺天榜}

庚寅科　邱龙标_{山阳}　倪鹏飞_{山阳}　马士显_{山阳}　秦钺_{山阳}

辛卯科　宋震_{山阳}　胡嘈凤_{山阳}　马元文_{山阳}　丁如玉_{清河}　章守勳_{清河副榜}

甲午科　李秉寅_{山阳}　张如翥_{桃源亚魁}

丁西科　陈文彬_{山阳}　刘爽_{山阳}　程光曾_{清河}

己亥科　张廷杰_{山阳}　严昕_{清河}　程固安_{安东}　王蘭荣_{山阳顺天亚魁}　阮钟璟_{山阳顺天榜}

　　　　王秉正_{山阳顺天榜}

庚子科　李秉恭_{山阳}　毛晋奎_{山阳}　黄廷栋_{山阳}　孙永吉_{山阳}　朱观光_{山阳太兴籍}　沈纬_{清河副榜}

　　　　俞堉_{安东副榜}　吴球_{清河恩赐}　杜琦_{清河恩赐}

癸卯科　张斯沆_{清河}　汪会芳_{山阳副榜}　邱建寅_{山阳副榜}

丙午科　汪廷珍_{山阳亚魁}　陈师濂_{山阳}　吴准_{山阳}　章守勋_{清河}　张时霖_{清河}

　　　　陈肇麒_{宝应世居清河顺天榜}　谈祖绶_{德清寓居清河顺天榜}　葛美_{山阳副榜}

戊申科　刘嵘_{山阳}　连山_{山阳}　阮榕_{山阳}　蒲忭_{清河亚魁}　沈鸿文_{清河}　尹敦行_{清河}

　　　　程元吉_{安东亚魁}　邱萧_{山阳顺天榜}　陈肇鳌_{宝应世居清河}

己酉科　吉星壁_{山阳}　邱建寅_{山阳}　汪世标_{山阳}　李崇健_{山阳}　刘时_{山阳}

壬子科　陆澄_{盐城副榜}　沈光廷_{盐城副榜}

甲寅科　卢泽_{山阳顺天亚魁}　李春荣_{山阳宛平籍}　李壮采_{山阳副榜}　卞廷棨_{盐城恩赐}

乙卯科　卢沅_{山阳亚魁}　俞钦_{桃源}　沈联元_{山阳副榜}　程骏业_{安东恩赐}

嘉庆年

戊午科　祝蟠_{山阳}　陈金鎔_{山阳榜名然}　吴道南_{盐城}　乐来泰_{盐城}　夏桂材_{盐城}　汪五雲_{清河}

　　　　刘平寿_{桃源经魁}　房廷模_{桃源}　丁珩_{山阳顺天榜}　徐礽_{山阳副榜}　张寿_{山阳顺天副榜}

庚申科　骆腾凤_{山阳}　吉星奎_{山阳}　沈开阳_{清河}　丁兆祺_{山阳顺天榜}　马磐_{山阳副榜}

　　　　张怀瑜_{阜宁副榜}

辛酉科　李宗昉_{山阳}　张培诚_{山阳顺天榜}　汪春熙_{清河顺天榜}　李国琳_{清河恩赐}　窦雲门_{山阳恩赐副榜}

　　　　祁汝为_{盐城恩赐副榜}

甲子科　杨皋兰_{山阳}　李崟_{清河}　许世壎_{山阳宛平籍}　祁汝_{盐城恩赐}　王逵鸿_{山阳恩赐副榜}

　　　　吕应钟_{山阳恩赐副榜}

丁卯科　毛松龄_{山阳亚元}　邵源洙_{山阳}　张怀玉_{阜宁}　窦雲门_{山阳恩赐}　周蓉_{清河恩赐副榜}

戊辰科　黄以炳_{山阳房元}　邱广业_{山阳}　严保泰_{清河}

庚午科　刘彪_{山阳房元}　陶克讓_{山阳}　戴兆虹_{山阳}　王源诚_{盐城}　张培厚_{山阳顺天榜}

　　　　王廷桂_{山阳宛平榜}　马宸笏_{山阳恩赐}　姜联芳_{盐城恩赐}　朱蘭_{清河恩赐}　张鹤立_{桃源恩赐}

　　　　王怀业_{桃源恩赐}

癸酉科　刘崇敬_{山阳房元}　丁琳_{山阳}　沈联元_{山阳}　阮师龙_{盐城}　张钵山_{盐城}　邱鼎元_{山阳顺天榜}

　　　　王天然_{盐城顺天榜}　王彬_{山阳副榜}　程时发_{安东恩赐副榜}

丙子科　龚裕_{清河顺天榜}

戊寅科　徐孝思_{安东}　尹荃_{桃源}　邱殿华_{山阳副榜}　还莹_{盐城恩赐副榜}　朱逢时_{安东恩赐副榜}

己卯科　邵春华_{盐城}　王养余_{桃源}

道光年

辛巳科　陈熿_{山阳亚魁}　丁晏_{山阳}　高士魁

壬午科　徐登鳌山阳　鲁一同山阳副榜　汪承佑山阳甲申钦赐

乙酉科　沈照盐城　徐景常盐城　查瑞清安东　卢麟珍山阳副榜　王瑶光清河恩赐

戊子科　潘德兴山阳解元　卢麟珍山阳　祝融峰山阳　方其洪山阳　窦家兰清河房元

　　　　许翘林盐城副榜　毕麟圻安东副榜　丁暹山阳顺天副榜　臧云衢桃源恩赐

辛卯科　孙檠安东　徐璧山阳副榜　王卓如清河副榜

壬辰科　任惟坦山阳房元　张彦卿山阳　万应新山阳　韦坦山阳　孔继鏶山东世居清河太兴籍顺天榜

　　　　刘玢山阳副榜　李如櫑山阳恩赐

甲午科　王步程山阳房元　任惟基山阳　徐璧山阳　吴大田清河顺天榜

　　　　吴锡光丹徒寓居阜宁太兴籍顺天榜　陶昀山阳副榜

乙未科　胡锡祺山阳房元　鲁一同山阳　杨启悊山阳　阎潢山阳副榜

丁酉科　汤兆孚清河副榜

己亥科　许崇冈山阳　顾宜之阜宁亚元　赵斡阜宁亚元　张恩澍清河顺天籍副榜

庚子科　王卓如清河顺天榜　邱箴山阳副榜

癸卯科　汪鹤龄山阳　蒲毓江清河顺天榜　王寿彭寓清河顺天榜　萧尹盐城恩赐副榜

甲辰科　范裕昆清河　丁寿昌山阳顺天榜　张恩澍清河顺天榜　韦墉山阳副榜　叶香叶桃源恩赐

丙午科　葛润之盐城　王金声安东恩赐　王承矩桃源恩赐　沈钧盐城恩赐副榜

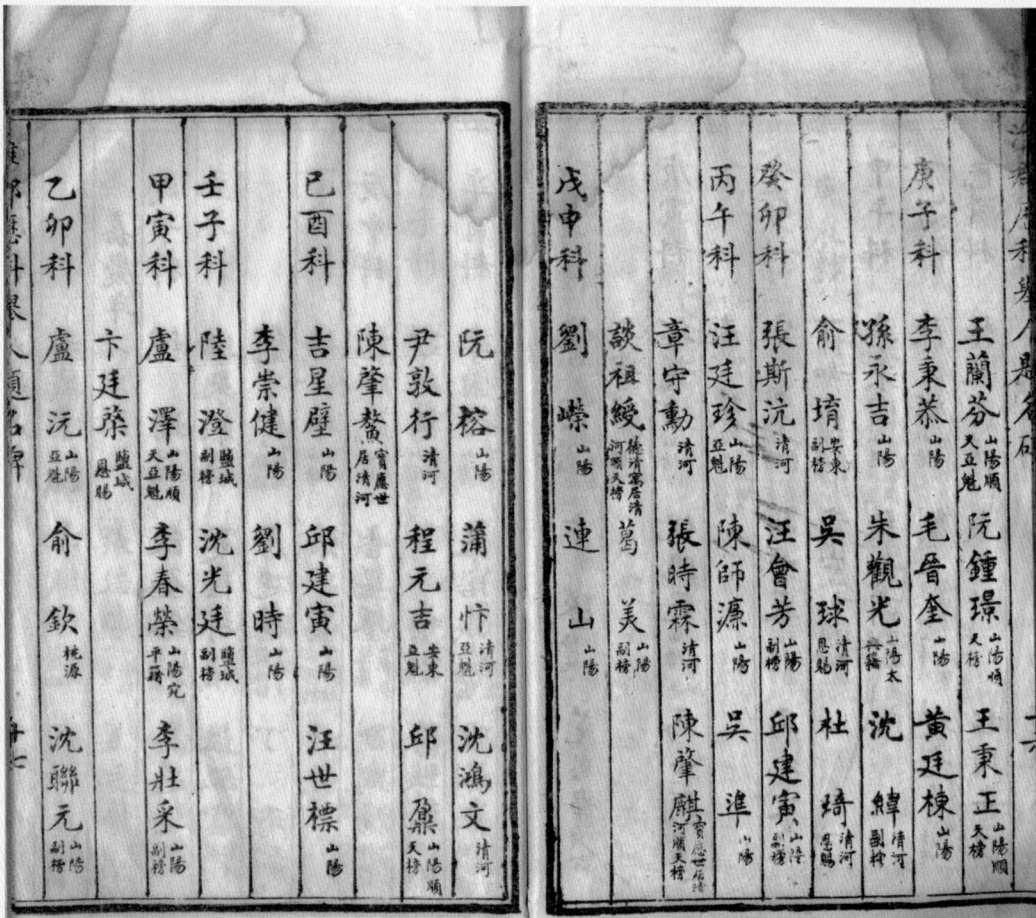

己酉科　鲍桂生_{山阳}　王文锦_{阜宁}　石湛棠_{安东}　尹耕雲_{桃源}　丁锡_{清河恩赐}　季冠贤_{盐城恩赐副榜}

　　　　薛敬之_{盐城恩赐副榜}　王光前_{盐城恩赐副榜}　周衡_{盐城恩赐副榜}　董劝_{清河恩赐副榜}

　　　　王镜蓉_{安东恩赐副榜}

咸丰年

辛亥科　邵承纪_{山阳}　丁寿祺_{山阳}　秦光第_{山阳浙江籍}　熊佐武_{桃源恩赐副榜}

壬子科　黄曰堪_{山阳}　鲍蘭生_{山阳副榜}　吴懋_{清河恩赐副榜}

乙卯科　王瑛_{清河顺天榜}

戊午科　裴荫森_{阜宁顺天榜}

己未科　秦焕_{山阳房元}　丁显_{山阳}　李淳_{盐城}

是科奉旨借用浙闽并补乙卯　陈昀_{阜宁}　赵一鹏_{阜宁}　王岱_{阜宁}　汪黎獻_{清河}　朱伯壎_{安东}

　　　　夏抡谟_{桃源}　翁炳煌_{桃源}　许焕_{山阳顺天榜}　刘庆雲_{山阳副榜}　邱禄来_{山阳副榜}

　　　　杨鼎来_{山阳顺天榜}　范以煦_{山阳顺天榜}　宋黼臣_{安东恩赐}　梁鹤莲_{盐城恩赐副榜}

　　　　周圣传_{阜宁恩赐副榜}　计魁之_{阜宁恩赐副榜}　李信_{安东恩赐副榜}　刘肄诚_{桃源恩赐副榜}

　　　　王聿怀_{桃源恩赐副榜}

辛酉科　鲍步垣_{山阳顺天榜}　朱雲瑞_{安东顺天副榜}

同治年

甲子科　顾雲臣_{山阳}　朱丹忱_{山阳}　何庆芬_{山阳}

是科奉旨并补行戊午科　张景煌_{山阳}　丁赐绥_{山阳}　周垚_{盐城}　孙芷香_{阜宁}　孙东元_{阜宁}

　　　　张廷坤_{清河}　王豫鸣_{清河}　金述孟_{安东}　薛尚义_{安东}　蔡凤阁_{桃源}　杨鼎来_{山阳顺天副榜}

　　　　何其杰_{山阳顺天榜}　刘衍_{清河顺天榜}　刘庆雲_{山阳顺天副榜}　周圣传_{阜宁顺天恩赐}

　　　　狄俊_{清河顺天榜}　魏乾三_{桃源恩赐}　胡仰亭_{清河恩赐副榜}　王锡元寓居_{山阳安徽籍}

丁卯科　陈寿彭_{山阳}　吉元_{山阳}　谭荫熙_{山阳}

是科奉旨并补行辛酉科　程锡璠_{山阳}　曹昕_{盐城}　王者臣_{盐城}　项联晋_{阜宁}　顾皋蘭_{阜宁}

　　　　顾汝金_{阜宁}　董春华_{阜宁}　杨恂_{清河}　徐振鹏_{安东}　龚毂_{清河顺天榜}　罗树棠_{浙江寓居山阳}

　　　　王承灏_{山阳恩赐副榜}　张涛_{安东恩赐副榜}　朱礼_{安东恩赐副榜}　靳天衢_{安东恩赐副榜}

庚午科　邱宝生_{山阳}　谷廷松_{山阳}　徐嘉_{山阳}

是科奉旨并补行壬戌科　郝雲台_{山阳}　许桂莱_{盐城}　裔步芬_{盐城}　金意诚_{盐城}　顾珣_{阜宁}

　　　　杨运乾_{清河}　黄腾_{安东}　刘坦_{安东}　张子坤_{桃源}　崔承霖_{盐城副榜}　吴士琳_{阜宁副榜}

　　　　李善庆_{山阳湖北籍}　胡仰亭_{清河恩赐}　刘肄诚_{桃源}　徐学蓬_{阜宁恩赐副榜}

癸酉科　朱崇庆_{山阳}　禹时俊_{山阳}　殷殿扬_{山阳}　李建寅_{盐城}　沈錬青_{盐城}　姜书钦_{盐城}　孙步逵_{阜宁房元}

　　　　张骏_{清河}　高惟寅_{清河}　何其厚_{山阳顺天榜}　陈发贤_{盐城副榜}　马湛恩_{山阳恩赐}　李廷焕_{清河恩赐}

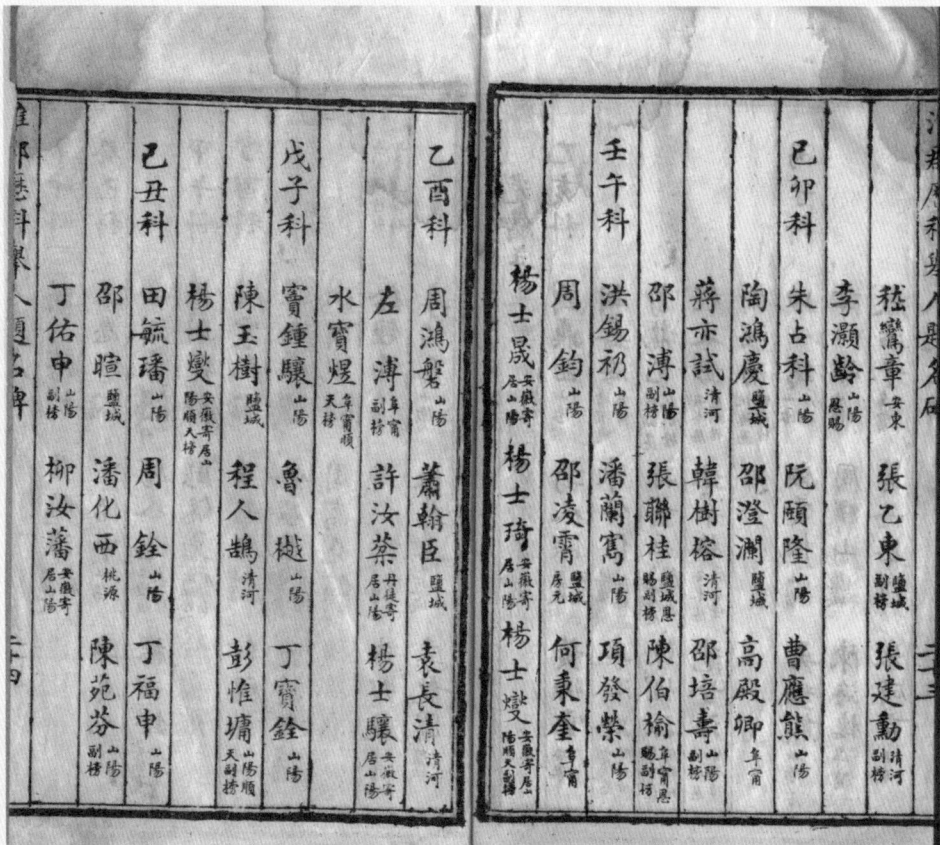

朱燮元盐城恩赐副榜　王煜南阜宁恩赐副榜　戴德渊阜宁恩赐副榜　何向荣桃源恩赐副榜

臧莘田桃源恩赐副榜　毛坦修桃源恩赐副榜　查怀儒桃源恩赐副榜

光绪年

乙亥科　刘鼎臣山阳　万人杰盐城解元　黄卿雲安东　胡寿海清河顺天榜　陈仲佐桃源恩赐

　　　李灏龄山阳恩赐副榜　葛龙光盐城恩赐副榜　孙尽臣阜宁恩赐副榜　陈性源阜宁恩赐副榜

　　　程又彭安东恩赐副榜　张华林安东恩赐副榜　范子江桃源恩赐副榜　卫涧南桃源恩赐副榜

丙子科　田铭山阳房元　顾雲松山阳　吴兆熊山阳　韦昉山阳　周绎山盐城　陈海楼阜宁

　　　严治平阜宁　薛一峰安东房元　朱硕言安东　嵇鹭章安东　张乙东盐城副榜

　　　张建勋清河副榜　李灏龄山阳恩赐

己卯科　朱占科山阳　阮颐隆山阳　曹应熊山阳　陶鸿庆盐城　邵澄澜盐城　高殿卿阜宁

　　　蒋亦试清河　韩树榕清河　邵培寿山阳副榜　邵溥山阳副榜　张联桂盐城恩赐副榜

　　　陈伯榆阜宁恩赐副榜

壬午科　洪锡礽山阳　潘蘭窝山阳　项发荣山阳　周钧山阳　邵凌霄盐城房元　何秉奎阜宁

　　　杨士晟安徽寄居山阳　杨士琦安徽寄居山阳　杨士燮安徽寄居山阳顺天副榜

乙酉科　周鸿磐山阳　萧翰臣盐城　袁长清清河　左溥阜宁副榜　许汝菜丹徒寄居山阳

　　　杨士骧安徽寄居山阳　水宝煜阜宁顺天榜

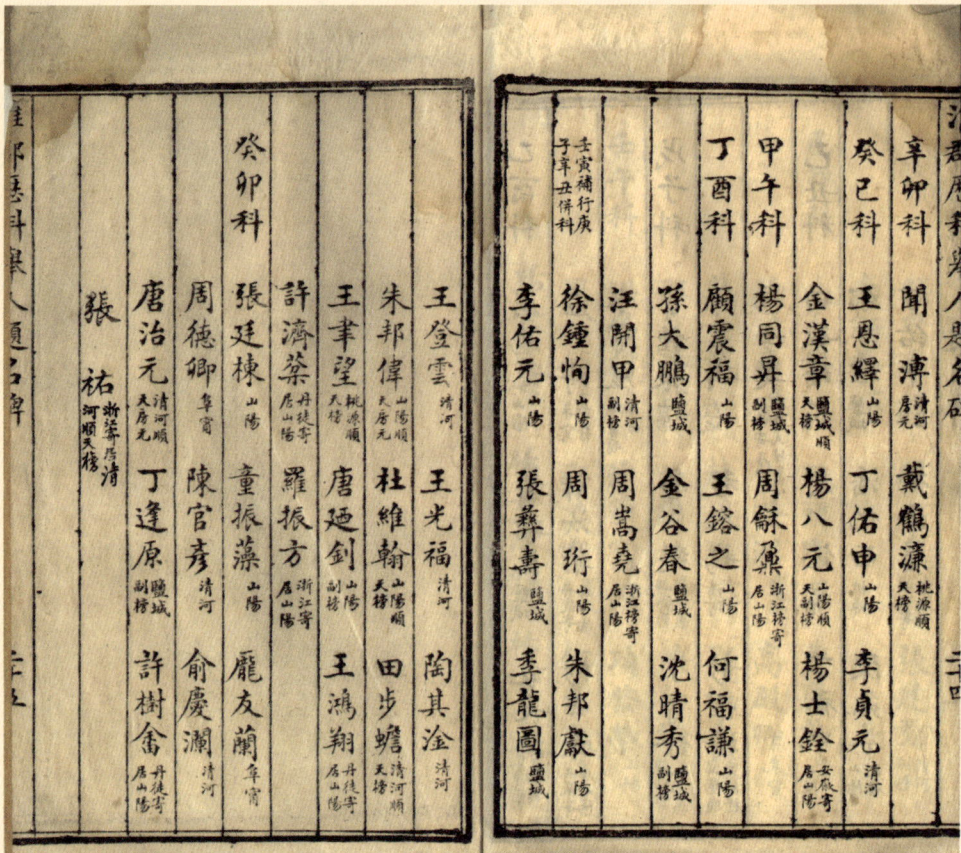

戊子科　窦锺骧山阳　鲁樾山阳　丁宝铨山阳　陈玉树盐城　程人鹄清河　彭惟墉山阳顺天副榜
　　　　杨士燮安徽寄居山阳顺天榜

己丑科　田毓璠山阳　周铨山阳　丁福申山阳　邵暄盐城　潘化西桃源　孙苑芬山阳副榜
　　　　丁佑申山阳副榜　柳汝藩安徽寄居山阳

辛卯科　闻溥清河房元　戴鹤濂桃源顺天榜

癸巳科　王恩绎山阳　丁佑申山阳　李贞元清河　金汉章盐城顺天榜　杨八元山阳顺天副榜
　　　　杨士铨安徽寄居山阳

甲午科　杨同昇盐城副榜　周酥萧浙江榜寄山阳

丁酉科　顾震福山阳　王镕之山阳　何福谦山阳　孙大鹏盐城　金谷春盐城　沈晴秀盐城副榜
　　　　汪开甲清河副榜　周嵩尧浙江榜寄居山阳

壬寅补行庚子年丑并科　徐锺恂山阳　周珩山阳　朱邦献山阳　李佑元山阳　张彝寿盐城
　　　　季龙图盐城　王登雲清河　王光福清河　陶其淦清河　朱邦伟山阳顺天房元
　　　　杜维翰山阳顺天榜　田步蟾清河顺天榜　王聿望桃源顺天榜　唐廼钊山阳副榜
　　　　王鸿翔丹徒寄居山阳　许济棻丹徒寄居山阳　罗振方山阳

癸卯科　张廷栋山阳　童振藻山阳　庞友兰阜宁　周德卿阜宁　陈官彦清河　俞庆澜清河
　　　　唐治元清河顺天房元　丁逢原盐城副榜　许树畲丹徒寄居山阳　张祐浙江寄居清河顺天榜

（注：清河，今淮安市区；山阳，今淮安市淮安区；安东，今淮安市涟水县；桃源，今宿迁市泗阳县）

國儲蓄

總會上海

會儲國萬

公共儲蓄公司創辦始於西曆一千九百十二年

會 國 儲 萬

63135 D

現大　伍百圓　500　五叁壹陸

此單保全下列之記名或不記名儲戶至少可得

會本現大

或最遲至第十五年底領還會本

洋五百元在十四年內按月開獎發還

儲戶　顧秉仁君

上述之儲戶恭本會簽行此單此前已細閱後印

之會章自願照章從西曆一千九百廿四年三

月十四號起於十三年十一個月內每月繳付儲

洋三元付款辦法按月按季按半年或按全

年此單從印日起至第十五年底滿期時本

故將該會本賽給於此單之合法儲戶收領並將

會將儲金頒下儲戶應得之餘息照會章第

準備金頒下儲戶應得之餘息照會章第四

與每分派

廿四年三

西曆一千九百廿四年三月由

號

經理　董事

江苏银行清江支行财务决算报告

保管单位：淮安市档案馆

内容及评价：

　　江苏银行清江支行财务决算报告形成于1926至1939年，共26件。主要内容有：江苏银行清江支行（清江江苏银行、清行、清江行）及其收省税处、储蓄部、商业部等一年两次（半年一次）的财务报告、决算表，包括资产负债表、损益计算书等。这批档案记录和反映了该行各项会计科目的决算情况，反映了该行的经营状况，经营方式，与其他银行及派出行、处（部）的业务往来以及相关企业、商业用户、个人储蓄等数据，是研究民国江苏银行及其清江支行金融工作发展史和淮安、宿迁地方经济史的第一手资料，具有重要的史料价值。

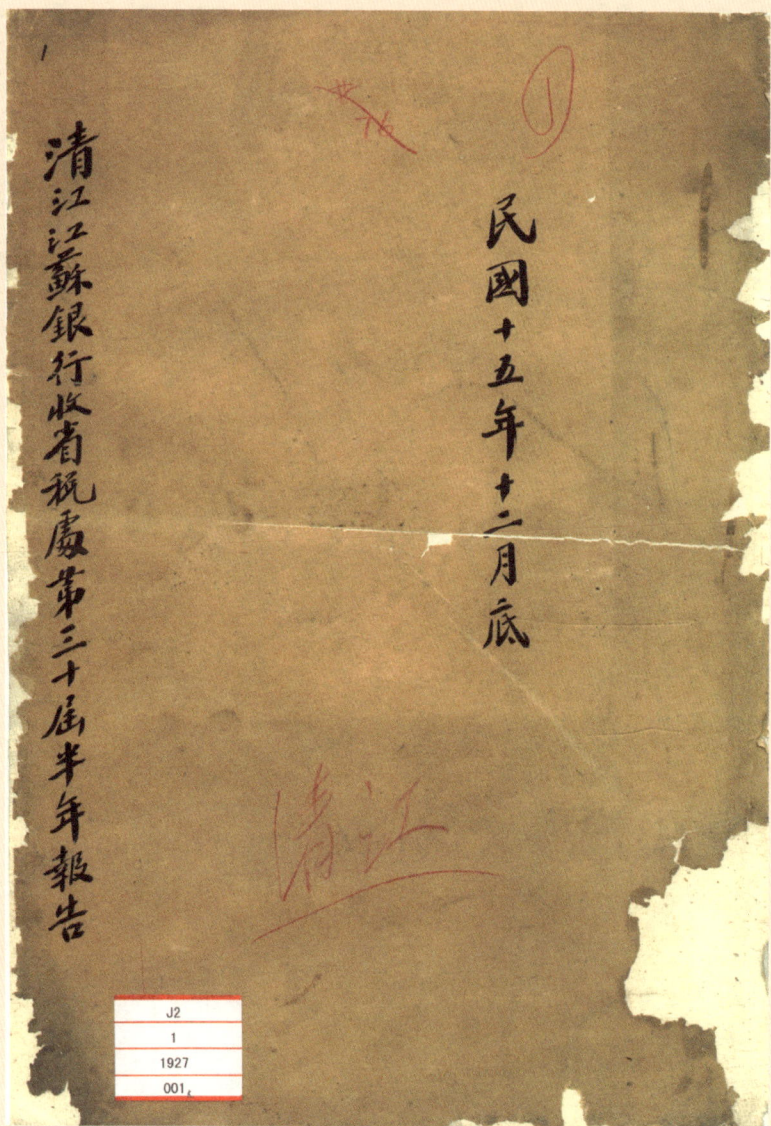

1926年清江江苏银行收省税处第三十届
半年报告

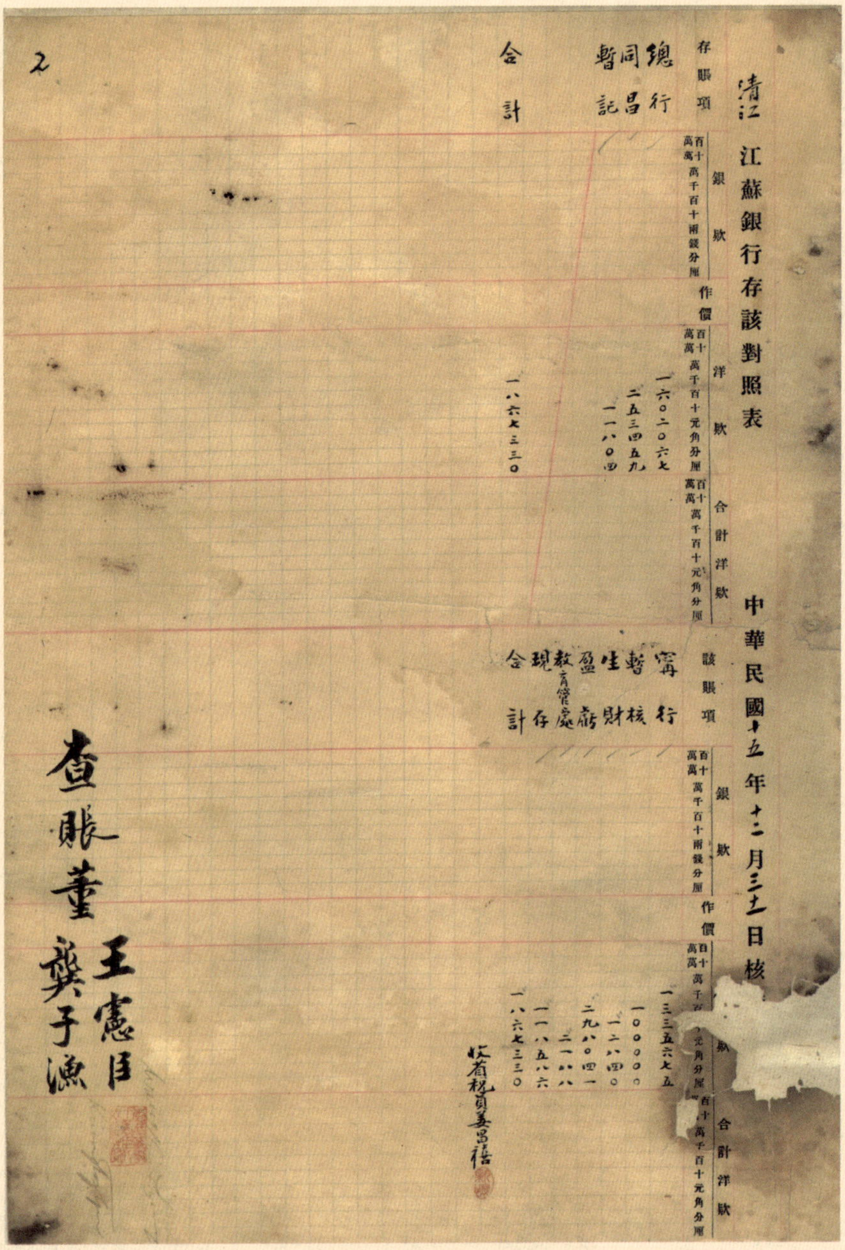

清江江蘇銀行存該對照表　中華民國十五年十二月三十一日核

存賬項	銀款	作價	洋款	合計洋款
總行			一六〇二〇六七	
同昌			二五三四五九	
暫記			一一八〇四	
合計			一八六七三三〇	

該賬項	銀款	作價	洋款	合計洋款
寧行			一三三五六七五	
暫核			一〇〇〇〇〇	
生財			一二八四〇	
盈虧			二九八〇四一	
教育管處			二一八八	
現存			一一八五八六	
合計			一八六七三三〇	

查賬董 王憲臣 龔子漁

姜昌禧

1926年清江江苏银行存该对照表

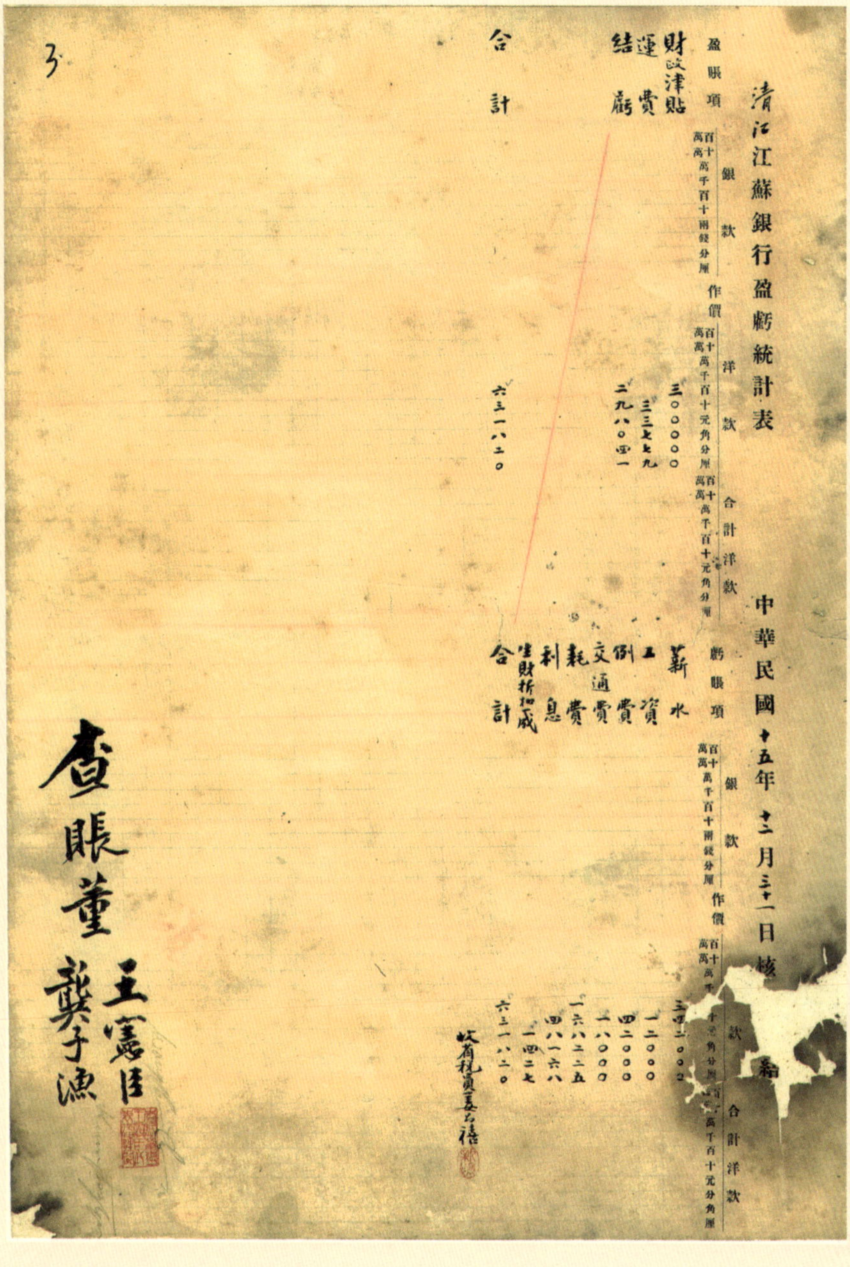

清江江蘇銀行盈虧統計表　　中華民國十五年十二月三十一日核

盈賬項

銀　款　　　　作價　　　洋　款　　　合計洋款

財政津貼　　　　　　　　　　　　　三〇〇〇〇〇

運費　　　　　　　　　　　　　　　三三七七九

結匯　　　　　　　　　　　　　　　二九八〇四一

合　計　　　　　　　　　　　　　　六三一八二〇

虧賬項

銀　款　　　作價　　　洋　款　　　合計洋款

薪水　　　　　　　　　　　　　　　一二〇〇〇

工資　　　　　　　　　　　　　　　四二〇〇〇

倒費　　　　　　　　　　　　　　　一八〇〇〇

交通費　　　　　　　　　　　　　　一六二二五

耗費　　　　　　　　　　　　　　　四八一六八

利息　　　　　　　　　　　　　　　一四〇二七

生財折舊

合　計　　　　　　　　　　　　　　六三一八二〇

查賬董　王憲廷　龔子澐

1926年清江江苏银行盈亏统计表

清江江苏银行收税处民国十七年上半届三十三期决算表

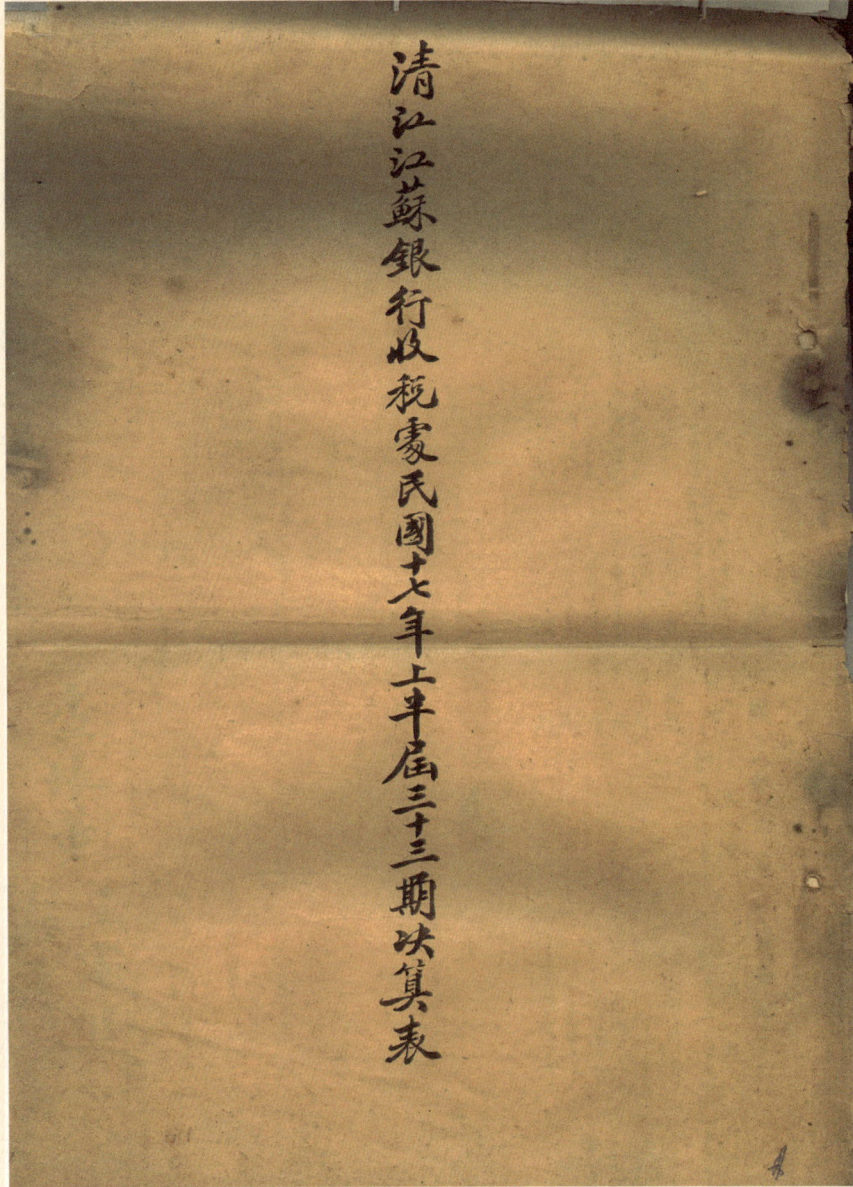

清江江苏银行收税处1928年上半届三十三期决算表

盈虧細表

	一月份	二月份	三月份	四月份	五月份	六月份	合計
薪水	洋叁拾叁元	洋壹百叁元	洋叁拾元	洋叁拾元	洋叁拾元	洋四百陸拾元	
工資	洋叁元	洋叁元	洋叁元	洋四元	洋肆拾元	洋壹拾元	
利息	無	無	無	無			
例費	洋叁元	洋叁元	洋叁元	洋叁元	洋四拾貳元		
交通費	洋拾陸元伍角	洋叁元	洋叁元	洋叁元	洋叁拾壹元陸角		
耗費	洋肆拾貳元伍角						
收運費	洋叁元伍斗						
收津貼	洋五拾元	洋五拾元	洋五拾元	洋五拾元	洋五拾元	洋五拾元	洋叁百元
	净虧洋五百貳拾元壹角叁分壹釐整						

1928年盈亏细表

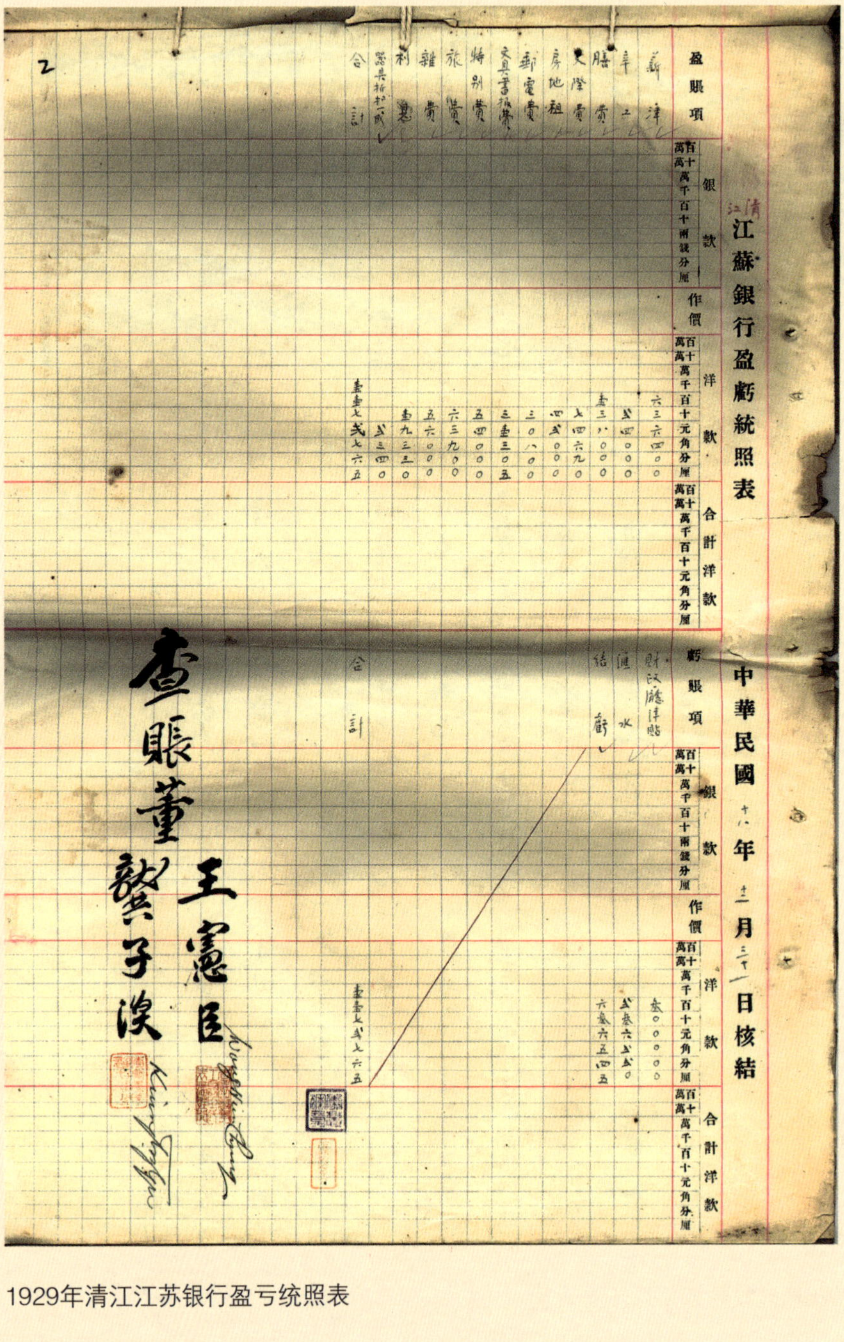

清江

江蘇銀行盈虧統照表

中華民國十八年十二月三十一日核結

盈賬項	銀款	作價	洋款	合計洋款
薪洋			六三六四〇〇	
辛工			弍四〇〇〇	
膳費			壹三八〇〇〇	
火[illegible]費			七四六九〇	
房地租			四弍〇〇〇	
郵電費			三〇八〇〇	
文具書报費			三壹三〇五	
特別費			五四〇〇〇	
旅費			六三九〇〇	
雜費			五六〇〇〇	
利息			壹九三三〇	
器具折扣一成			弍三四〇	
合計			壹壹七弍七六五	

虧賬項	銀款	作價	洋款	合計洋款
財政廳津貼			叁〇〇〇〇	
匯水			弍叁六弍弍〇	
結虧			六叁六五四五	
合計			壹壹七弍七六五	

查賬董事 王憲臣 龔子溪

1929年清江江苏银行盈亏统照表

清江收税处每月开支细表 民国十六年十二月三十日

款目 月份	七月	八月	九月	十月	十一月	十二月	合计
薪津	捌〇〇	捌〇〇	玖〇〇	玖五〇	玖四〇	壹壹捌〇〇	
辛工	四〇〇	四〇〇	四〇〇	四〇〇	四〇〇	壹四	
膳费	贰壹〇〇	贰壹〇〇	贰壹〇〇	贰壹〇〇	贰壹〇〇	壹贰肆〇〇	
交际费	壹〇〇	壹肆〇〇	壹六〇〇	肆〇〇〇	壹捌〇〇	壹肆〇九	
房地租	七〇〇	七〇〇	七〇〇	七〇〇	七〇〇	肆贰〇〇	
邮电费	叁〇〇	四〇〇	四〇〇	五〇〇	九二〇	叁壹捌〇	
文具书报费	壹壹〇〇	壹贰〇〇	四九五〇	壹贰〇〇	壹四七五五	叁壹贰〇五	
特别费	捌二〇〇	捌二〇〇	玖四〇〇	玖四〇〇	玖玖四	五四〇〇	
旅费		四〇〇	壹壹五〇	捌四〇〇	四〇〇	六叁玖〇	
杂费	七〇〇	壹壹二〇	玖〇〇	捌四〇〇	壹壹二五	五二六〇	
合计	壹叁四〇〇	壹捌贰〇	壹〇捌〇五	壹二九〇	贰玖贰五五	壹壹壹玖玖五	

1929年清江收税处每月开支细表

淮阴船闸工程设计施工图纸

保管单位： 淮安市城建档案馆

内容及评价：

淮阴船闸工程设计施工图纸形成于1934年。大运河淮（安）扬（州）段淮阴船闸是我国第一座现代化船闸，1934年动工，1936年建成通航，毁于抗战时期，1951年修复。上世纪80年代初，因建淮阴二线船闸被拆除。

淮阴船闸图纸共8张。分别为设计说明、基础详图、输水管道布置图、输水道钢管结构详图和上、下游输水管道结构详图。图纸蓝底白字，上面盖有"导淮委员会南京工程处总工程师办公室"和"导淮委员会工程处南京设计组"两枚椭圆形印章。另外，每张图纸右侧各盖有一方日期印，竖排，内容为"中华民国廿四年二月廿日 印"（各图日期均不同）。图签上有签名：主任工程师：林平一；副总工程师：须恺。

林平一（1897~1979），著名水利专家、水文学家，曾任国民政府水利部淮河水利总局局长、新中国水利电力部技术委员会委员、水利水电科学院一级工程师等职。曾主持设计、完成淮阴船闸、邵伯船闸、高邮船闸等船闸工程和蒋坝活动坝、杨庄活动坝、三河闸活动坝等水利工程，开创了我国建设新式水利工程之先声。

须恺（1900~1970），水利工程学家和教育家，我国现代水利科技事业的先驱。曾任国民政府导淮委员会总工程师、新中国水利电力部规划总局总工程师等职。曾主持制定淮河、海河、钱塘江、赣江、綦江等流域规划和大型工程规划，为我国水利事业的发展作出了重大贡献。

淮阴船闸在我国水利建设史上具有重要意义。淮阴船闸工程设计施工图纸，不仅具有一定的文献价值和历史研究价值，而且，其设计理念对今天的水利工程建设仍有参考作用。

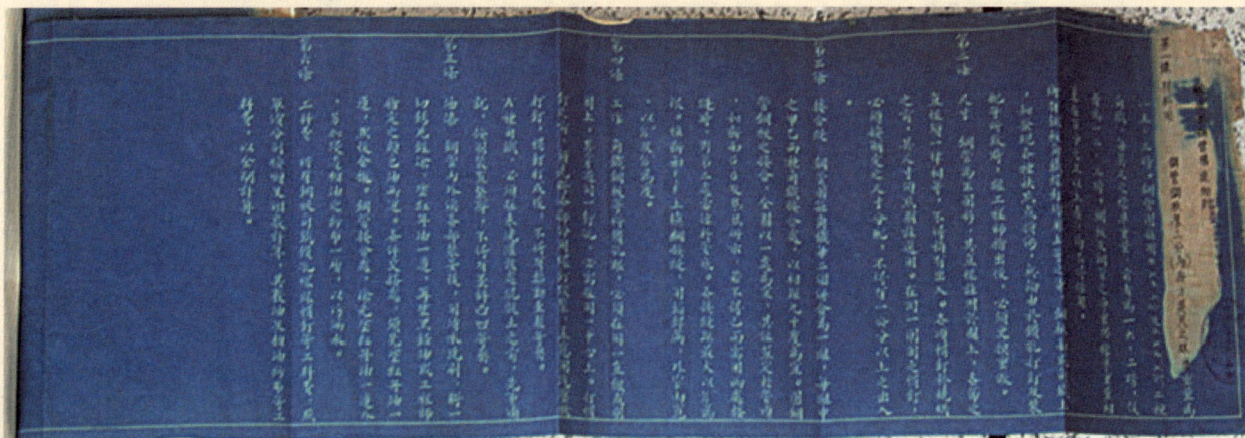

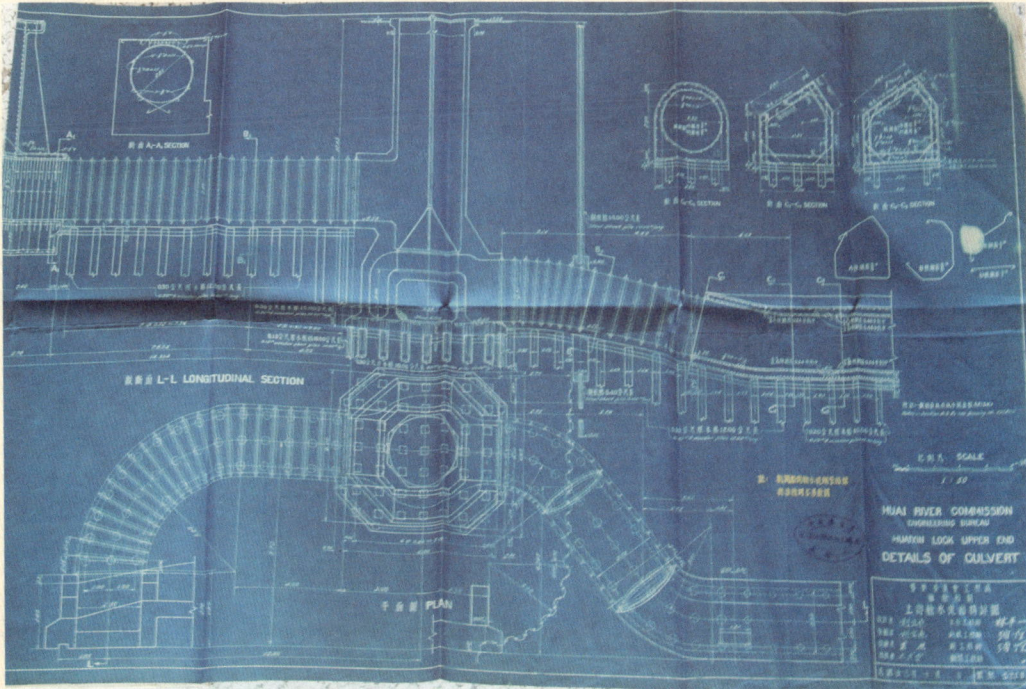

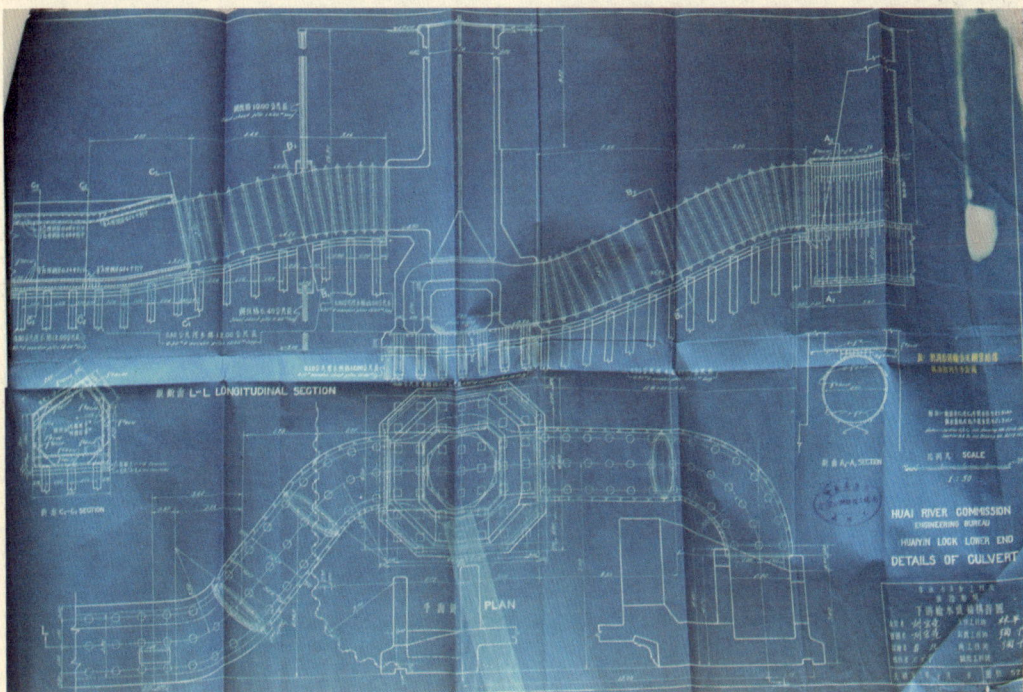

淮阴船闸工程设计施工图纸

万国储蓄会储蓄单

保管单位： 盱眙县档案馆

内容及评价：

万国储蓄会储蓄单，系上海万国储蓄会发行的有奖还本付息的储蓄单。该储蓄单编号63135D，发行时间为1934年3月14日，面额500银元，月息3元。储户顾秉仁。该单长52厘米，宽40厘米，正反面均采用中、英文对照印制。

万国储蓄会是法国人在上海法租界爱多亚路7号开办的吸纳盘剥中国民间资金的储蓄机构，1912年10月创办，1934年极盛时期全国各地都开办分会。1933年，马寅初首先在报纸上对万国储蓄会给予了揭露和抨击。其后，在全国人民的压力下，国民政府下令取缔。

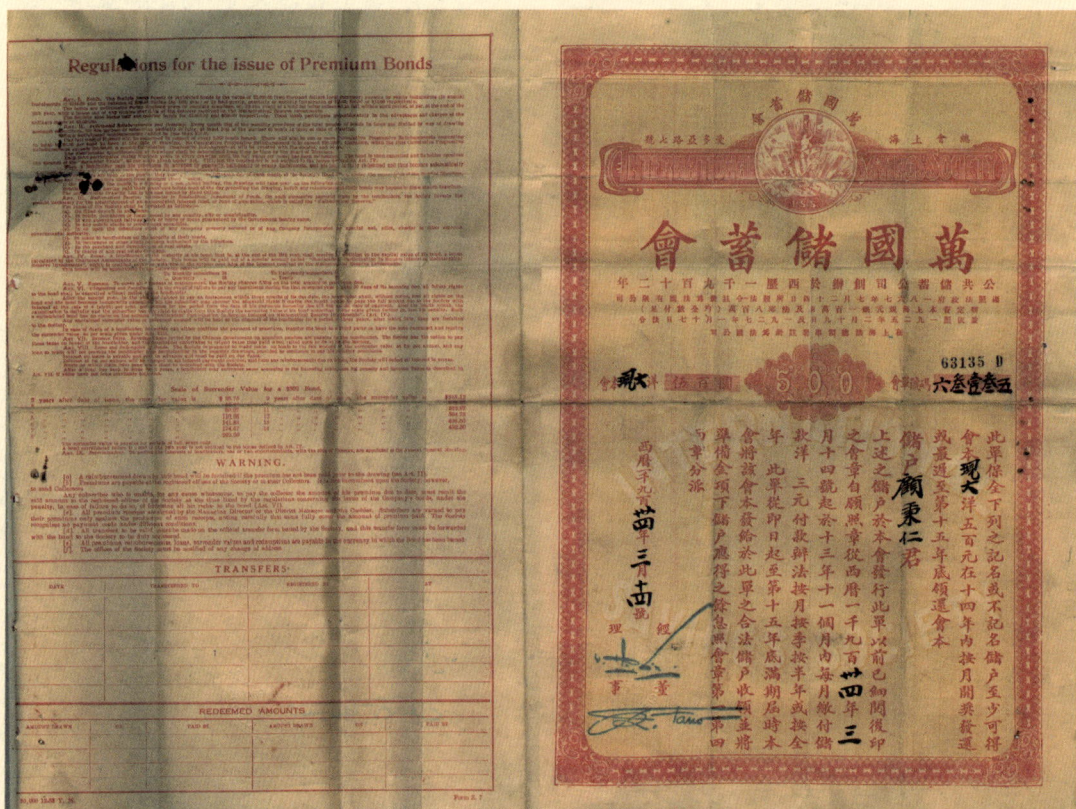

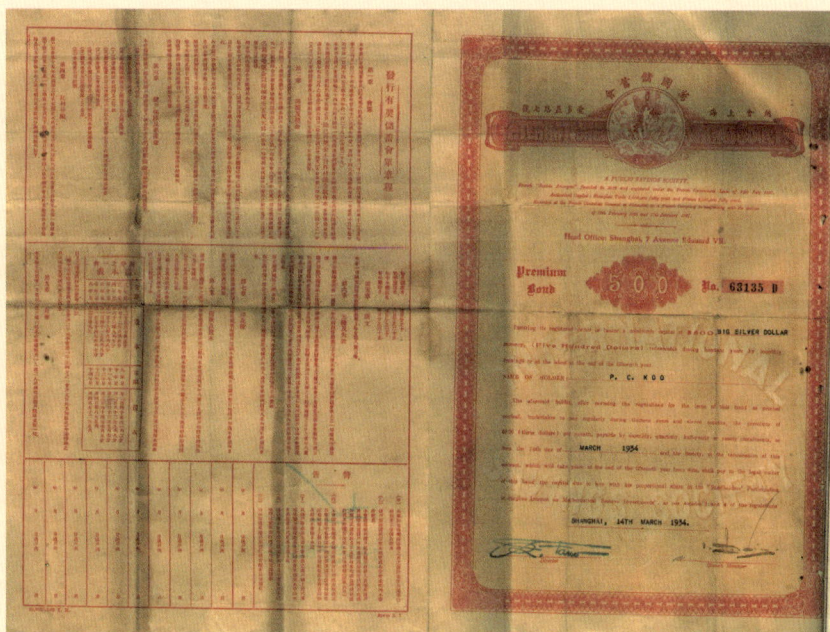

万国储蓄会储蓄单

全文：

万国储蓄会

公共储蓄公司创办于西历一千九百二十年

遵照法政府一八六七年七月二十四日所颁法令注册

为法国有限公司

额定资本上海规元银一百万两及法郎八百万（均全款付足）

并依照一九二五年二月十九日及一九二七年一月十七日法令

在上海法总领事署注册为法国公司

D 53136

五叁壹叁六 码号单会 500 $ 伍百元 会本现大洋

此单保全下列之记名或不记名储户至少可得会本现大洋五百元在十四年内按月开奖发还或最迟至第十五年底领还会本

储户顾秉仁君

上述之储户于本会发行此单以前已细阅后印之会章自愿照章从西历一千九百卅四年三月十七号起于十三年十一个月内每月缴付储款洋 三元付款办法按月按季按半年或按全年 此单从即日起至第十五年底满期届时本会将该会本发给于此单之合法储户收领并将准备金项下储户应得之余息照会章第一第四两章分派

西历一千九百卅四年三月十四号

经理（签字）

董事（签字）

英文（略）

江苏省立淮阴师范学校复校史料

保管单位： 淮安市档案馆

内容及评价：

江苏省立淮阴师范学校复校史料形成于1948年至1949年。该史料由江苏省淮阴师范学校复校第一届同学录、学生证、自传、毕业生照片和解放后（淮阴1948年底解放）从江南回归淮师的学生名册等组成。同学录中，除1947年淮阴师范学校复校第一届毕业生名册、教师员工名册外，还有学校略史，叙述了建校历史以及多次更名的情况。该校创建于清光绪二十八年（1902），原名江苏高等学堂。1906年，改称江北师范高等学堂。1913年，改称江苏省立第六师范学校。后因北伐战事影响停办。不久，与省立九中（时为淮安省中）合并，称为江苏省立淮安女子中学。1928年春季与省立九中划分，依旧迁回原处。其后在实行大学区制一年中曾多次更名。1930年，大学区制废除，该校又改为江苏省立淮阴中学。1932年，改名为江苏省淮阴师范学校。1938年春季停办，1947年复课。复课后共有8个班，全部师范性质，初中为简师科，高中为师范科，有春季、秋季之分。该校校训为：礼义廉耻（礼即严严正正的纪律，义即慷慷慨慨的牺牲，廉即实实在在的节约，耻即轰轰烈烈的奋斗）。这部分档案资料对研究两淮（淮阴、淮安）地方文化教育发展史以及淮阴师范学校（院）、淮安中学、淮阴中学校史都有十分重要的参考价值。

江苏省立淮阴师范学校复校第一届同学录

校訓

禮：是嚴嚴正正的紀律

義：是慷慷慨慨的犧牲

廉：是實實在在的節約

恥：是轟轟烈烈的奮鬥

總統力行之訓示，不脈不懈，貫澈始終，此一事也。知也無涯，學何可止，今諸君僅在校結束，卻三載服務期滿，亦不過稍增學驗，仍不能謂業之已畢。甚望永能職續精進，與時俱益。以眞知，致實用，求眞知，爲時代之先鋒，切無爲人蔡之落伍省，庶乎可任重而致遠，此又一事也。

事業之成就，有賴精誠團結，諸君同窗三載，情深誼篤，攻研密切之聯繫，道合，此次分離，實乃相盧籠圖之擴大耳，尚望一心一德，永保密切之聯繫，縱衾著散易，關山重隔，而晉問無間，互切互磋，互策互助，卽力邁進，杲能行此三者，則斯鑰之作爲不虛矣，諸君幸甚！本校幸甚！故樂爲之序。

中華民國三十七年二月吉旦瑞序

此再一事也。

本校略史

本校剏辦於民國紀元前十年，（清光緒二十八年）名爲江北師範學堂。遂定師範之基。迨至民國二年，改稱江北高等學堂。至前六年改稱江北師範學校。彼時校長爲徐公美先生 任期最久，聲望最著。直至民國十六年離職。而本校因受北伐戰事影響，遂告停頓。未幾與省立九中（卽現在淮安省立淮安子中）合併，稱江蘇省立淮安子中學。彼時因行大學區制於一年，名稱迭更始稱第四中學副分，仍舊遷回原處。後於十七年春奉令與淮安中山大學區淮陰中學，旋改稱中央大學區立淮陰中學，繼又改稱江蘇大學區淮陰中學。至十九年，大學區制廢，各省教育廳灰復，遂稱江蘇省立淮陰中學。七七事變發生於二十七年春停辦。繼公美校學。至二十一年，迺改稱今名。

淮师略史、校训及时任校长吉长瑞题词

任重致遠

吉长瑞

全文：

校训

礼：是严严正正的纪律　义：是慷慷慨慨的牺牲

廉：是实实在在的节约　耻：是轰轰烈烈的奋斗

本校略史

本校创办于民国纪元前十年，（清光绪二十八年）名为江苏高等学堂。至前六年改称江北师范高等学堂。遂定师范之基。迨至民国二年，改称江苏省立第六师范学校。彼时校长为徐公美先生，任期最久，声望最著。直至民国十六年离职。而本校因受北伐战事影响，遂告停顿。未几与省立九中（即现在淮安省中）合并，称江苏省立淮安女子中学，计一学期。后于十七年春奉令淮安中学划分，仍旧迁回原处。彼时因行大学区制于一年中，名称迭更始称第四中山大学区淮阴中学，旋改称中央大学区立淮阴中学，继又改称江苏大学区淮阴中学。至十九年，大学区制废，各省教育厅恢复，遂称江苏省立淮阴中学。至二十一年，乃改称今名。七七事变发生，于二十七年春停办。继公美校长之后者，历任校长为王锺麒、李宏增、汪仲英、徐书简、王德林、曹夐、顾敦福、顾克彬、孙洁黄诸公，三十六年一月奉令复员。由范公绍会长校。仅一学期，范公辞职。是年十月间，江苏省令委吉公长瑞继任。事变前高中部为师范科，初中部为普通科，男女分班，高初中皆双轨。另附设师资训练班，计有十三班之多。复员后仅有六班，上学期增加两班，现计有八班。完全师范性质。初中无普通科，改为简师科，高中称师范科，有春季秋季之分。惟男女同级，各班年纪不全，有断脱不能衔接之病。现吉公长校以来，极力整顿，不遗余力。将视吾淮遭受敌伪摧残九年，最高之学府，必有以复兴也。民国三十七年五月十八日本校文书童宝仪叙略。

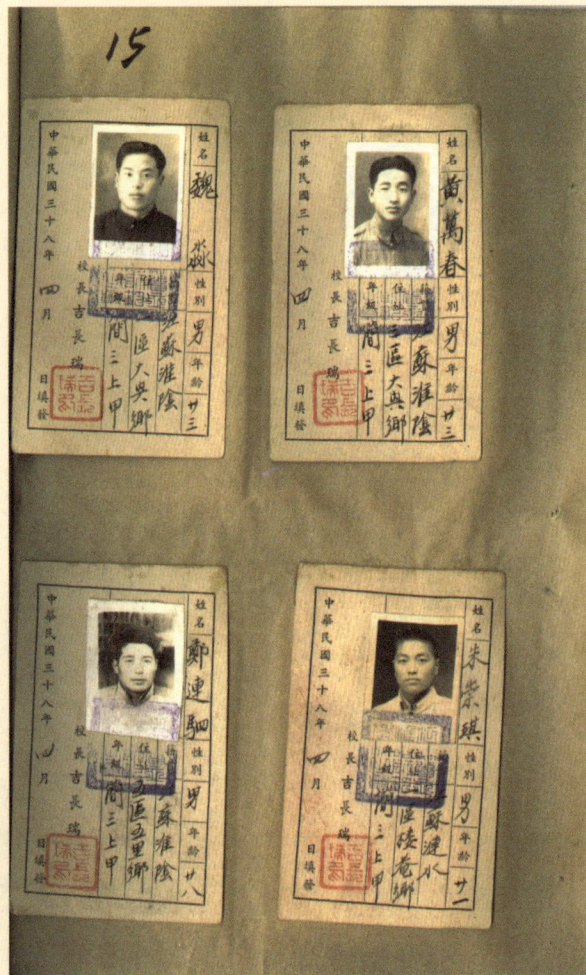

淮阴师范学生证

师二届（秋季）2.

| 263 淮陰 | 248 淮安 | 244 漣水 | 237 淮陰 |
| 張 珍 | 高永斌 | 張美謙 | 潘如楠 |

| 265 淮陰 | 249 沭陽 | 245 泗陽 | 238 漣水 |
| 鄭德全 | 陳兆奐 | 陳興夏 | 張眉庵 |

| 266 淮陰 | 250 泗陽 | 246 淮安 | 239 漣水 |
| 趙希平 | 包一浦 | 張 庠 | 于其達 |

| 267 宜興 | 262 淮安 | 247 淮安 | 242 淮陰 |
| 丁亞華 | 吳毓旋 | 省雲裕 | 陸阜南 |

| 233 漣水 | 227 漣水 | 223 泗陽 | 219 淮安 |
| 朱宗榮 | 胡壽鈺 | 劉 鏞 | 呂祿華 |

| 234 淮陰 | 228 淮陰 | 224 淮陰 | 220 淮陰 |
| 唐瑞麟 | 陳效軻 | 周性純 | 吳延綺 |

| 235 淮陰 | 229 淮陰 | 225 淮陰 | 221 淮陰 |
| 宋立庭 | 邢殿榮 | 朱嗣兌 | 董啟廣 |

| 236 淮陰 | 230 淮陰 | 226 漣水 | 222 漣水 |
| 潘 林 | 張萍影 | 吳勇生 | 朱棠壽 |

淮师复校后毕业生照片

淮阴解放后从江南回归淮师的学生名册

姓名	性别	年龄	籍贯住所	曾否加入党团	備註
屠懋祖	男	三	淮安平桥河西	加入青年团	未登记
陈耀祖	男	廿	淮阴本城文曲庵	在党团合并提登记	
王超	男	廿二全	工栾集北王圩		
朱宗荣	男	三三	涟水连水古寨	填过党团表格	
胡志达	男	三二	淮阴北乡栾集	入团	
包一浦	男	二二	泗阳小吴集	入团	
潘如南	男	三三	淮阴徐涵镇		
张眉蕃	男	三二	全工小张集	参加	
陈兴夏	男	二0	泗阳陈大围		

Archival Undertaking in Jiangsu
档 中国·江苏

革命历史档案

宝应办事处筹建负责人
关于严防湖匪抢劫等事宜的信

保管单位： 金湖县档案馆
内容及评价：

　　宝应办事处筹建负责人关于严防湖匪抢劫等事宜的信形成于1940*年12月28日。1940年，中共津浦路东省委派张燦明到宝应七区银集镇（现金湖县银集镇）成立抗日民主政权宝应办事处。其时，高宝湖一带湖匪猖獗，破坏了根据地的稳定，影响了抗日民主政府的威信，分散了抗日力量，为此，张燦明写信要求沿湖各乡采取抽调力量防卫、及时转移粮食、组织夜间巡哨、设法争取湖匪抗日等措施，以防范湖匪的袭扰抢掠。此信显示了抗日民主政府保卫根据地、最大限度争取抗日力量的决心。

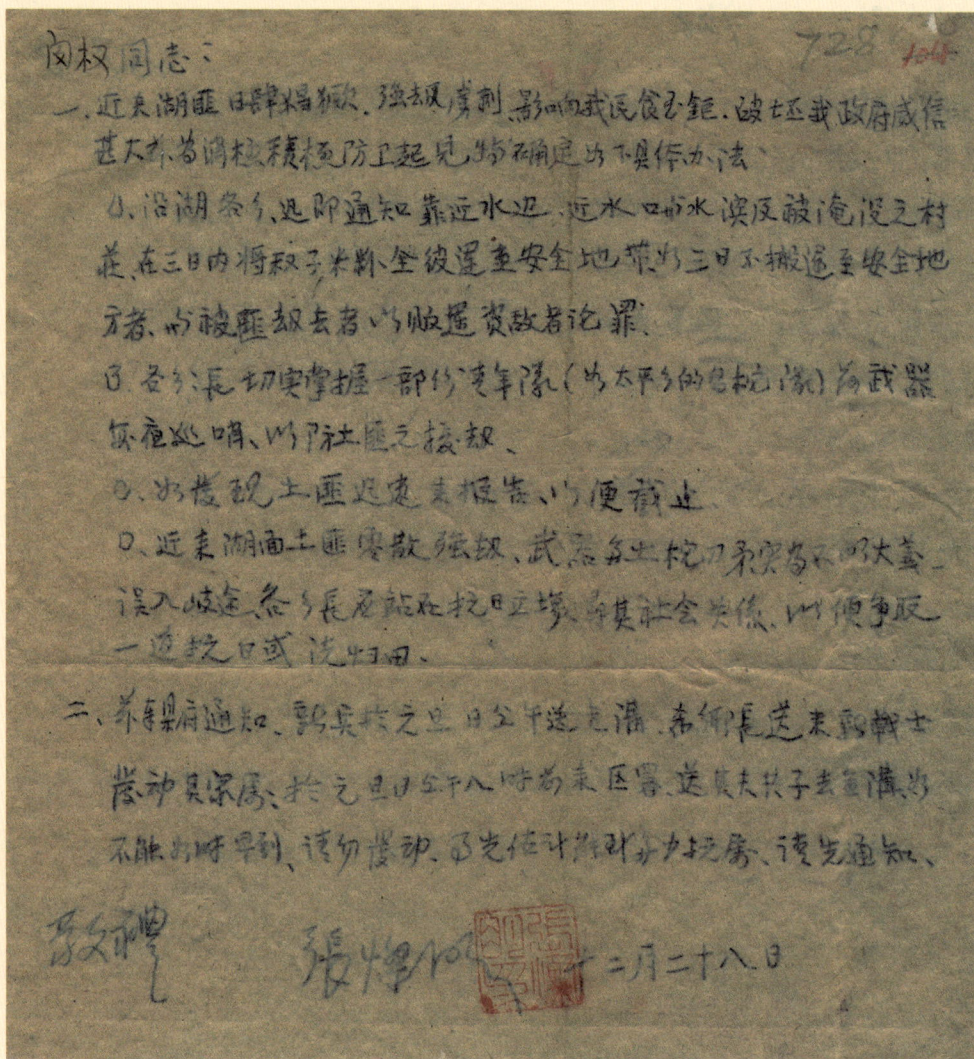

宝应办事处筹建负责
人关于严防湖匪抢劫
等事宜的信

全文：

闵权同志：

一、近来湖匪日肆猖獗，强劫虏掠，影响我民食至钜，破坏我政府威信甚大，兹为积极防卫起见，特确定如下具体办法：

A. 沿湖各乡，迅即通知靠近水边、近水口与水滨及被淹没之村庄，在三日内将稻子、米粮全彼〔部〕运至安全地带，如三日不搬运至安全地方者，与被匪劫去者以贩运资敌者论罪。

B. 各乡乡长切实掌握一部分青年队（如太平乡的长柁〔枪〕队）荷武器每夜巡哨，以防土匪之援劫。

C. 如发现土匪迅速来报告，以便截止。

D. 近来湖面土匪零散强劫、武器多土柁〔枪〕刀矛，实为不明大义，误入岐〔歧〕途，各乡长应站在抗日立场，寻其社会关系，以便争取一道抗日或洗〈手〉归田。

二、兹本县府通知，新兵于元旦日上午送金沟，希乡长送来新战士，发动其家属于元旦日上午八时前来区署，送其夫其子去金沟，如不能如时早到，请勿发动，事先估计能到多少抗属，请先通知。

敬礼。

张燦明

十二月二十八日

抗战时期高邮县政府文件

（1）高邮县第二区区公署关于防范敌伪扫荡的紧急训令

保管单位：金湖县档案馆

内容及评价：

高邮县第二区区公署关于防范敌伪扫荡的紧急训令形成于1940*年3月11日，为高邮湖西抗日根据地第二区区长卜明在防范敌伪扫荡前发布。训令从六个方面对防范敌伪扫荡提出要求：一是必须提高警惕，正确认识日寇扫荡的残酷性；二是将空舍清野作为反扫荡之有力武器，让日军失去破坏目标，达不到扫荡目的；三是整理情报网、交通网，加紧侦察敌情，密切各级联系，发挥联动作用；四是保护好重要文件、物品，防范敌人搜索；五是各区、乡政府坚持当地游击为原则，各守其职，互相联络，通信支援；六是尽早破坏公路，严防敌探侦察我驻军地形及道路等。

该训令和之后的14份文件，比较全面地反映了在抗日战争最艰苦、最困难的时期，在极其严峻的形势和十分复杂的情况下，高邮县政府为防范和粉碎日伪的军事进攻，为团结一切可以团结的力量共同抗日，为根据地的巩固和发展所作出的一系列决策部署和进行的斗争，是研究苏中地区开展敌后抗日战争和根据地建设的第一手资料，具有重要价值。

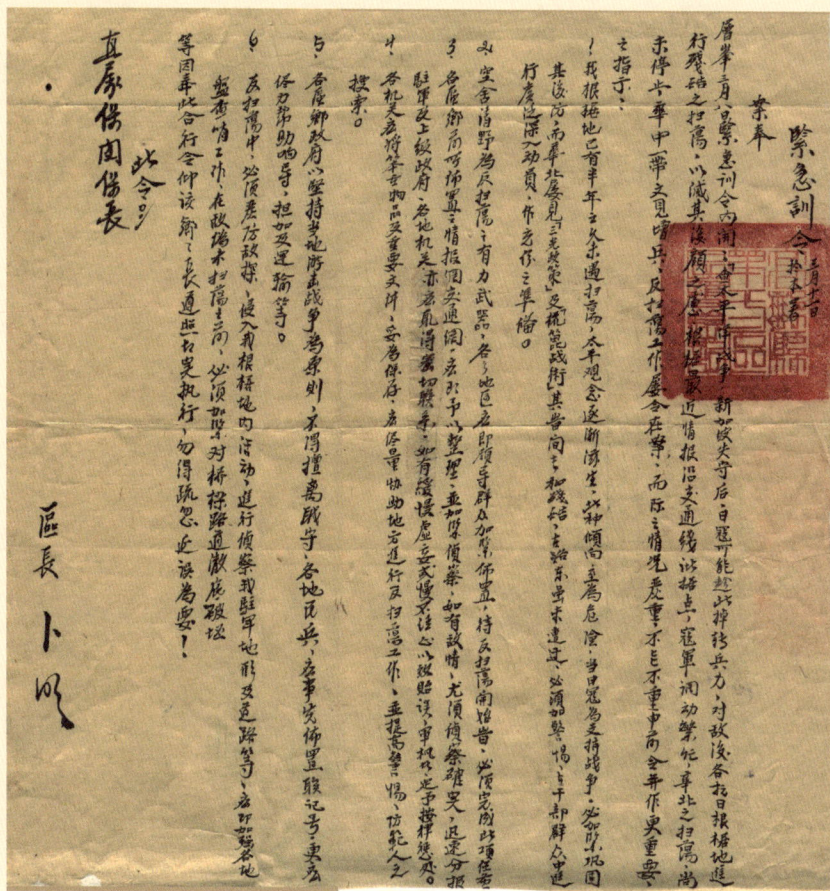

高邮县第二区区公署关于防范敌伪
扫荡的紧急训令

全文：

紧急训令

三月十一日于本署

案奉

层峰三月八日紧急训令内开："查太平洋战争，新加坡失守后，日寇可能趁此掉转兵力，对敌后各抗日根据地进行残酷之扫荡，以灭其后顾之虑，根据最近情报沿交通线诸据点，寇军调动繁忙，华北之扫荡尚未停止，华中一带，又见增兵，反扫荡工作屡令在案，而际之情况严重，不能不重申前令并作更重要之指示：

1. 我根据地已有半年之久未遇扫荡，太平观念逐渐滋生，此种倾向，至为危险，当日寇为支持战争，必加紧巩固其后防，而华北屡见'三光政策'及'梳篦战术'，其时间长和残酷，在路东虽未遭遇，必须加警惕，在干部群众中进行广泛深入动员，作充分之准备。

2. 空舍清野为反扫荡之有力武器，各分地区应即领导群众加紧布置，待反扫荡开始时，必须完成此项任务。

3. 各区乡前所布置之情报网、交通网，应即予以整理，并加紧侦察，如有敌情，尤须侦察确实，迅速分报驻军及上级政府，各地机关亦应取得密切联系，如有缓慢虚妄或慢［漫］不经心以致贻误审讯，定予按律惩处。

4. 各机关应将笨重物品及重要文件，妥为保存，应尽量协助地方进行反扫荡工作，并提高警惕、防范<敌>人之搜索。

5. 各区乡政府以坚持当地游击战争为原则，不得擅离职守，各地民兵，应事先布置联<系>记号，更应尽力帮助响［向］导，担加［架］及运输等。

6. 反扫荡中，必须严防敌探侵入我根据地内活动，进行侦察我驻军地形及道路等，应即加强各地盘查哨工作，在敌伪未扫荡之前，必须加紧对桥梁路道彻底破坏。"

等因，奉此，合行令仰该乡乡长遵照切实执行，勿得疏忽延误为要！

此令。

区长　卜　明

（2）高邮县政府给各级行政负责同志的指示信

保管单位： 金湖县档案馆

内容及评价：

　　高邮县政府给各级行政负责同志的指示信形成于1940*年7月24日。高邮县抗日民主政府、宝应县湖西地区办事处成立不久，由于对敌斗争经验不足，受到敌伪土顽等反动派的疯狂反扑：1940年5月发生"冀家围地主武装暴乱"，牌楼乡指导员周璧、乡长王辉壮烈牺牲；7月5日伪区长盖竞成利用土顽做内应，武装窜入小河东，围攻各乡公所、货检机关，抢劫枪支数十支，在塔集镇寿佛寺佛座下起走机关枪两挺，翌日于夹沟杀害新四军五支队服务团员章甫等11名乡政府革命同志。虽然敌伪土顽等反动派的反扑最终被粉碎，但对敌斗争的残酷给抗战区人民带来的是血的教训。此后上级政府谨慎对待高邮县抗日民主政府负责人的任命，7月到11月4个月间更换4任县长。此信即是在此背景下由津浦路东各县人民抗敌联防委员会办事处主任贺希明拟写，告诫行政工作负责同志要切实遵照各级之间的行政关系开展工作。9月2日贺希明亲任高邮县县长兼管宝应县湖西地区政务。

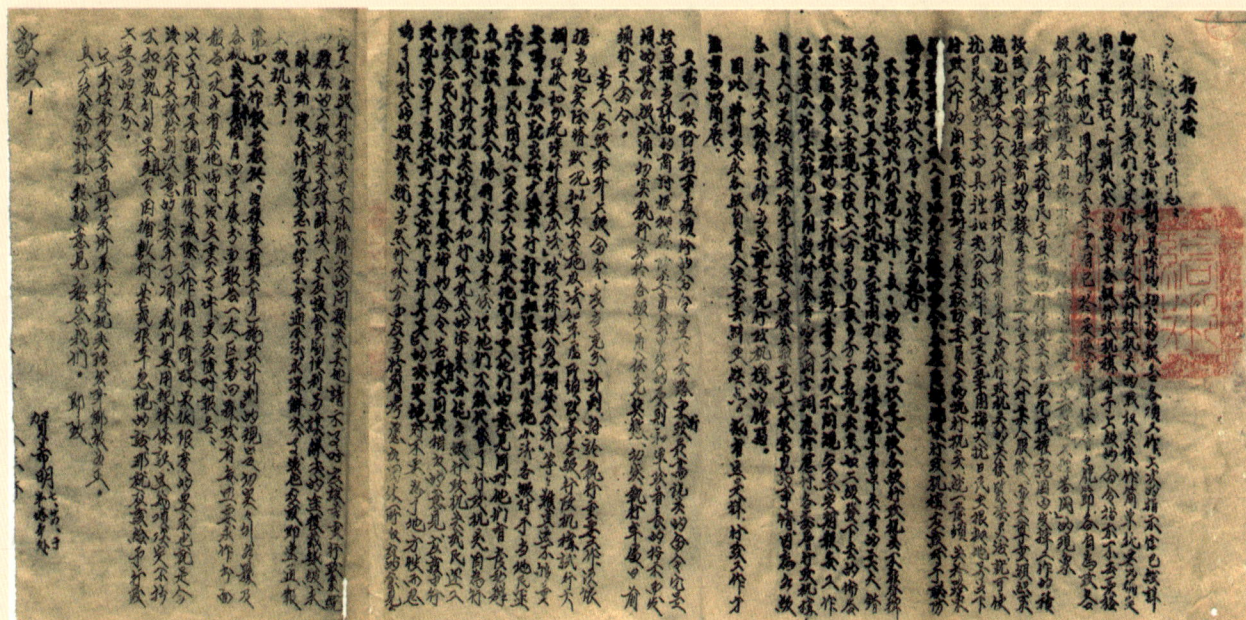

高邮县政府给各级行政负责同志的指示信

全文：

指示信

各级行政工作负责同志：

　　关于各机关应该如期的、具体的、切实的报告各项工作，上次的指示信已经详细的提到，现在我们更具体的将各级行政机关的职权关系作简单扼要的确定。因为就这短短时期考察的结果，各级行政机构对于上级的命令指示不去严格执行，下级也同样的不尊重自己，于是县、区、乡、保层层脱节，各自为政，各级行政机构既各自陷于孤立的地位，自然就发生所谓工作"苦闷"的现象。

各级行政机构是抗日民主政权的行使机关，各在它职权范围内发挥工作的积极性，但同时有极密切的隶属关系，这不是某人对某人服从，而是尊重组织系统，也就是各人在工作岗位对制度负责，各级行政机关的关系紧凑灵活，就可使抗日民主政权的力量的具体和充分发挥，就是在巩固扩大抗日民主根据地号召下行政工作的开展，联防办事处是联防委员会的执行机关，统一发颁关于路东联防办事处和行政人员任免奖惩的命令。各县、区、乡、保行政机构应该对于联防办事处的政令层层的保证充分执行。

不容否认的，我们发现了许许多多的缺点，不但是以使各级行政机关不能发挥工作动能，而且要造成行政机构在巩固扩大抗日根据地斗争中负责的莫大错误，这些缺点表现不仅在一方面，而且在多方面表现出来。如上级发下去的布告不张贴，命令要办的事不积极去办，甚至不理不问，规定要定期报告工作也不遵办，就是办也多用敷衍塞责的空洞言词应付应付。各基层行政机构、负责人的更换，直接任免了不让上级机关知道，也是很常见的事情。因为各级各行其是联系不够，当然就表现行政机构的脆弱。

因此，特别要求各级负责人注意去纠正缺点。只有这样，行政工作方能有效的开展。

第一，联防办事处颁行的命令，实代表路东行政最高机关的命令，它是经过相当详细的商讨，根据联防委员会中定的原则和军政首长的指示而发颁的，县各级必须切实执行，关于各级人员任免奖惩，切实执行本处日前颁行之命令。

第二，各级奉行上级命令，应当充分计划、讨论、执行，重要工作须依据当地实际情况，拟具实施办法，如本处所颁"改善各级行政机构试行大纲"、"没收和分配汉奸财产办法"、"破坏桥梁公路碉堡办法"等等，难道还不够重大吗？各级就应该广泛举行讨论和建立计划实施办法，各级对于当地民运工作同志、民众团体一定要广泛征求他们尊重他们的意见，同时他们有发动群众保证各项政令胜利实行的责任，但他们不能代替了行政机关，因为行政机关有行政机关的权责和行政机关的体系，无论各级行政机关或民运工作同志、民众团体对于本处发布的命令，若有不同或相反的意见，应该由行政机关向本处提出，不要就作"自行其是"的决定，绝对不要为了地方性而忽略了行政上的组织系统，当然行政方面应当特别考虑各团体所反应［映］的意见。

第三，各级行政机关有不能解决的问题或其他请示事时，应该尊重行政系统向隶属的上级机关求得解决，不应该贪图便利另谋解决的途径或越级求得解决。即使在情况紧急不得不变通办法求得解决，事后也应或即速通报上级机关！

第四，工作报告根据"各县第一期（三个月）施政计划"的规定，切实实行各县及各机关每□个月回本处书面报告一次，区署向县政府每周要求作书面报告一次，如有其他临时发生重大事件，更应随时报告。

以上这几项是调整关系、减除工作、开展障碍最低限度的要求，也就是今后工作应该特别注意的基本事项。我们要用纪律保证这几项决定不折不扣的执行。如果再有因循敷衍，甚至根本忽视的话，那就应该给予行政上适当的处分。

这封信希望普通转发所属行政机关，转发到乡级为正。

且广泛发动讨论，总结意见，报告我们，即致

敬礼！

贺希明　七、廿四、于半塔本处

（3）高邮县政府关于印制差假证与人民通行证训令

保管单位：金湖县档案馆

内容及评价：

　　高邮县政府关于印制差假证与人民通行证训令形成于1940年8月13日。高宝湖西地区处于苏皖交界，抗战期间有着各种政治、军事势力，除了新四军在当地活动外，还存在日军及伪军、国民党江苏省主席韩德勤所属部队、土匪、湖匪、地方顽固派等多方势力，占据不同地盘，互相渗透，互相影响牵制，一旦稍有疏忽，就会给抗日队伍造成血的教训。为了加强地区管理，防止敌伪混入我抗战区破坏，进一步肃清奸伪，高邮县政府发布了关于加强出入边境管理的训令，并在随后开展一系列工作，保护了抗战区的胜利果实。

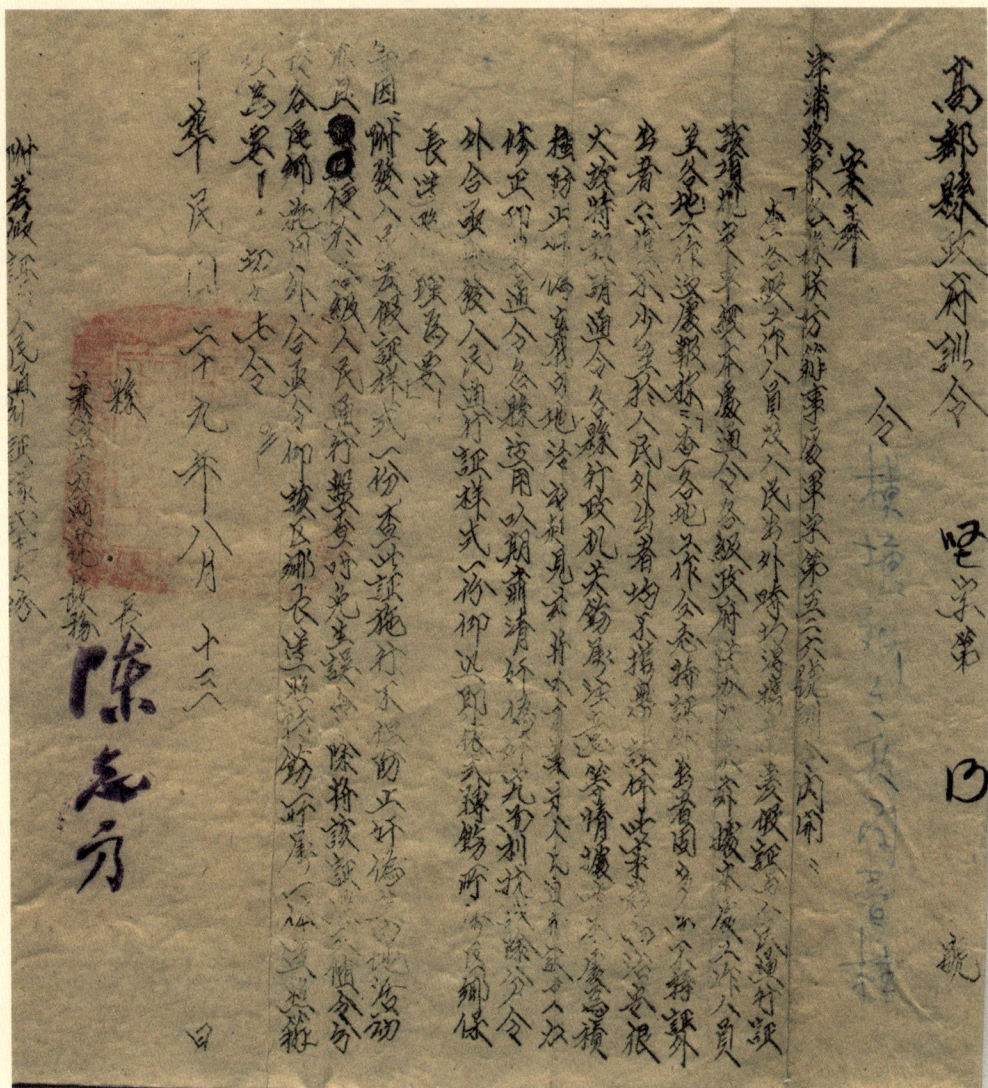

高邮县政府关于印制差假证与人民通行证训令

全文：

高邮县政府训令

坚字第13号

令

案奉

津浦路东各县联防办事处军字第五二六号训令内开：

"查各级工作人员及人民出外时均得携带差假证与人民通行证，该项规定早经本处通令各级政府遵办在案，兹据本处工作人员至各地工作返处报称：'查各地工作同志持证外出者固多，而不持证外出者□□不少，至于人民外出者均不携带证件，此事影响治安很大，故特报请通令各县行政机关饬属注意。'等情。据此，本处为积极防止奸伪在我方地活动起见，兹将我方安定人民通行证一律修正印制，通令各县适用，以期肃清奸伪奸究而利抗战，除分令外，合亟印发人民通行证样式一份，仰迅即依式转饬所属区、乡、保长遵照办理为要！"

等因；附发人民差假证样式一份，查此证施行不但防止奸伪在内地活动并且便于各级人民通行盘查时免生误会，除将该证样式通令分发各区、乡施用外，合亟令仰该区乡长遵照转饬所属，一体遵照办理为要！切切此令。

中华民国二十九年八月十三日

县长兼管宝应湖西地区政务　陈志方

附差假证与人民通行证样式一份

（4）高邮县政府关于收集弹药原料的通令

保管单位： 金湖县档案馆

内容及评价：

高邮县政府关于收集弹药原料的通令形成于1940年9月4日。新四军东进后同时受到日军的疯狂进攻和地方顽固势力的干扰，而长期抗战导致部队弹药缺乏，加上敌伪封锁，弹药难以购买，制约了我军对敌斗争的开展。为了克服弹药紧缺的困难，新四军江北指挥部筹设了小规模弹药制造厂。此通令便是为切实解决弹药原料问题而制定的具体办法。"中国的保尔·柯察金"吴运铎正是此时受命到新四军二师的淮南抗日根据地，在天高县金沟区平安乡小朱庄（现金湖县金南乡马塘村）建立兵工厂的。

高邮县政府关于收集弹药原料的通令

全文：

高邮县政府通令

民国二十九年九月四日

令

案奉

江北指挥部通令参字四六四号内开：

"查弹药乃军队之命脉，战事中唯一之生命线，为争取胜利之泉源，关系至重且巨。本军坚持江北抗战，三载于兹，部队日益扩大，弹药缺乏，供给无源，兼之江南交通梗阻，补充困难，在日寇加紧敌后扫荡，战争愈趋剧烈之现在，为了坚持华中抗战，迎接新的战斗，克服这一困难与弱点，争取更大的胜利，特筹设小规模弹药制造厂，仿制各种弹药，用以自给，惟此项原料非常困难，为收集弹药原料决定下列办法：（一）各部队以后在战斗中，无论机枪、步枪、卜壳等各种弹药空壳，不论我方或敌方的都应完全检拾交各部队军需机关汇集转送本部供给部，以便制造。（二）各部队战斗后，应在打扫战场时尽量收集各种弹药空壳。（三）应设法在各地方向群众出价收买完好的弹壳，每百粒一元五角，凡子弹打不响的，每百粒二元，如破坏不堪无法做制子弹者不要，此项收买弹壳费用，由各级军需机关向本部实报实销。上述三项希各级首长督促所属彻底执行，并在部队中进行深入的动员与教育，提高战士对于爱惜弹壳重要之认识，严格纠正忽视及浪费现象。除分令外仰即遵照并转饬一体遵照执行为要。"

等因；奉此，除分令外合亟令仰遵照执行为要！

此令。

县长兼管宝应湖西地区政务　贺希明

（5）《高邮县行政委员会成立大会宣言》

保管单位： 金湖县档案馆

内容及评价：

《高邮县行政委员会成立大会宣言》形成于1940*年11月26日。1940年，抗日战争处于战略相持阶段，日军在正面战场上停止了战略性进攻，逐渐将其主要兵力用于打击在敌后战场上的八路军和新四军。对国民党，从以军事进攻为主、政治诱降为辅转变为以政治诱降为主、军事打击为辅；在其占领区，加紧扶植傀儡政权，发展汉奸组织。而国民党则推行消极抗日、积极反共的政策。面对妥协、分裂、倒退的逆流，中国共产党坚持抗战、团结、进步的方针，致力于巩固和扩大抗日民族统一战线，坚持敌后游击战争和抗日根据地的建设，制定了抗日根据地内实行的基本政策。正是在这样的背景下，1940年11月26日，高邮县行政委员会第一次大会在金沟举行。会上，高邮县政府公开发表宣言，对抗日民主政权性质、团结社会各界抗日主张进行广泛宣传。

《高邮县行政委员会成立大会宣言》

全文：

高邮县行政委员会成立大会宣言

今天高邮县行政委员会宣告成立，在高邮最是空前的盛举，这证明高邮县不愿做亡国奴的人们，已经更进一步的团结一致致力于抗战建国的伟业。

本会接受高邮全体人民的付托，代表各阶层抗日人民的利益，郑重商讨高邮县团结救亡之大计，以及全县应兴应革诸事宜，主要目的在发动团结抗日人民力量，扩大巩固抗日人民武装，实现民主政治，改善人民生活，以培养加强抗战主力，为中华民族解放战争奋斗到底。

抗战开始迄今已逾三年，英勇将士前仆后继，敌军到处庐舍为墟，本会敬谨代表全县人民对前线将士致无限敬意，对牺牲先烈志无限哀悼，对广大受难同胞致恳切慰问。

本会竭诚向高邮人民宣告，我们凶恶的敌人日本帝国主义者企图用最毒辣阴谋达到灭亡中国的目的，拔出他深陷的泥足。目前时局的主要危险就在于敌人进行诱降，德义【意】从旁劝降，大资产阶级看不到抗战光明前途，悲观动摇。暗藏在抗日阵营中的亲日派、投降派、反共派则挑拨离间，企图掀起反共战争。豫皖方面有大军向新四军步步进迫，陕甘宁地区亦被大军包围，危机空前严重，战端一起中国必然四分五裂，抗战大业必然中途而废，力量互相削弱自成瓮中之鳖，国家随而沦亡人民永为奴仆。因此，我们很明显看到内战乃是死路，团结始能更生，我们要求全体同胞认清目前危难，奔走呼号、淬励奋发，坚决反对内战反对投降，坚决给予投降派亲日派以无情的打击，争取时局的好转，克服目前危难保卫抗日民主政权，坚持敌后游击战争。我们坚持对日抗战自力更生的立场，反对投靠帝国主义集团，为帝国主义的相互掠夺战争而流血，我们要求重申坚决抗战立场，实行民主政治，国共密切合作，停止反共战争，诚意联合友邦社会主义国家苏联和全世界被压迫民族，坚持抗战到最后胜利的一日。

本会竭诚向高邮人民宣告，今天高邮县抗日人民已经获得真正抗日民主的权利，很早以前我们就已获得言论、结社、集会、出版的自由，各级政府人员亦向由人民直接选举的道路迈进，今天我们开始自己起来管理政权，特请大家注意认识抗日民主政权的实质，抗日民主政权是抗日各党派阶层对反对抗日破坏抗日分子的专政，只要赞成抗战不违反抗日人民利益的都有参政的权利。本会委员有国民党员也有共产党员，有绅士商人同时也有工人农人，这足以证明本会是能够代表各抗日党派阶层的利益，本会自必以抗日人民的意志为意志，自必为国家民族的前途与抗日人民的利益，反映各方面的需求和意见。

本会竭诚向高邮人民宣告：本会坚决为改善人民生活而奋斗，本会认为改善人民生活为发挥抗战力量最必要的步骤，很早以前他们已经获得减租、减息、减税各项利益，今后我们更应当坚决执行"三七"分租、"分半"给息、老债还本、八折赎当、减收牙帖、减低行佣、免除苛杂、调剂食粮、办理农贷、增加工资、优待抗属等项规定。我们反对隐匿取巧，也反对实行过当，只要在规定范围以内人人都有提出合法要求的权利。

本会竭诚向人民宣告：本会方始成立，见闻实有未周，本会既然是民意机关，自必对各方面意见尽力采纳，各方面亦必须利用本会为自己的喉舌，然后本会才能反映各方面的真正需求，对抗战建国大业有所贡献。由于本会的成立，各抗日阶层党派的意见和需求当必能更进一步融会贯通，各抗日阶层党派的步调亦必能更为整齐一致，各抗日阶层党派的团结定必能日趋坚强和巩固，当此时局日见艰危，本会成立责任至重，惟有赖于各方面的共同努力并开诚监督和指示，然后才能渡过危难走上光明胜利的坦途。

（6）高邮县政府致湖上绿林兄弟的公开信

保管单位：金湖县档案馆

内容及评价：

高邮县政府致湖上绿林兄弟的公开信形成于1940年前后（具体时间不详）。高宝湖西（现金湖县境内）高邮湖、宝应湖、白马湖三湖环抱，河网密布。民国期间民不聊生，许多平民衣食不裹，被迫打家劫舍成为湖匪。1940年，高邮县抗日民主政府为最大限度地争取、团结抗日力量，发出了"致湖上绿林兄弟的公开信"。动之以情，晓之以理，在宣传团结抗日各项主张的同时，又为因被生计所迫的湖匪网开一面，只要他们调转枪口打击日本强盗或自动洗手归田，抗日政府不但不予追究还给予平民待遇，显示了政府抗日的决心和宽宏的政治胸怀。

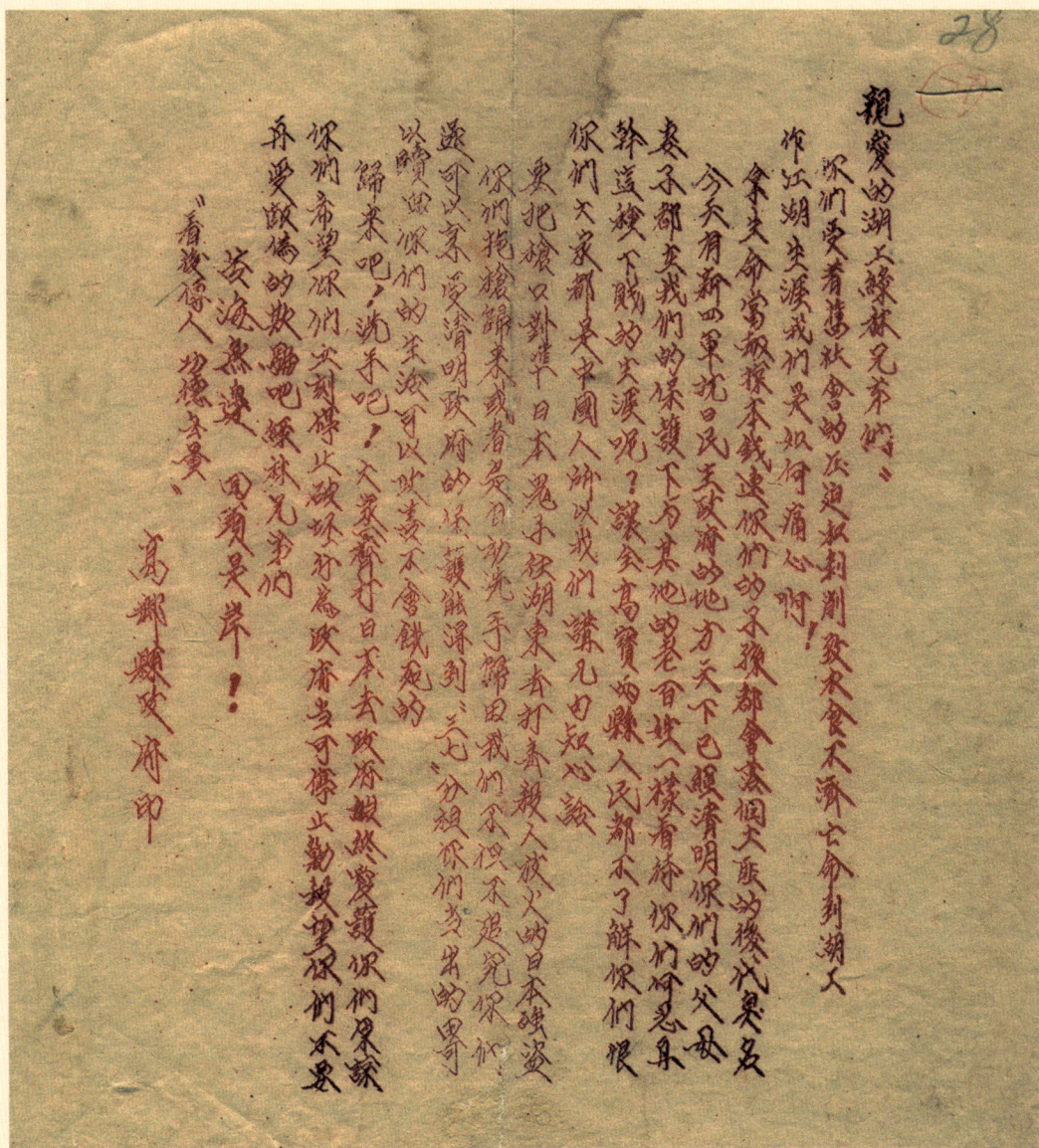

高邮县政府致湖上绿林兄弟的公开信

全文：

亲爱的湖上绿林兄弟们：

你们受着旧社会的压迫和剥削，致衣食不济亡命到湖上作江湖生涯，我们是如何痛心啊！

拿生命当劫掠本钱，连你们的子孙都会落个土匪的后代臭名。

今天有新四军抗日民主政府的地方，天下已经清明。你们的父母妻子都在我们的保护下与其他的老百姓一样看待，你们何忍再干这种下贱的生涯呢？让全高宝两县人民都不了解你们，恨你们。大家都是中国人，所以我们讲几句知心话。

要把枪口对准日本鬼子，往湖东去打击杀人放火的日本强盗，你们抢枪归来，或者是自动洗手归田，我们不但不追究你们，还可以享受清明政府的保护，能得到"三七"分租，你们当出的田可以赎回，你们的生活可以改善不会饿死的。

归来吧！洗手吧！大家一起打日本去，政府始终爱护你们，原谅你们。希望你们立刻停止破坏行为，政府当可停止剿杀，望你们不要再受敌伪的欺骗吧！绿林兄弟们。

苦海无边，回头是岸！

"看后传人，功德无量。"

高邮县政府印

（7）高邮县政府关于加强宣教工作的通令

保管单位： 金湖县档案馆

内容及评价：

　　高邮县政府关于加强宣教工作的通令形成于1941年2月23日。抗战时期，抗日民主政府积极主张宣传教育为抗战服务，用国家和民族在当时所遭受的苦难和耻辱来教育人民，使受蒙蔽的人们明真相，使未开化的人们明事理，使走上抗日道路的民众坚定决心，从而达到强大自身削弱敌人的效果。然而在根据地还不同程度地存在一些轻视宣教工作的现象。为改变现状，强化宣教工作，县政府发出此通令，提出了6点要求，加强了对日常宣教工作的布置、检查、协作和教育人员的管理。

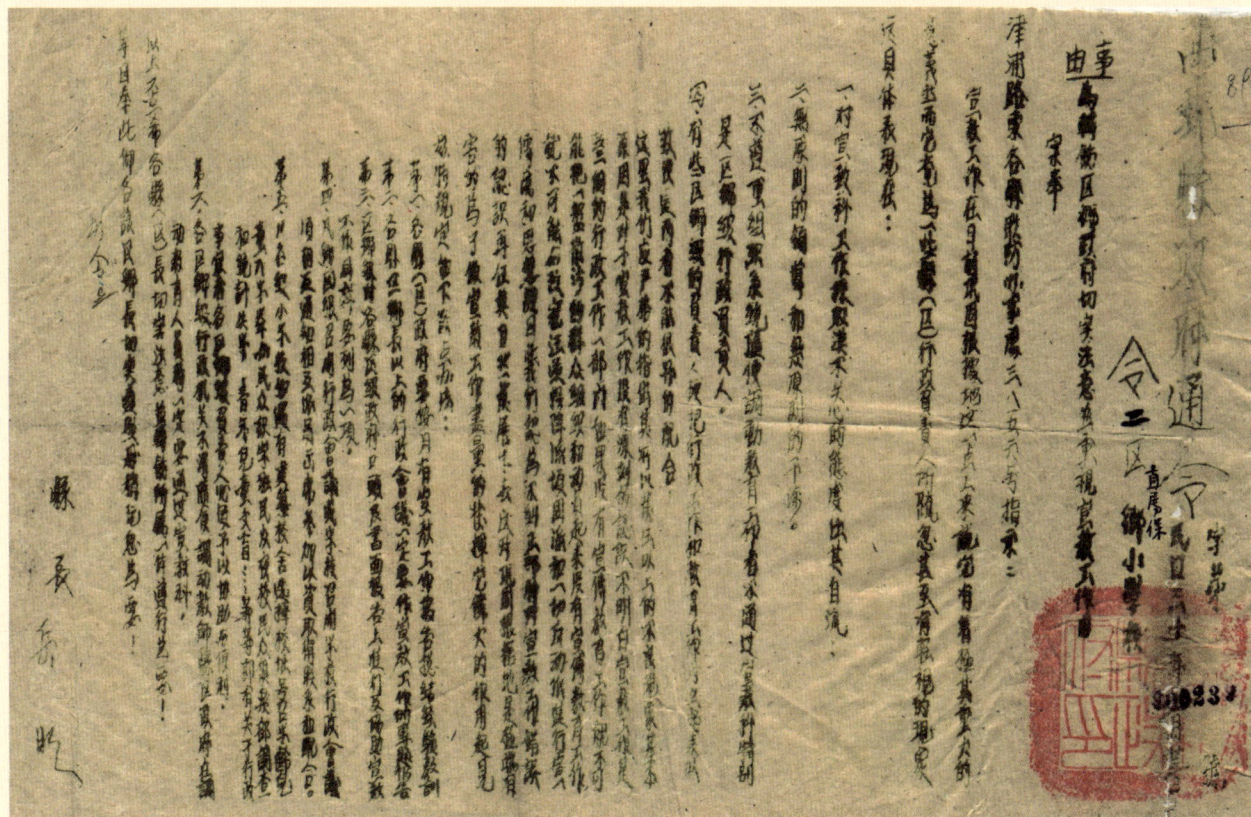

高邮县政府关于加强宣教工作的通令

全文：

县政府通令

字第□□□号

民国三十年□月□□日

令二区直属保乡小学校：

事由：为转饬区乡政府切实注意并重视宣教工作由。

案奉 津浦路东各县联防办事处三八五六号指示：宣教工作在目前巩固根据地这一点上来说它有着极其重大的意义，然而它竟为一些县（区）行政负责人所疏忽，甚至有轻视的现象，这具体表现在：

一、对宣教科工作采取漠不关心的态度，任其自流。

二、无原则的领导和无原则的干涉。

三、不尊重组织系统，随便调动教育工作者，不通过宣教科特别是区乡级行政负责人。

四、有些区乡级的负责人硬把行政工作和教育工作对立起来，以致使这两者不能很好的配合。这里我们应严格的指出，其所以发生以上的不良现象，基本原因是对于宣教工作没有深刻的认识，不明白宣教工作是整个的行政工作一部门，如果没有宣传教育工作就不可能把一盘散沙的群众组织和动员起来，没有宣传教育工作就不可能会改变汪逆投降派、巩固派和一切反动派，进行宣传战和思想战，因此我们认为不纠正那种对宣教工作错误的认识，再任其自然发展下去，这对巩固根据地是极端有害的，为了使宣教工作尽量发挥它伟大的作用起见，兹特规定如下几点办法：

第一，各县（区）政府要按月有宣教工作报告，总结经验教训。

第二，各县区乡长以上的行政会议一定要作宣教工作的专题报告。

第三，区乡长对各县区级政府口头及书面报告上进行及协助宣教工作，同样要列为一项。

第四，凡乡区级召开行政会议或学校召开学校行政会议，须相互通知相互派员出席参加，以资取得联系和配合。

第五，凡各级小学校如遇有建筑校舍选择校址、号召学龄儿童入学、举办民众识字班、民众夜校、民众俱乐部，调查和统计失学青年、儿童、文盲……等等，即有关于行政事宜者，各区乡级负责人必须予以协助为便利。

第六，各区乡级行政机关不得随便调动教师，县区政府在调动教育人员等一定要通过宣教科。

以上六点希各县（区）长切实注意，并将转饬所属一体遵行为要！

等因；奉此，仰各该区乡长切实遵照毋稍玩忽为要！

此令。

县长 岳 明

（8）高邮县政府反扫荡破坏公路的训令

保管单位：金湖县档案馆

内容及评价：

　　高邮县政府反扫荡破坏公路的训令形成于1941年3月5日。抗战期间敌我双方武器装备悬殊，日伪除了手持武器精良，还配有军车大炮。为取得反扫荡的胜利，津浦路东各县联防办事处要求各地按照蛇形破坏公路，让日伪军大炮出不了碉堡，军车不能远行，即使深入根据地也不熟悉地形，找不到打击对象，相反新四军通过蛇形公路能更好地迷惑、伏击、牵制日伪军，达到有效打击日军的军事目的。

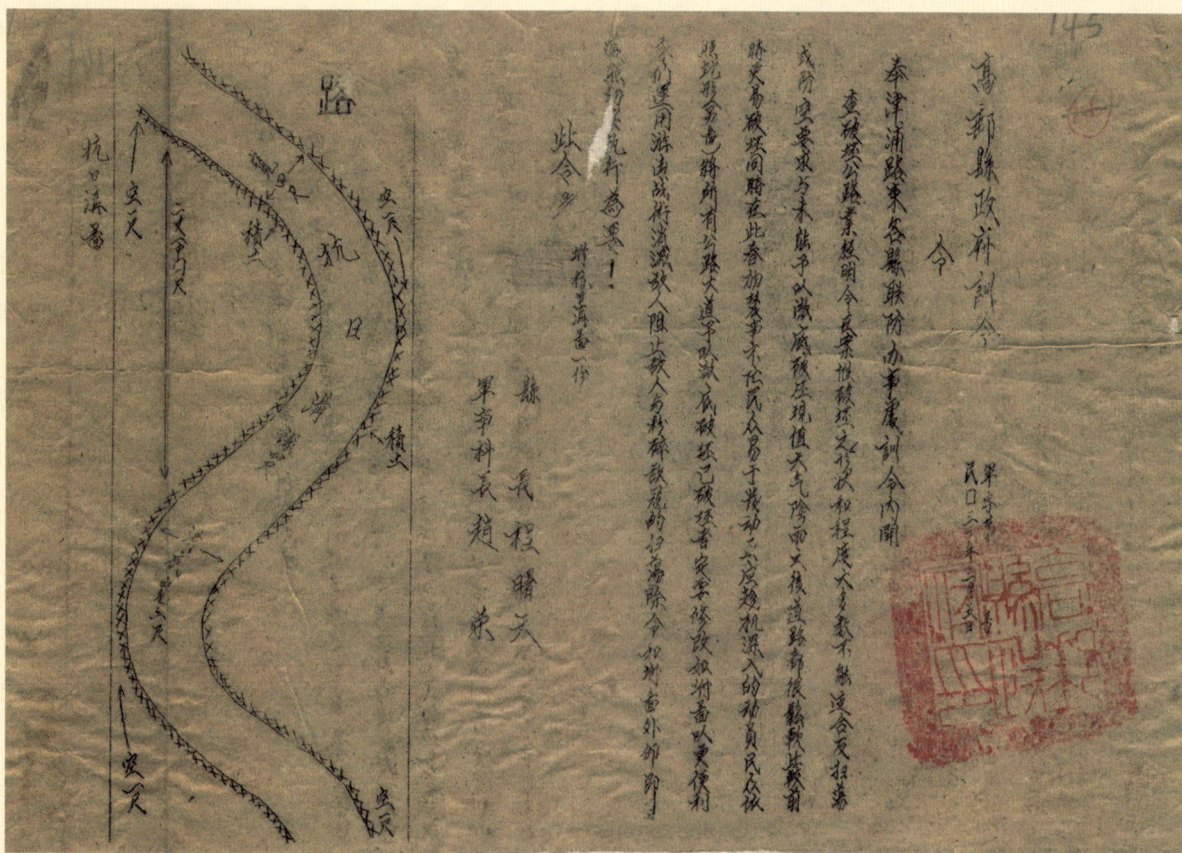

高邮县政府反扫荡破坏公路的训令

全文：

高邮县政府训令

民国三十年三月五日

令

奉津浦路东各县联防办事处训令内开：

查破坏公路业经明令在案，惟破坏之形状和程度大多数不能适合反扫荡或防空要求，与未能予以彻底破坏，现值天气阴雨之后道路都很松软，比较前时更易破坏，同时在此春初农事不忙民众易于发动，亟应趁机深入的动员民众依照蛇形（另图）将所有公路大道予以彻底破坏，已破坏者定要修改如附图，以更便利我们运用游击战术消灭敌人阻止敌人与粉碎敌寇的扫荡。除令和附图外，仰即遵照切实执行为要！此令。

附抗日沟图一份

县　　长　程曙天

军事科长　赵　荣

（9）高邮县政府制发盘查通行证的训令

保管单位： 金湖县档案馆

内容及评价：

高邮县政府制发盘查通行证的训令形成于1941年9月19日。津浦路东各县联防办事处为了加强检查防范汉奸和敌探混入根据地，制定了区域通行检查制度，规定并印制了通行证样式，这种方式既利于盘查，又提高了办事效率，达到了防范效果。为方便民众通行，规定民众在本乡通行和去外乡离家十里者只需保公所发行的临时证明书即可，同时规定了通行证一律不得收费，维护了民众利益。

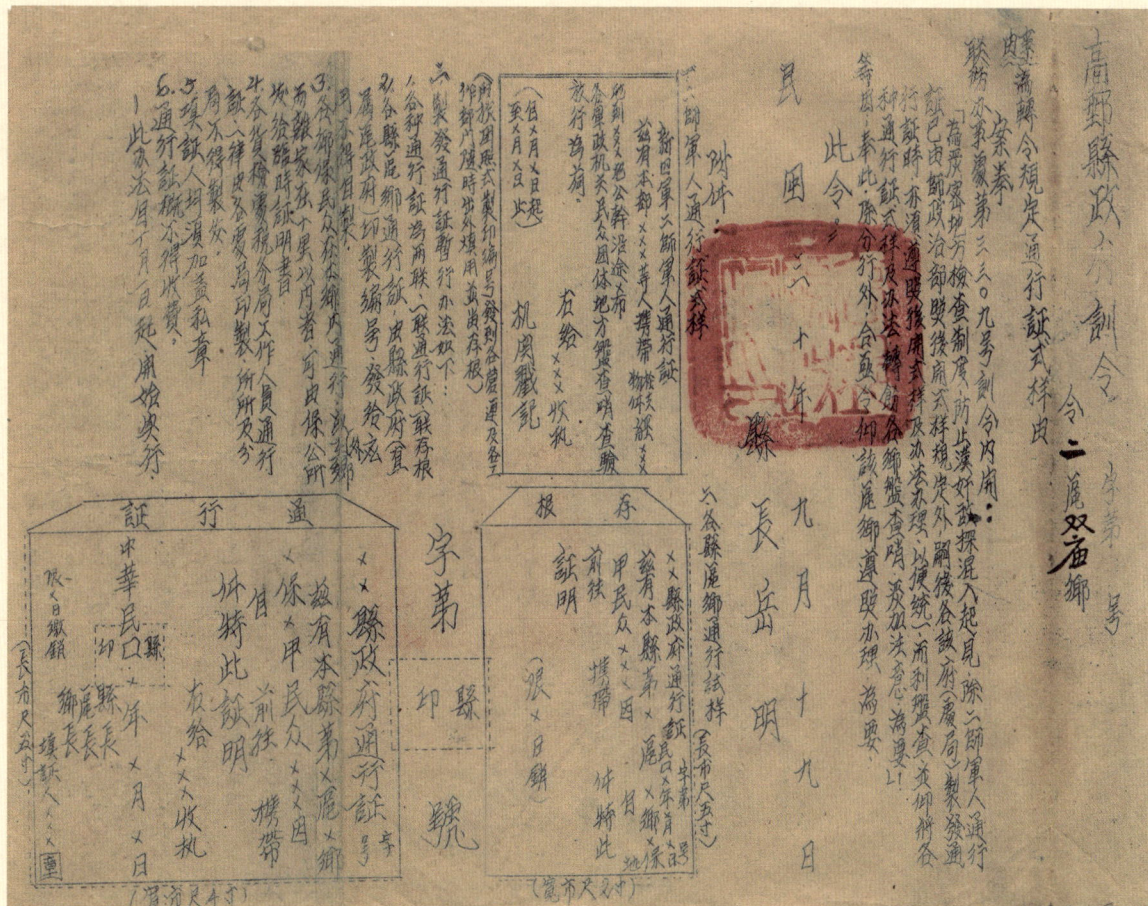

高邮县政府制发盘查通行证的训令

全文：

高邮县政府训令

字第号

令二区双庙乡：

事由：为转令规定通行证式样由。

案奉　联防办事处第三三〇九号训令内开："为严密地方检查制度，防止汉奸敌探混入起见，除二师军人通行证已由师政部照后开式样规定外，嗣后各该府（处局）制发通行证时，亦须遵照后开式样及办法办理，以便统一而利盘查，并仰将各种通行证式样及办法转饬各乡盘查哨，严加注意为要！"

等因；奉此，除分行外，合亟令仰该区乡遵照办理，为要。

此令。

民国三十年九月十九日（高邮县政府印）

县长　岳　明

附件：

一、二师军人通行证式样（略）

二、各县区乡通行证式样（略）

三、制发通行证暂行办法如下：

1、各种通行证为两联，一联通行证，一联存根。

2、各县区乡通行证，由县政府（直属区政府）印制编号，发给应用不得自制。

3、各乡保民众在本乡内通行，或在外乡而离家在十里以内者，可由保公所发给临时证明书。

4、各货检处、税务局工作人员通行证，一律由各处局印制，所所及分局不得制发。

5、填证人均须加盖私章。

6、通行证概不得收费。

此办法自十月一日起开始实行。

（10）高邮县政府转发《津浦路东各县战时烟民领照自戒办法》的训令

保管单位： 金湖县档案馆

内容及评价：

高邮县政府转发《津浦路东各县战时烟民领照自戒办法》的训令形成于1941年10月16日。津浦路东各县联防办事处不但重视开展抗日斗争、社会生产、文化教育，而且重视国民体质的改观，尤其注重戒烟、禁烟的管理，专门设立禁烟机关，制定了《津浦路东各县战时烟民领照自戒办法》。该《办法》详细规定了烟民必须申请登记，并领取自戒执照后才允许吸食鸦片，执照三个月为一期，领换自戒执照后最长不得超过一年。自戒执照按照吸食者家庭资产多少分等级付费领取，只供本人使用。无照私吸、超期私吸及无照私购、私运均作违法处理。充分显示了抗日民主政府的禁烟决心和从实际出发采取的合理的、人性化的处置办法。

高邮县政府转发《津浦路东各县战时烟民领照自戒办法》的训令

全文：

高邮县政府训令

民字第一七五号

民国三十年十月十六日

令二区双庙乡：

事由：为令发烟民执照及烟民领照自戒办法仰切实执行由。

案奉联防办事处第三五六五号训令略开："一、各县政府对于本处所发下之烟民执照务须迅速转发各区署，饬令所属烟民遵期换照及登记，补照种类遵照各县烟民领烟照自戒办法执行。二、罚款及没收烟土须呈报县政府，发给罚款收据及没收烟土收据（办事印发）。三、各县烟民换照及登记补照结束时，烟民执照存根必须呈本处存查为要！"

等因：奉此，除分行外合行全仰切实执行为要！

此令。

（一）烟民领照自戒办法一份。

（二）烟民执照一本（乡没有）。

县长 岳 明

津浦路东各县战时烟民领照自戒办法

一、为适应目前交通不便，医药困难，普通戒烟不易，特实行烟民登记领照自戒，以完成国民政府之禁烟决策。

二、凡因病吸食鸦片有烟瘾者，均应向该管县政府申请登记，请领自戒执照。

三、烟民自戒执照以三个月为一期，期满发后如确因病不能戒绝，经医生证明属实者，得申请续领，但期至多间不得超过一年。

四、烟民自戒执照视烟民之贫富，分左列六种：

1. 财产在一万一千元以上者，领特等照，每张至少六十元，至多不得超过五百元（一万一千元以上财产，每增千元，执照费增洋6元）。2. 财产在一万一千元以下者，八千元以上者，领甲等照，每张三十九元。3. 财产在四千元以上者，八千元以下者，领乙等照，每张二十一元。4. 财产在一千元以上者，四千元以下领丙等照，每张十二元。5. 财产在一千元以下者，领丁等照，每张六元。6. 赤贫者，领赤贫照，照费免缴。

五、领照烟民，所吸用之烟，应持执照及购土表，向该管土膏店或该管售吸所购吸，应须由售吸所或土膏店于购土表上写明购土数量，加盖图记，以便禁烟机关检查。

六、购土表须连同禁烟执照，于换照时缴呈禁烟机关。

七、领照烟民只限本人，不得供给他人吸食。

八、领照烟民不准吸用其他毒品，违者依法治罪。

九、未经领照私吸之烟民，除依法惩办外，并转以三百元以上二千五百元以下之罚金。

十、烟民应将执照随带身边，以便禁烟机关人员随时查点。

十一、领照烟民如购吸私土，除没收其私土外，并以私自运售烟土论处。

十二、领照烟民如供人吸食，作私设售吸所论处。

十三、领照烟民如执照逾期五天未续领而仍吸食者，作私吸论处。

十四、烟民戒绝烟瘾时，须呈验政府指定之医生证明书，经政府核准后方得撤消执照。

十五、瞒报断瘾缴销执照者，照私吸加倍论处。

十六、烟民如在领照期内戒绝烟瘾，应将执照缴销。

十七、已戒绝烟瘾之烟民，政府得随时调验。

十八、本办法自公布日施行。

十九、本办法如有未尽事宜，得由本处随时修改之。

（11）高邮县政府加强保密工作的训令

保管单位：金湖县档案馆
内容及评价：

高邮县政府加强保密工作的训令形成于1941年12月9日。抗战期间，津浦路东各县的抗日队伍革命斗争经验不足，对于军事情报等保密工作缺少严格的规定，而日伪、湖匪、地方顽固派等多方势力竭力潜入我革命队伍打探消息，从事破坏活动。为吸取教训，根据地政府要求严格制定保密纪律，确保情报工作的安全。

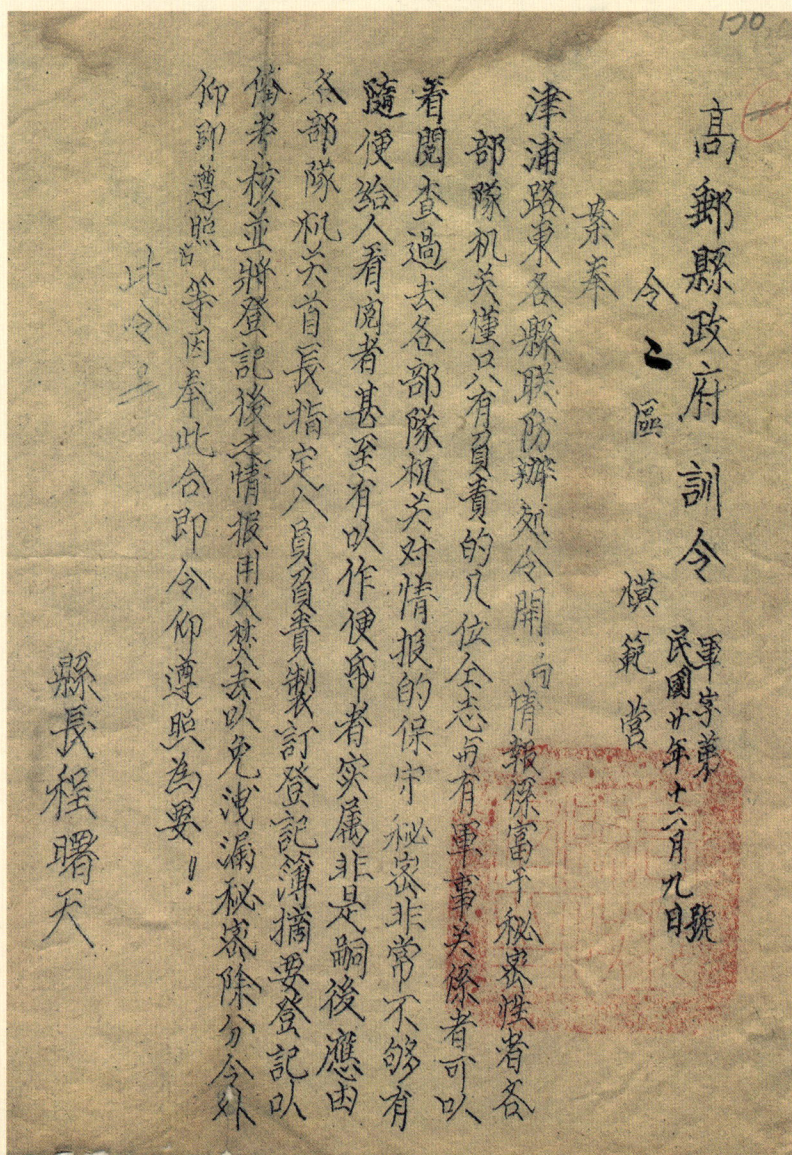

高邮县政府加强保密工作的训令

全文：

高邮县政府训令

军字第　　号　　民国卅年十二月九日

令二区模范营：

　　案奉

　　津浦路东各县联防办处令开："情报系富于秘密性者，各部队机关仅只有负责的几位同志与有军事关系者可以看阅。查过去各部队机关对情报的保守秘密非常不够，有随便给人看阅者，甚至有以作便纸者，实属非是。嗣后，应由各部队机关首长指定人员负责制订登记簿，摘要登记以备考核，并将登记后之情报用火焚去，以免泄漏秘密。除分令外，仰即遵照。"

　　等因，奉此，合即令仰遵照为要！

　　此令。

县长　程曙天

（12）高邮县政府召开逃亡归来人士座谈会的邀请函

保管单位：金湖县档案馆

内容及评价：

高邮县政府召开逃亡归来人士座谈会的邀请函形成于1942年1月。为加强对敌伪的工作，加速敌伪军的分化瓦解，1942年1月，陆军新编第四军第二师师部、淮南苏皖边区行政公署、淮南苏皖边区军区司令部联合发布《敌伪军、伪组织工作人员来归保护办法》。指出，凡参加伪和平建国军、绥靖队、反共青年团、服务队、宪兵、警察、维持会、大民会及敌伪各级政府与各种军队工作者，只要愿来边区政府军队，均予以保护并代为介绍职业。凡来归之伪军及伪组织工作人员愿意参加抗战者，一律以等于原来之职位任用，携带枪炮及其他武器者分别给奖。凡来归人员愿回家者发给路条保送回家，愿在边区做生意或种田者政府予以帮助，必要时可以借给资本等。此件即是高邮县抗日民主政府为落实我军抗日统一战线政策，向逃亡归来人士公开发出的座谈会邀请函。

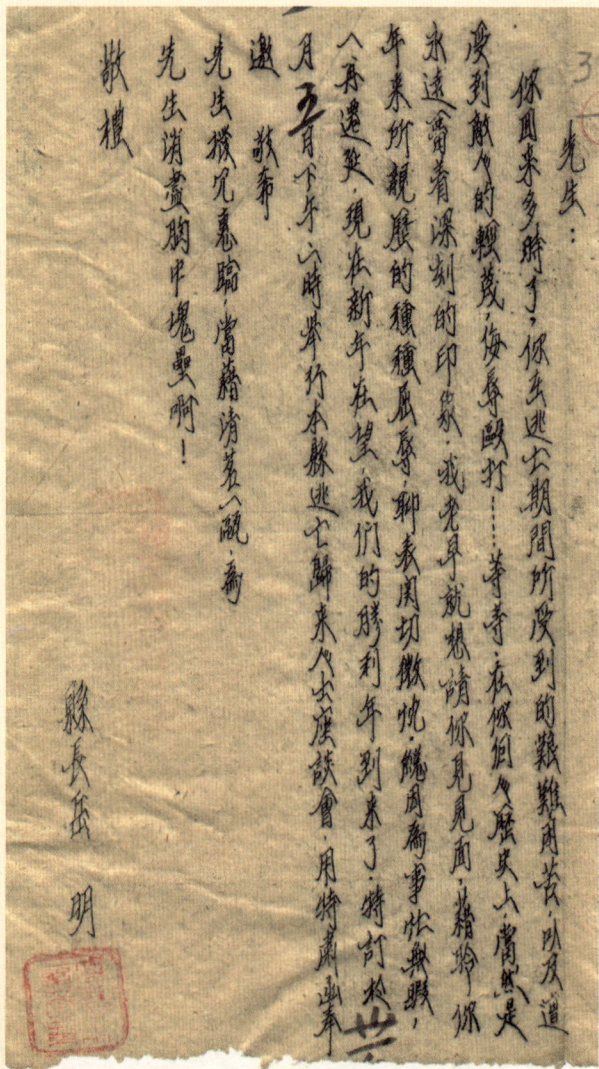

高邮县政府召开逃亡归来人士座谈会的邀请函

全文：

先生：

　　你回来多时了，你在逃亡期间所受到的艰难困苦，以及遭受到敌人的轻蔑，侮辱殴打……等等，在你个人历史上，当然是永远留着深刻的印象，我老早就想请你见见面，藉聆你年来所亲历的种种屈辱，聊表关切微忱，总因为事忙无暇，一再迁延，现在新年在望，我们的胜利年到来了，特订于卅□年□月五日下午二时举行本县逃亡归来人士座谈会，用特肃函奉邀敬希先生拨冗惠临，当藉清茗一瓯，为先生消尽胸中块垒啊！

　　敬礼。

县长　岳　明（印）

（13）高邮县政府改变根据地粮食出口办法的通令

保管单位： 金湖县档案馆

内容及评价：

高邮县政府改变根据地粮食出口办法的通令形成于1942年4月20日。1942年，日军加紧对抗日根据地的经济封锁，为了粉碎敌人的阴谋，根据地政府与敌人斗智斗勇，特别是在粮食交易问题上，采取闪电放行和局部放行，一改过去全放全禁办法。通过这种策略使敌伪无法掌握我日常粮食库存数量与物价水平，在对我经济封锁时顾此失彼，无法达到提高抗战区物价、破坏抗战区稳定之目的，有力地维护了根据地利益。

全文：

高邮县政府通令

民国三十一年四月二十日

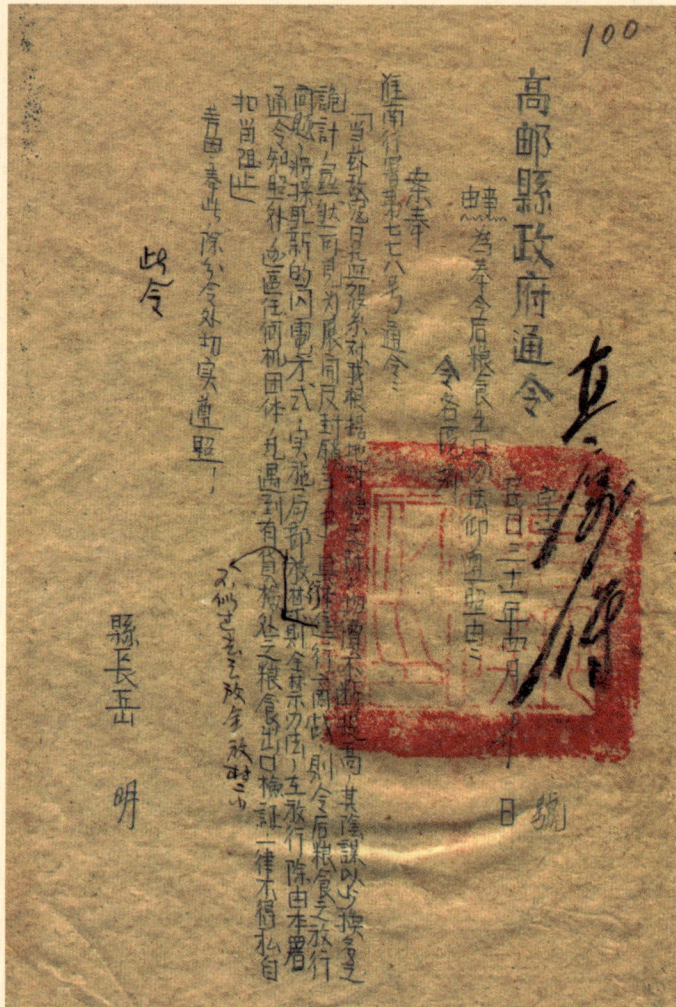

高邮县政府改变根据地粮食出口办法的通令

令各区乡：

事由：为奉今后粮食出口办法仰遵照由。

案奉

淮南行署第七七八号通令：

"当兹敌寇日益加紧对我根据地封锁之际，物价不断提高，其阴谋以少换多之诡计；显然可见为展开反封锁斗争具体进行商战，则令后粮食之放行问题，将采取新的闪电方式，实施局部放行，不似过去之放全放、禁则全禁办法。在放行除由本署通令知照外，边区任何机关团体，凡遇到有货检处之粮食出口检证，一律不得私自扣留阻止。"

等因，奉此，除分令外切实遵照。

此令。

县长 岳 明

（14）高邮县政府不准贩卖耕牛出境的训令

保管单位： 金湖县档案馆

内容及评价：

　　高邮县政府不准贩卖耕牛出境的训令形成于1942年4月23日。高宝湖西地区是淮南抗日根据地重要的粮食来源地，而耕牛是粮食生产的关键工具，是耕稼之本，在农业经济里它的作用仅次于土地，关乎根据地的农业生产和抗战事业的发展，所以保护耕牛一直是根据地重要的农业政策。根据地出台了严禁耕牛贩卖出境的训令：对私自交易耕牛、耕牛贩卖给敌占区的，将分别定罪。该文件对稳定高宝湖西地区粮食生产、保障根据地粮食供给发挥了重要作用。

全文：

高邮县政府训令

民国三十一年四月二十三日　　　号

令二区闵北乡乡长：

　　查持久抗战，端赖根据地物资充盈，而食粮尤占物资中首要地位，至生产食粮则有赖於耕牛者，至重且大，故保护耕牛，实为我根据地建立以来一成不变之方策，值此春荒之际，诚恐有不肖奸徒，抛价收买耕牛，贩往敌区牟利，将致造成严重之耕牛恐慌，则其影响抗战事业，殊非浅鲜。兹规定凡本县境内耕牛，一律不准贩卖出境，其有乡与乡间之耕牛，须行交易者，则须经乡公所、乡农抗会报经区署区农抗会报经县政府县农抗会会商批准方得成交，如有私自交易甚或卖往敌区者，一经查觉，定予分别论罪，其情节重大者，且将以资罪刑处决之，除布告通知外，合行令仰该区长、乡长遵照办理。

　　此令。

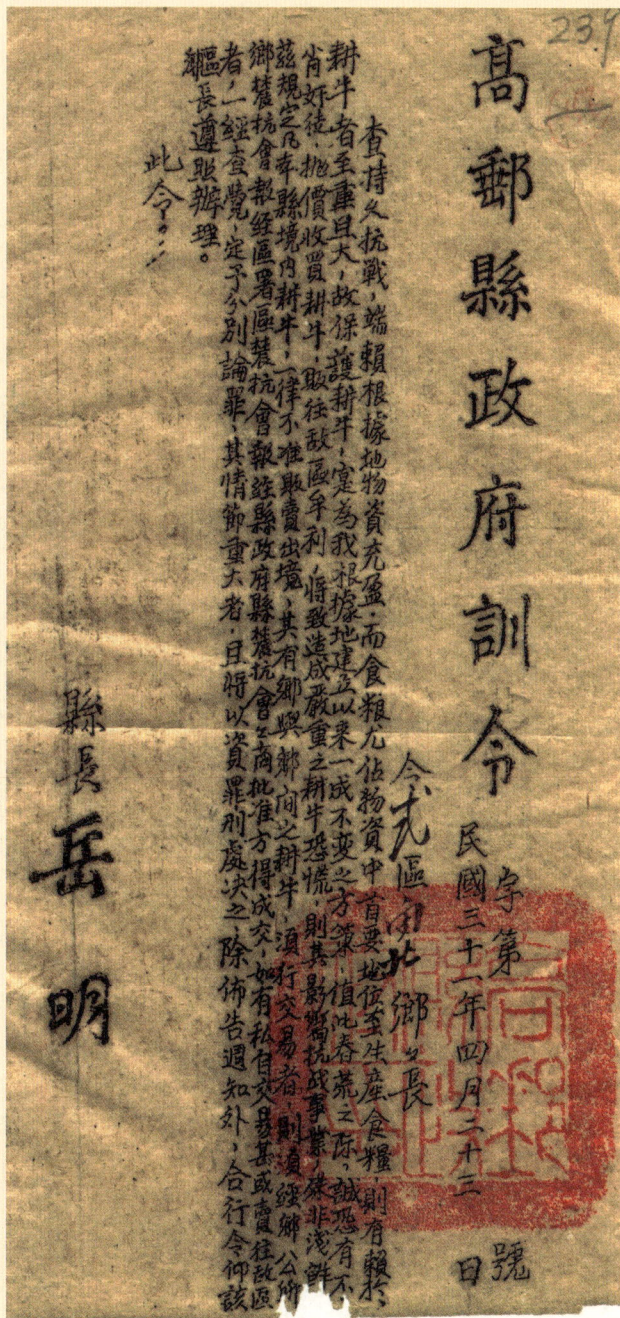

县长　岳　明　　高邮县政府不准贩卖耕牛出境的训令

（15）高邮县政府嘉奖阻击湖匪有功人员的训令

保管单位：金湖县档案馆

内容及评价：

　　高邮县政府嘉奖阻击湖匪有功人员的训令形成于1942年6月6日。高邮湖湖匪猖獗，抗日民主政府多年屡打不绝，该文件为通报嘉奖打击湖匪有功人员的训令，文中详细介绍了打击湖匪的过程："发现匪情后鸣锣报警，民众群起呼叫打匪，迎头痛击获胜。"反映了抗日民众训练有素，遇到敌情反应迅速，体现了当时根据地军民团结一致，维护、稳定根据地局面的精神面貌。

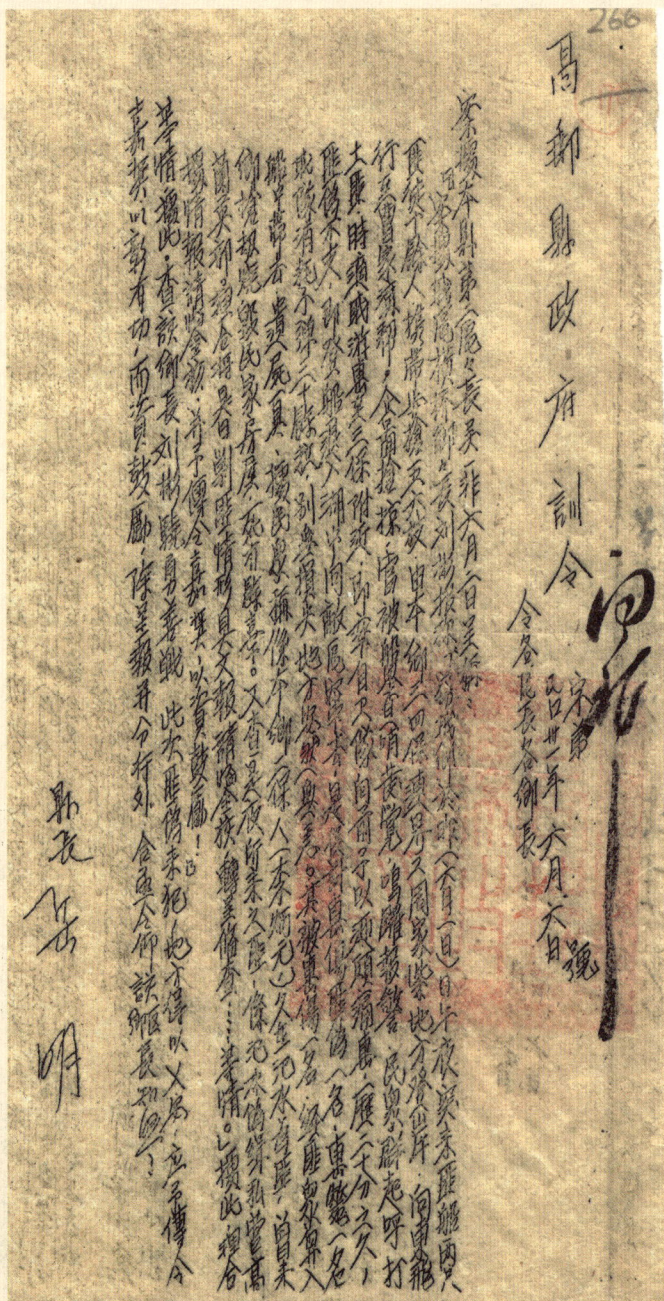

高邮县政府嘉奖阻击湖匪有功人员的训令

全文:

高邮县政府训令

民国卅一年六月六日　字第　号

令各区长各乡长:

案据本县第二区区长吴一非六月二日呈称:

"案据职区横桥乡乡长刘彬报称:窃职乡於昨(六月一日)日午夜突来匪船两只匪徒十余人携带步枪五六枝,由本乡三四保连界之周家柴地方登岸,向东飞行在曹家沟帮,企图抢掠,当被船□查哨发觉,鸣锣报警,民众群起呼打土匪,时适职游击至三保附近,即率自卫队向前予以迎头痛击,历二十分之久,匪伪不支,即登船退入湖中向敌区窜去,是后计击伤匪伪一名,击毙一名,职队消耗子弹三十余粒,别无损失,地方安然无恙。其被击伤一名,经匪众□入船中带去,遗尸一具,据民众称系本乡二保人(李炳元),久在氾水为匪,曾来乡抢劫烧毁民家房屋,死有余辜。又查是夜所来之匪,系氾水伪缉私营高兰英部。理合将是日剿匪情形具文报请鉴核,转呈备查……等情。"据此,理合据情报请鉴核,并予传令嘉奖,以资鼓励!

等情。据此,查该乡长刘彬骁勇善战,此次匪伪来犯,地方保以平安,应予传令嘉奖,以彰有功,而资鼓励,除呈报并分行外,合函令仰该区、乡长知照!

县长　岳　明

津浦路东各县联防办事处文件

（1）路东各县优待出征抗敌军人家属办法

保管单位：金湖县档案馆

内容及评价：

《路东各县优待出征抗敌军人家属办法》形成于1940年8月20日。为了使抗战军人解除后顾之忧，体现政府关怀体恤，弘扬抗战正气，津浦路东各县联防办事处制定此优抚办法，从享受优抚的范围和优待的几项措施等方面作出详细规定，既是对抗战军人的一种物质照顾，也是对他们的一种精神慰藉，极大地鼓舞了抗敌将士的报国热情。对抗战区扩展抗日武装、宣传抗日政策、巩固边区建设、密切抗日军民关系、促进抗战区经济发展具有十分重要的意义。

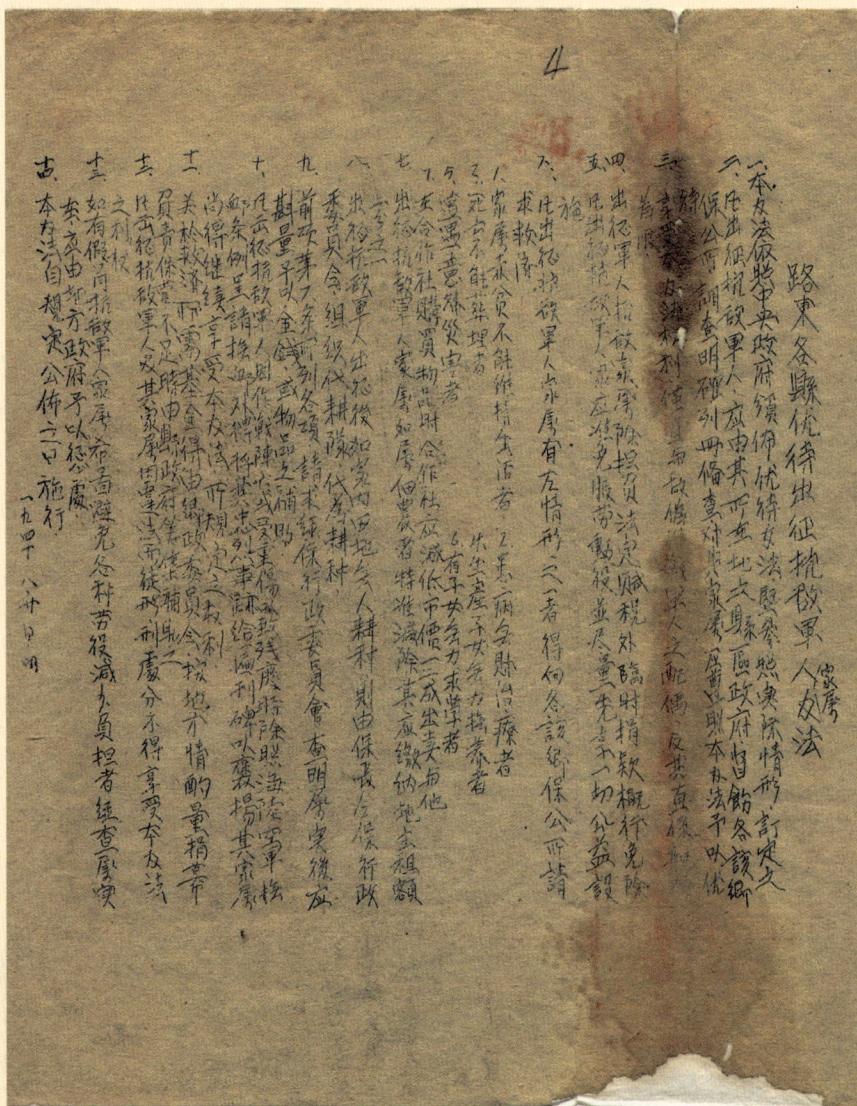

津浦路东各县优待出征抗敌军人
家属办法

全文：

路东各县优待出征抗敌军人家属办法

一、本办法依照中央政府颁布优待办法暨参照实际情形订定之。

二、凡出征抗敌军人，应由其所在地之县区政府督饬各该乡保公所，调查明确列册备查，对其家属应遵照本办法予以优待。

三、享受本办法权利，仅直与敌伪作战军人之配偶，及其直系亲属为限。

四、出征军人抗敌家属除担负法定赋税外，临时捐款概行免除。

五、凡出征抗敌军人家属，应准免服劳役，并尽量先享一切公益设施。

六、凡出征抗敌军人家属有左情形之一者，得向各该乡保公所请求救济：

1、家属赤贫不能维持生活者；

2、患病无财治疗者；

3、死亡不能葬埋者；

4、生产子女无力抚养者；

5、遭遇意外灾害者；

6、有子女无力求学者；

7、在合作社购买物品时，合作社应减低市价一、二成出卖与他。

七、出征抗敌军人家属如属佃农者，特准减除其应缴纳地主租额二分之一。

八、出征抗敌军人出征后，如家内田地无人耕种，则由保长令保行政委员会，组织代耕队代为耕种。

九、前项第六条所列各项，请求经保行政委员会查明属实后，应斟量予以金钱或物品之补助。

十、凡出征抗敌军人因作战阵亡或受重伤以致残废时，除照海陆空军抚恤条例呈请抚恤外，得将其忠烈事迹给區刊碑以褒扬其家属，尚得继续享受本办法所规定之权利。

十一、关于救济所需基金得由乡政委员会按地方情酌量捐幕［募］，负责保管不足时，由县政府筹集补足之。

十二、凡出征抗敌军人及其家属因违法而徒刑处分，不得享受本办法之权利。

十三、如有假冒抗敌军人家属，希图避免各科劳役减少负担者，经查属实在，应由地方政府予以惩处。

十四、本办法自规定公布之日施行。

一九四〇年八月廿日 明

（2）《津浦路东各县联立中学招生简则》

保管单位： 金湖县档案馆

内容及评价：

《津浦路东各县联立中学招生简则》形成于1940年8月。津浦路东各县联防办事处建立后，在方毅同志领导下积极开展政权建设、财政经济建设、文化教育建设和地方干部培训，为淮南根据地的建立、巩固和发展作出了重大贡献。其中，建立的津浦路东各县联立中学，设立初中部、高中部和师资训练班，面向全路东各县开展招生工作，规模达到五百人之多。在抗战时期特别艰苦的条件下能够如此重视教育，可见方毅同志的远见卓识。联立中学建立后对开启民智、提高路东各县民众的文化素质、促进抗日宣传、帮助培养抗战人才和推动文化教育事业发展起到了重要作用。

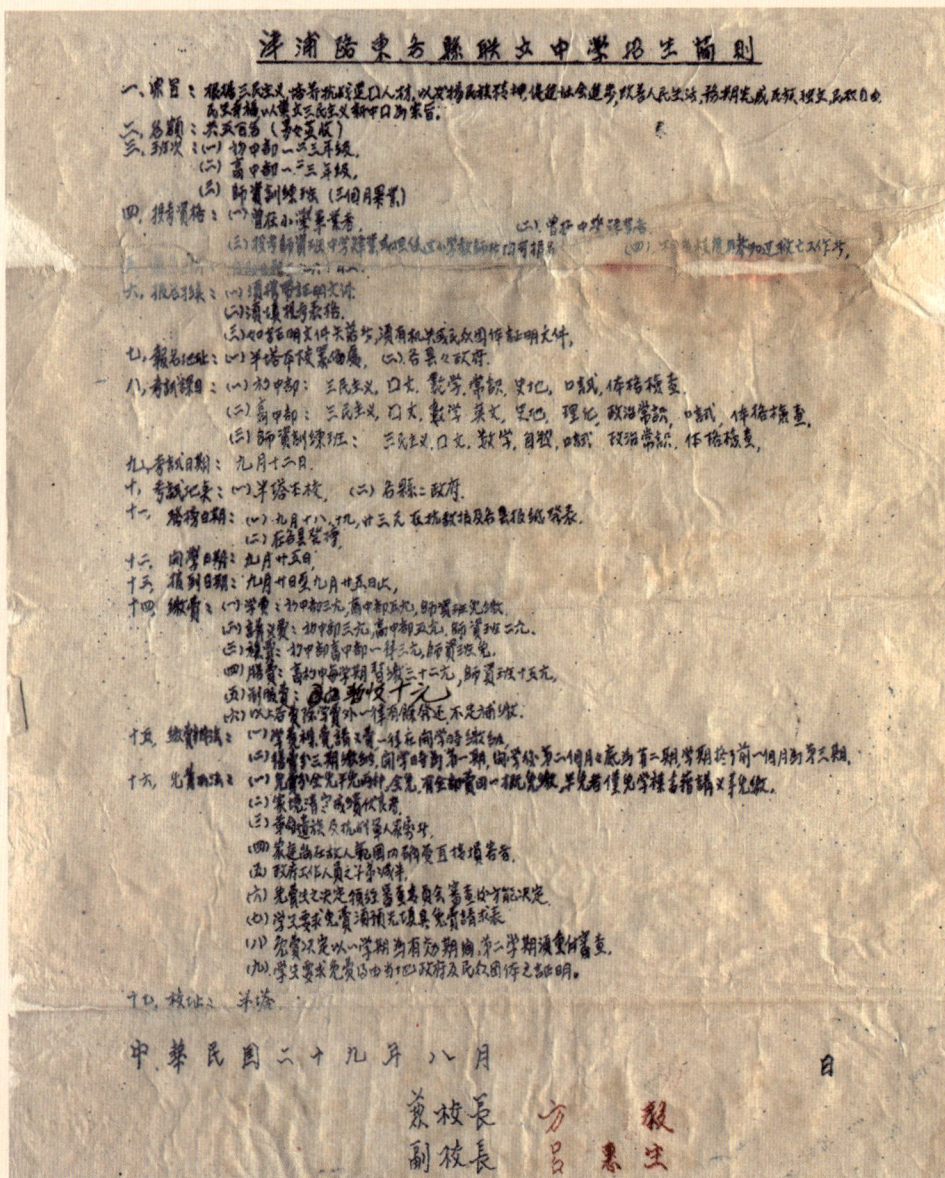

《津浦路东各县联立中学招生简则》

全文：

津浦路东各县联立中学招生简则

一、宗旨：根据三民主义培养抗战建国人才，以发扬民族精神，促进社会进步，改善人民生活，务期完成民族独立，民权自由，民生幸福，以奠立三民主义新中国为宗旨。

二、名额：共五百名（男女兼收）

三、班次：

（一）初中部一、二、三年级；

（二）高中部一、二、三年级；

（三）师资训练班（三个月毕业）。

四、投考资格：

（一）曾在小学毕业者；

（二）曾在中学肄业者；

（三）投考师资班中学肄业或担任过小学教师者均可报名；

（四）相当程度□参加过救亡工作者。

五、报名时间：自即日起九月十日止。

六、报名手续：

（一）须携带证明文件；

（二）须填投考表格；

（三）如证明文件失落者，须有机关或民众团体证明文件。

七、报名地址：

（一）半塔本校筹备处；（二）各县县政府。

八、考试题目：

（一）初中部：三民主义，国文，数学，常识，史地，口试，体格检查；

（二）高中部：三民主义，国文，数学，英文，史地，理化，政治常识，口试，体格检查；

（三）师资训练班：三民主义，国文，数学，自然，口试，政治常识，体格检查。

九、考试日期：九月十二日。

十、考试地点：

（一）半塔本校；（二）各县县政府；

十一、发榜日期：

（一）九月十八、十九、廿三天在抗敌报及各县报纸发表；（二）在各县发榜。

十二、开学日期：九月廿五日。

十三、报到日期：九月廿日至九月廿五日止。

十四、缴费：

（一）学费：初中部三元，高中部五元，师资班免缴；

（二）讲义费：初中部三元，高中部五元，师资班二元；

（三）杂费：初中部高中部一律三元，师资班免；

（四）膳费：高初中每学期暂缴三十二元，师资班十五元；

（五）制服费：暂收十元；

（六）以上各费除学费外一律有余发还，不足补缴。

十五、缴费办法：

（一）学费杂费，讲义费一律在开学时缴纳；

（二）膳费分三期缴纳，开学时为第一期，开学后第二个月月底为第二期，学期终了前一个月为第三期。

十六、免费办法：

（一）免费分全免半免两种，全免，有全部费用一概免缴，半免者仅免学杂书籍讲义等免缴；

（二）家境清寒成绩优良者；

（三）革命遗族及抗战军人家属者；

（四）家庭尚在敌人范围内确受直接损害者；

（五）政府工作人员之子弟减半；

（六）免费生之决定须经审查委员会审查后方能决定；

（七）学生要求免费须预先填具免费请求表；

（八）免费决定以一学期为有效期间，第二学期须重付审查；

（九）学生要求免费及由当地政府及民众团体之证明。

十七、校址：半塔。

中华民国二十九年八月

兼校长　方　毅

副校长　吕惠生

（3）津浦路东各县联防办事处关于县区武装经费开支与劝募办法的训令

保管单位：金湖县档案馆

内容及评价：

津浦路东各县联防办事处关于县区武装经费开支与劝募办法的训令形成于1940年9月3日。1940年8月26日，邓子恢任津浦路东各县联防办事处主任、方毅任副主任。9月3日，津浦路东各县联防办事处召开第三次联防会议，对县区常务武装的编制、经费以及靠近敌伪区域之区乡武装的配置等作了严格的具体规定，并作为抗日民主政权的主要财政制度，要求各县切实执行。该训令不仅对根据地县区常务武装的经费开支和管理提供了制度保障，为1940年9月底津浦路东粉碎日军第一次大扫荡奠定了基础，而且对根据地的建设和发展也产生了积极的影响。

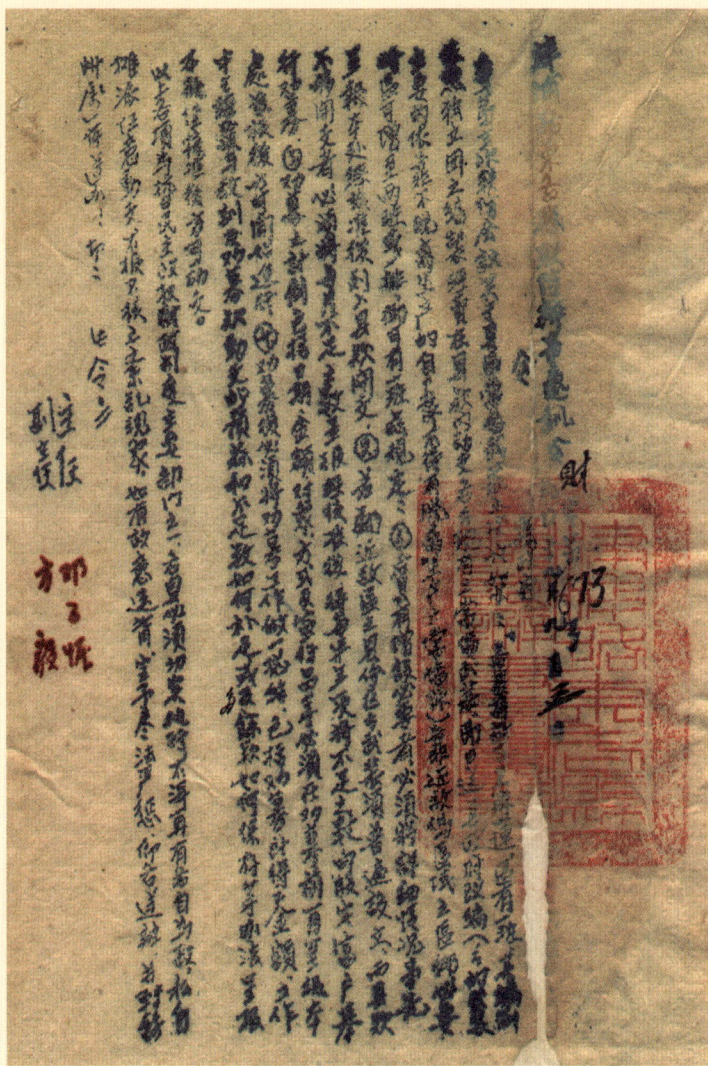

津浦路东各县联防办事处关于县区武装经费开支与劝募办法的训令

全文：

津浦路东各县联防办事处训令

财字第673号

民国二十九年九月三日

令

　　□□：第三次联防会议关于县区常务武装之决议如下：□□□□县一连，区有一班，其编制依照独立团之编制，经费在县款内动支，各区现有之常备武装即日送交政府改编，乡的武装主要的依靠不脱离生产的自卫队，不得有脱离生产之常备队，靠近敌伪区域之区乡，必要的区可增至两班或一排，乡可有一班。兹规定：1、□□□有增设必要者，必须将详细情况事先呈报本处，经核准后，列入县款开支。2、若邻近敌区之县份、区份武装须普遍设立，而县款不够开支者，必须将每月不足之数呈报经核准后，得每半年一次将不足之数向殷实富户举行劝募。3、劝募之计划包括日期、金额、对象、方式及宣传品等，必须在劝募前一月呈报本处核准后，方可开始进行。4、劝募后必须将劝募工作做一总结，包括劝募所得之金额，工作中之经验与教训，及劝募款动支的预算和不足数如何补足或多余款如何保存等办法呈报本处，经核准后方可动支。

　　以上各项为抗日民主政权财政制度主要部□之一，各县必须切实执行，不得再有各自为政、私自摊派、任意动支、不报不核之紊乱现象。如有故意违背，定予尽法严惩，仰各遵办，并转录饬所属一体遵办！切切！此令！

主　任　邓子恢

副主任　方　毅

（4）《津浦路东各县联防办事处为反扫荡胜利告民众书》

保管单位： 金湖县档案馆

内容及评价：

《津浦路东各县联防办事处为反扫荡胜利告民众书》形成于1940年9月28日。1940年，日伪对我根据地进行疯狂扫荡，本文即是津浦路东各县联防办事处9月在胜利粉碎敌人第一次大规模扫荡后发布的公告。它揭露了敌人的罪恶行径和凶残本性，以及在我抗战力量急剧增长下的极度恐慌，并通过大力宣传粉碎敌人扫荡的有效办法，进一步增强抗日民众的信心。告知民众，抗日民主根据地已成为坚不可摧的力量，敌之扫荡终将为我粉碎。这份文件是津浦路东第一次粉碎日军大扫荡的胜利宣言，对今后历次粉碎日军扫荡都有重要的借鉴意义，是淮南人民抗日斗争的重要见证。

《津浦路东各县联防办事处为反扫荡胜利告民众书》

全文：

津浦路东各县联防办事处为反扫荡胜利告民众书

各位父老兄弟诸姑姊妹们：

这次正当我军在宝应河北堵御顽固分子进攻的时候，敌人就乘机配合进行大规模的扫荡，动员了一个师团以上的兵力分七路向我根据地残暴的进攻。

敌人所以要来扫荡，主要的是配合顽固分子在苏北向我进攻，同时更因为抗日民主根据地建立后抗战力量急剧的增长，使他感受到心腹的威胁。在这次扫荡中敌人占领了许多市镇村庄，备极残凶的进行大烧大杀大淫大掠，所到之处，房舍化为灰烬，粮食牲畜作物洗劫一空，无论男女老少都受到杀伤侮辱，惊吓残害无一□□□□□□□□□□。

所幸我同胞一致奋起，敌忾同仇，这次对敌人发挥了顽强的抗御精神，空室清野，使敌人终日在饥饿中，碉堡彻底拆除，公路彻底破坏，使敌人无法据守，转运困难，模范队员参加作战伏击袭扰，疲困敌人，尤以我主力回师猛扑敌后展开英勇战斗，数次冲进汊涧，手榴弹夜袭竹镇，击溃进攻张山之敌，使敌人处处遭遇危机和困难，无法久据，最后只有溃退一途，现各路敌军都已为我击退。此次敌人的扫荡，整个为我们粉碎了。

敌人所以对我根据地备极凶残，必欲摧毁我根据地，杀绝我根据地军民而后已，就可以证明我新四军和抗日民主政府是彻底抗日的，无论在任何困难危机情形下，绝不和敌人妥协的，"敌人所反对的就是我们所应该拥护，敌人所痛恨的就是我们所应该爱戴"。这是至理名言，此次扫荡同时也证明我抗日民主根据地已成为不可摧毁的力量，证明依赖我军民同心协力，敌之扫荡必终为我粉碎，所以我们大家必须更加团结一致，坚持路东敌后长期抗战，为巩固与扩大抗日民主根据地而斗争。敌人经过这次惨败，不但不会死心，而且定必进行第二次第三次以至无数次更大规模更残酷的扫荡。他绝不愿意抗日力量的增长，绝不能坐视抗日根据地经过这次反扫荡的成功而愈益巩固，重大的测验，我们更增加了胜利的信心，更证明了敌人愈战愈弱，同时我们更应该加倍努力，迎接第二次大扫荡的到来。

这次的经验告诉我们许多致敌死命的有效办法，如公路桥梁的破坏，碉堡围墙的拆除，人民自卫武装的组织训练，粮食的收藏，磨子的搬开，盘查除奸，空室清野等。今后必须更认真更努力更彻底的执行，居安思危，有备无患，大家齐心竭力，我们有充分把握来粉碎敌人第二次的扫荡。

我们谨为这次死难军民志无限的哀悼，对受害同胞致恳切的慰问，并尽力筹划拨恤褒扬，并望各界同胞尽快回乡，各安本业，准备力量以粉碎敌人新的扫荡！！！

高邮县第二区祝捷大会翻印

一九四十、九、二十八日

（5）《津浦路东苏皖地区文化界抗敌协会简章草案》

保管单位： 金湖县档案馆

内容及评价：

《津浦路东苏皖地区文化界抗敌协会简章草案》形成于1940年后（具体时间不详）。为团结一切可以团结的力量，让有一定社会影响、与广大劳动者紧密联系的知识分子、民间艺人以及与教育、文化、艺术等领域相关的行业的员工加入到抗日队伍中来，使他们成为宣传抗日的主力，新四军建立了津浦路东苏皖地区文化界抗敌协会（简称文抗），其简章草案中明确提到的行业就达到31种，协会涉及的工作种类达到32种，可见文抗范围之广，影响之深。津浦路东苏皖地区文化界抗敌协会的成立，为有组织地开展新民主主义文化运动创造了条件，对于促进津浦路东苏皖地区文化界人士团结抗日具有重要意义。

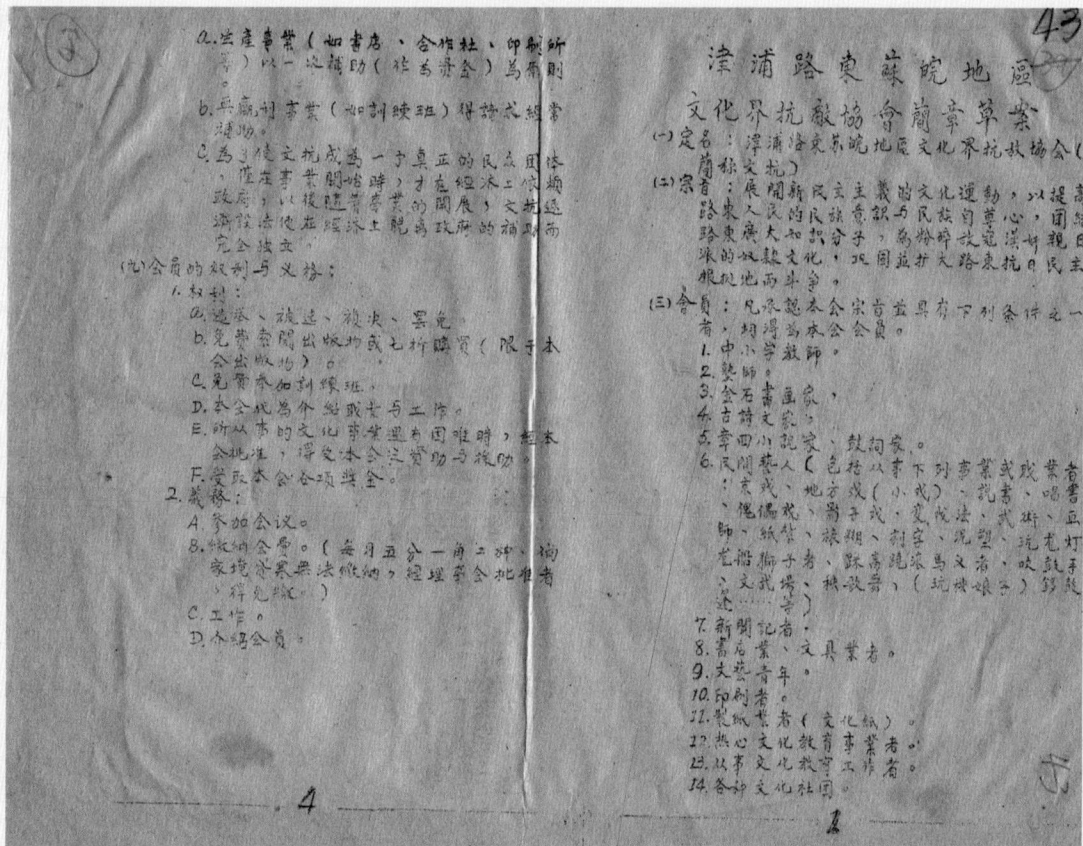

《津浦路东苏皖地区文化界抗敌协会简章草案》

全文：

津浦路东苏皖地区文化界抗敌协会简章草案

（一）定名：津浦路东苏皖地区文化界抗敌协会（简称文抗）。

（二）宗旨：展开新民主主义的文化运动，以提高路东人民的民族意识与民族自尊心，团结路东广大知识分子，为粉碎敌寇汉奸亲日派的奴隶文化，巩固并扩大路东抗日民主根据地而斗争。

（三）会员：凡承认本会宗旨并具有下列条件之一者，均得为本会会员。

1. 中小学教师。

2. 塾师。

3. 金石书画家。

4. 古诗文家。

5. 章回小说家、鼓词家。

6. 民间艺人（包括从事下列事业或职业者：京戏、地方戏（小戏）、说书、唱书、傀儡戏、影子戏、变戏法、武术、画师、纸业、裱糊、刻字、泥塑、玩龙灯龙船狮子者、踩高跷滚马义者、吹鼓手、文武场、秧歌舞（玩秧娘子）、锣鼓篷……等）。

7. 新闻记者。

8. 书店业、文具业者。

9. 文艺青年。

10. 印刷者。

11. 制纸业者（文化纸）。

12. 热心文化教育事业者。

13. 从事文化教育工作者。

14. 各种文化社团。

（四）入会手续：经本会会员二人之介绍并经常务理事会通过。

（五）工作：

1. 书店分销处。

图书馆、民众俱乐部。

文化资料供应（包括干部学习）。

创办纸厂、印刷厂（油印、石印、铅印）

举办文化器材合作社，代办书报文化器材。

2. 对外宣传（向其他根据地、大后方、大城市）。

对敌伪宣传。

收发文化情报。

3. 组织各种文化团体。

技术上领导各宣教团。

举办识字教育、民众补习学校等。

催开各种座谈会、讨论会、学术演讲会及研究会。

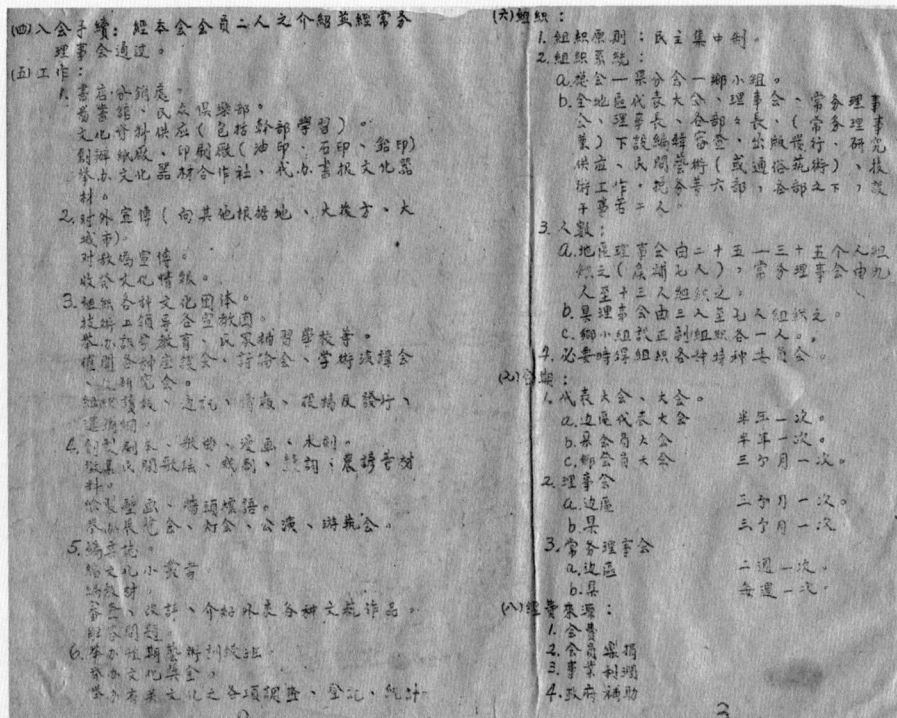

《津浦路东苏皖地区文化界
抗敌协会简章草案》

组织读报、通讯、情报、投稿及发行、运销网。

4. 创制剧本、歌曲、漫画、木刻。

征集民间歌谣、戏剧、鼓词、农谚等材料。

绘制壁画、墙头标语。

举办展览会、灯会、公演、游艺会。

5. 编杂志。

编文化小丛书者。

编教材。

审查、改评、介绍外来各种文艺作品。

解答问题。

6. 举办短期艺术训练班。

举办文化奖金。

举办有关文化之各项调查、登记、统计。

（六）组织：

1. 组织原则：民主集中制。

2. 组织系统：

a. 总会—县分会—乡小组。

b. 全地区代表大会、理事会、常务理事会、理事长、各部部长（常务理事兼）下设编辑审查、出版发行、研究供应、民间艺术（或通俗艺术）、技术工作、总务等六部，各部之下，设干事若干人。

3. 人数

a. 地区理事会由二十五—三十五个人组织之（候补七人），常务理事会由九人至十三人组织之。

b. 县理事会由三人至七人组织之。

c. 乡小组设正副组织各一人。

4. 必要时得组织各种特种委员会。

（七）会期：

1. 代表大会、大会。

a. 边区代表大会 半年一次。

b. 县会员大会 半年一次。

c. 乡会员大会 三个月一次。

2. 理事会

a. 边区 三个月一次。

b. 县 三个月一次。

3. 常务理事会

a. 边区 二周一次。

b. 县 每周一次。

（八）经费来源：

1. 会费

2. 会员乐捐

3. 事业利润

4. 政府补助

a. 生产事业（如书店、合作社、印刷所等）以一次补助（作为资金）为原则。

b. 无赢利事业（如训练班）得请求经常补助。

c. 为了使文抗成为一个真正的民众团体，仅在事业开始时才在经济上依赖政府，以后随着事业的开展，文抗逐渐设法使在经济上脱离政府的补助而完全独立。

（九）会员的权利与义务：

1. 权利：

a. 选举、被选、复决、罢免。

b. 免费索阅出版物或七折购买（限于本会出版物）。

c. 免费参加训练班。

d. 本会代为介绍职业与工作。

e. 所从事的文化事业遇有困难时，经本会批准，得受本会之资助与援助。

f. 受取本会各项奖金。

2. 义务：

a. 参加会议。

b. 缴纳会费。（每月五分一角二种，倘家境贫寒无法缴纳，经理事会批准者，得免缴。）

c. 工作。

d. 介绍会员。

（6）《民众学校规程》

保管单位：金湖县档案馆

内容及评价：

《民众学校规程》形成于1940年后（具体时间不详）。为适应抗战的需要，增强民众的爱国意识和民族自尊心、自信心，同时提高根据地民众的文化水平，更好地为根据地的政治、经济、文化建设服务，津浦路东各县联防办事处要求各县设立民众学校、民众识字班。《民众学校规程》对学校组织、办班编制、课程安排、结业、经费、校舍、设备、活动、制度等，作出了明确而具体的规定。民校根据实际情况，采取灵活的办学方针，给予学员以充分的民主自治权利，对于发扬民主精神，办好民众学校，起到了积极的推进作用。

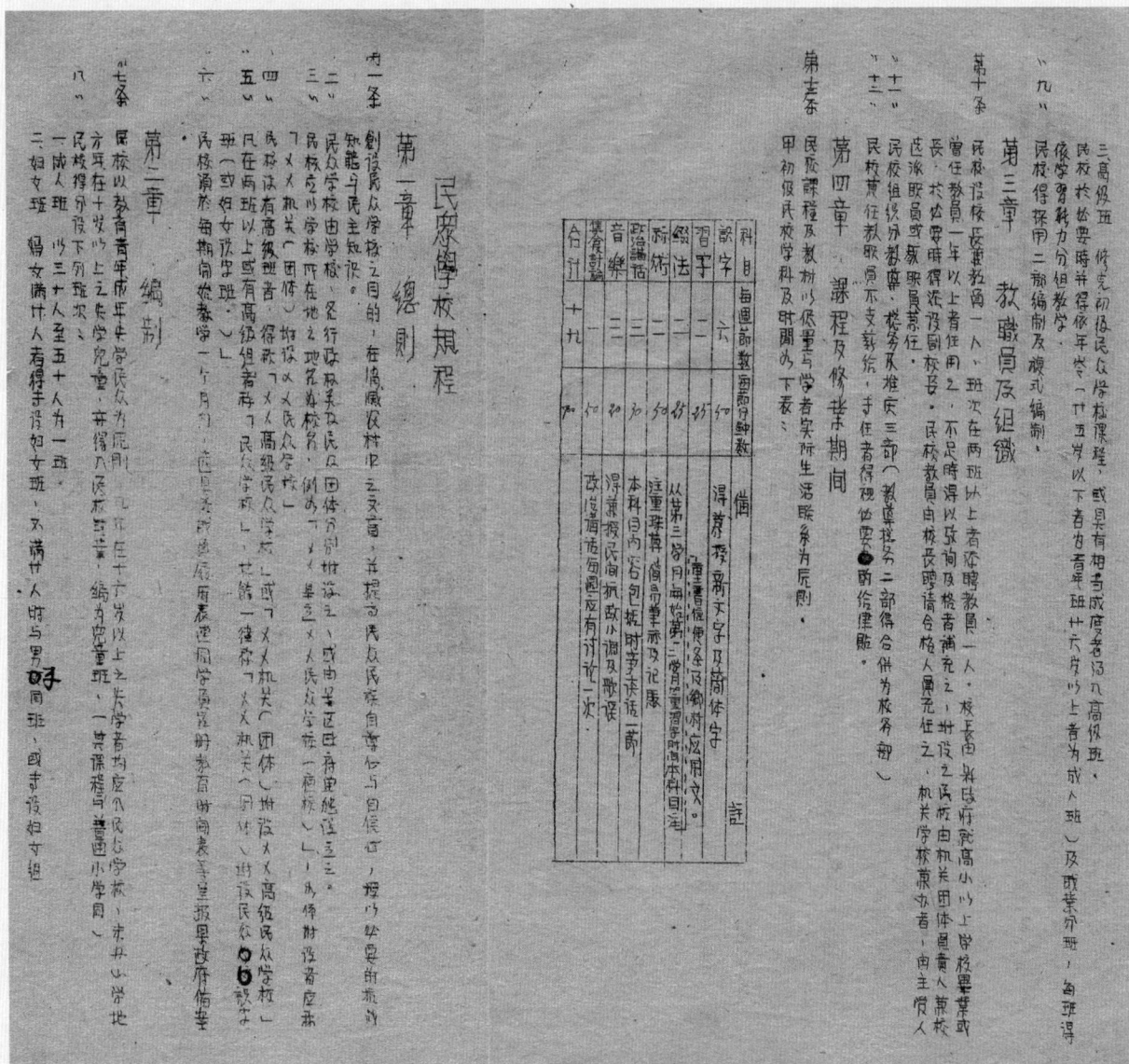

《民众学校规程》

《民众学校规程》

全文：

民众学校规程

第一章　总　则

第一条　创设民众学校之目的，在消灭农村中之文盲，并提高民众民族自尊心与自信心，授以必要的抗战知能与民主知识。

第二条　民众学校由学校、各行政机关及民众团体分别附设之，或由县区政府单独设立之。

第三条　民校应以学校所在地之地名为校名，例如××县立××民众学校（夜校），如系附设者应称"××机关（团体）附设××民众学校"。

第四条　民校设有高级班者，得称"××高级民众学校"或"××机关（团体）附设××高级民众学校"。

第五条　凡在两班以上或有高级组者称"民众学校"，其余一律称"××机关（团体）附设民众识字班（或妇女识字班）"。

第六条　民校须于每期开始教学一个月内，造县教职员履历表连同学员名册、教育时间表等呈报县政府备案。

第二章　编　制

第七条　民校以教育青年、成年失学民众为原则，凡年在十六岁以上之失学者均应入民众学校，未办小学地方年在十岁以上之失学儿童，亦得入民校肄业，编为儿童班（其课程与普通小学同）。

第八条　民校得分设下列班次：

一、成人班　以三十人至五十人为一班。

二、妇女班　妇女满二十人者得专设妇女班，不满二十人时与男子同班，或专设妇女组。

三、高级班　修完初级民众学校课程，或具有相当成[程]度者得入高级班。

民校于必要时并得依年龄（二十五岁以下者为青年班，二十六岁以上者为成人班）及职业分班，每班得依学习能力分组教学。

第九条　民校得采用二部编制及复式编制。

第三章　教职员及组织

第十条　民校设校长兼教员一人，班次在两班以上者添聘教员一人，校长由县政府就高小以上学校毕业或曾任教员一年以上者任用之，不足时得以考询及格者补充之，附设之民校由机关团体负责人兼校长，于必要时得添设副校长。民校教员由校长聘请合格人员充任之。机关学校兼办者，由主管人选派职员或教职员兼任。

第十一条　民校组织分教导、总务及推庆三部（教导总务二部得合并为校务部）

第十二条　民校兼任教职员不支薪给，专任者得视必要酌给津贴。

第四章　课程及修业期间

第十三条　民校课程及教材以尽量与学者实际生活联系为原则。

甲　初级民校学科及时间如下表：

合计	集会及讨论	音乐	政治讲话	算术	缀法	习字	识字	科目
十九	一	三	三	二	二	二	六	每周节数
700	50	30	30	50	25	25	50	每节分钟数
	政治讲话每周应有讨论一次	得兼授民间抗敌小调及歌谣	本科目内容包括时事谈话一节	注重珠算简易笔算及记账	从第三学月开始第一二学月加重习字时间本科目注重书信，便条及乡村应用文		得兼授新文字及简体字	备注

乙　高级班学科及每周授课时数百分此[比]如下表：

合计	集会	音乐	社会科学常识	自然科学常识	算术	国语	科目
100%		10%	20%	10%	20%	40%	百分比
集会在音乐时间内举行	（包括每周两次讨论时间在内）	包括史地政治经济问题抗战知识及农村问题妇女班兼授妇女问题（包括每周两次讨论时间在内）	包括卫生及各种职业科目本科目得作为通俗讲座请专家讲演之		包括习字、作文、乡村应用文、文艺及读书指导		备注

第十四条　民校教科书应采用联防办事处编辑及审定者，各地得就需要自行选编补充教材。

第十五条　高初级民校修叶[业]期限各以四足月为度，街镇地方应常年举办，每年至少办两期，乡村应在冬季举办。

第十六条　民校废除星期日及暑假，每日上课二小时至三小时，时间依受教者便利而定，得分农校、夜校、半日及校间日校四种。

第十七条　民校学员修叶[业]期满，经考查成绩及格，并全期出席时数在三分之二以上者，由学校发给结叶[业]证书，不及格者在下期补习。

第十八条　民校须于学员修叶［业］终了后，将各学员姓名、性别、年龄、籍贯、职业及学叶[业]成绩造册呈报县政府备案。

第五章　经　费

第十九条　民校不收学费及其他费用，经费充裕时并得供给贫寒学员及抗属，所用书籍及文具候期满收回。

第二十条　民校经费除县立者由县教育经费项下支给外，其各机关团体附设者，开办费自筹，每期经常费由县府视其办理成绩酌量补助之。

第六章　校舍及设备

第二十一条　民校校舍以附设于民众团体办公处内、俱乐部、学校、私塾及区乡政府内为原则，必要时得借用庙宇词[祠]堂及民房。

第二十二条　民校最底限度设备，须有革命领袖挂像、地图、报纸、民众读物、日课表、出席簿、教学日志、教学用品及作叶[业]簿本。

第七章　活动及制度

第二十三条　民校得设校务委员会，由校长聘请地方士绅、民众团体负责人及知识份［分］子为委员，协助校务之进行。

第二十四条　民校应提倡并指导学员课外活动，举办民校俱乐部，各种学艺竞赛及抗敌活动。

第二十五条　单独设立之民校应进行推广教育工作，办理壁报、通俗讲座，书报室、问字代笔处，并组织读书会。

第二十六条　民校应给予学员以民主自治权利，发扬民主精神。

第二十七条　民校应组织"校友会"或"毕叶[业]同学会"，以辅助民校之发展。

第二十八条　民校每月应将工作经过呈报县政府查核，每期结束须编制工作总报告。

第二十九条　民校教师进修及员生奖惩办法由各县县政府订定之。

第八章　附　则

第三十条　本规定于必要时由联防办事处修正之。

第三十一条　本规程自公布日施行。

（7）《津浦路东各县联防保安处高邮县分处判决书》

保管单位： 金湖县档案馆

内容及评价：

《津浦路东各县联防保安处高邮县分处判决书》形成于1941年2月21日。抗日战争时期，高邮、宝应湖西地区（现金湖县境内）隶属于津浦路东淮南抗日根据地。其时，日伪除了对我根据地进行经济封锁、武装袭击，还不断派出特务混入我抗日根据地宣传策反，图谋颠覆我抗日民主政权。此件即是敌特吴维金图谋策反、暴动，被我抗日政权破获后对其作出的判决。该判决书表明，即使在严酷的战争环境下，抗日民主政权对罪大恶极、叛国投敌的敌特分子的处置，仍然依法按程序进行，并不草率，标志着根据地的法制已经比较完善。

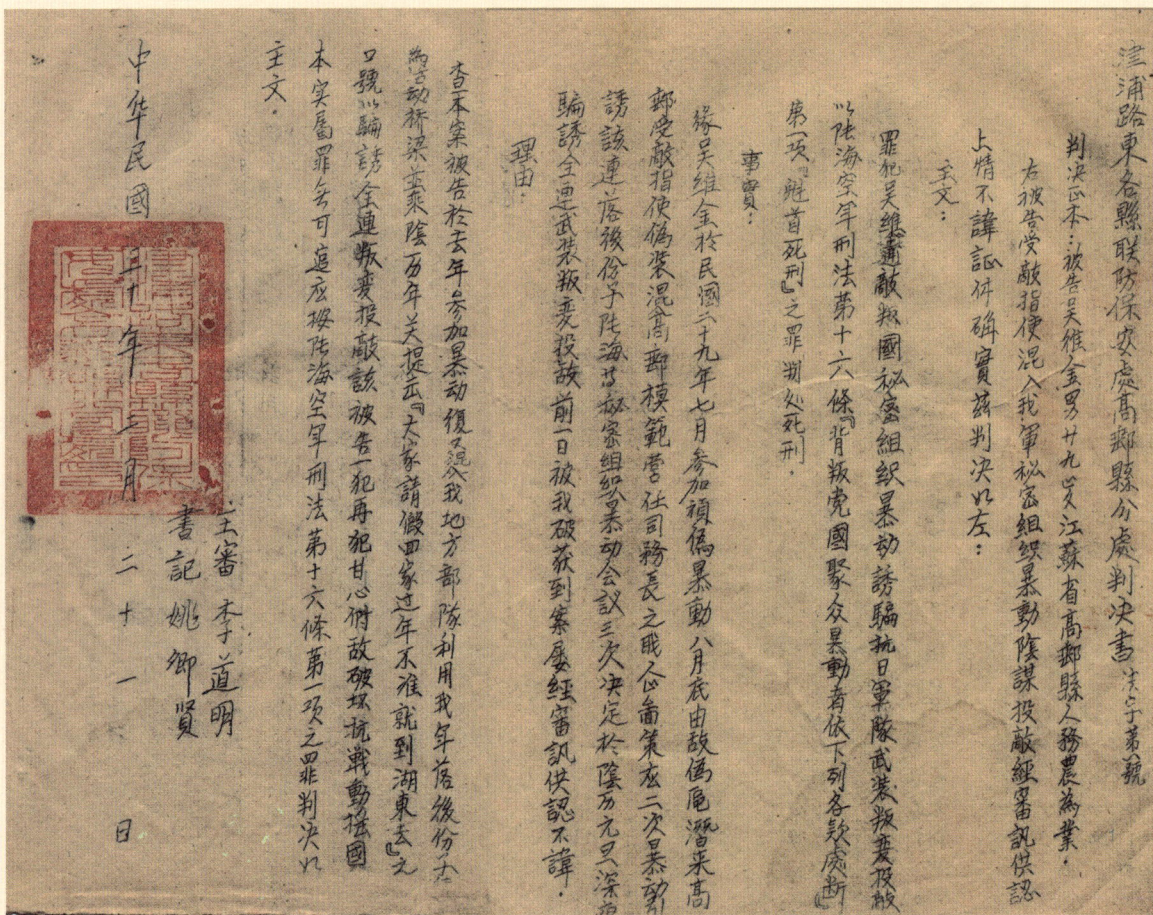

《津浦路东各县联防保安处高邮县分处判决书》

全文：

津浦路东各县联防保安处高邮县分处判决书

法字第一号

判决正本：被告吴维金，男，廿九岁，江苏省高邮县人，务农为业。

右被告受敌指使混入我军，秘密组织暴动，阴谋投敌，经审讯供认上情不讳，证件确实，兹判决如左：

主文：

罪犯吴维金通敌叛国，秘密组织暴动，诱骗抗日军队武装叛变投敌，以陆海空军刑法第十六条"背叛党国聚众暴动者依下列各款处断"，第一项"魁首死刑"之罪判处死刑。

事实：

缘吴维金于民国二十九年七月参加顽伪暴动，八月底由敌伪区潜来高邮，受敌指使伪装混入高邮模范营任司务长之职，企图策应二次暴动，引诱该连落后份［分］子陆海等，秘密组织暴动会议三次，决定于阴历元旦深夜骗诱全连武装叛变，投敌前一日被我破获到案，屡经审讯供认不讳。

理由：

查本案被告于去年参加暴动，复又混入我地方部队，利用我军落后份［分］子为活动桥梁，并乘阴历年关提出"大家请假回家过年，不准就到湖东①去"之口号，以骗诱全连叛变投敌，该被告一犯再犯，甘心附敌破坏抗战，动摇国本，实属罪无可逭，应按陆海空军刑法第十六条第一项之罪判决如主文。

主审　李道明

书记　姚卿贤

中华民国三十年二月二十一日

注：①湖东："湖"指高邮湖，"湖东"指现高邮县城区，"湖西"即指高邮湖抗日根据地抗战区，现金湖县闵桥、塔集一带。

（8）津浦路东高邮县人民抗日自卫军总队部关于加紧缉私工作的命令

保管单位： 金湖县档案馆

内容及评价：

　　津浦路东高邮县人民抗日自卫军总队部关于加紧缉私工作的命令形成于1942年9月30日。高邮县抗日民主政府在高邮湖西金沟（现为金湖县金南镇）建立后，境内人民生活相对安定。为了破坏我抗日政权，高邮湖东、宝应湖东日伪或大批购买或烧毁抢掠抗战区粮食，妄图造成我方粮食短缺恐慌；同时，亦有一些不法奸商倒卖粮食牟利，造成经济混乱。为了稳定抗战区粮食经济，津浦路东高邮县人民抗日自卫军总队部发布命令，打击伪匪抢劫和制止走私，严防粮食出口贩卖。这一重要举措，对于粉碎敌人的阴谋，维护根据地的经济秩序，保障军民的物资供应，起到了重要作用。

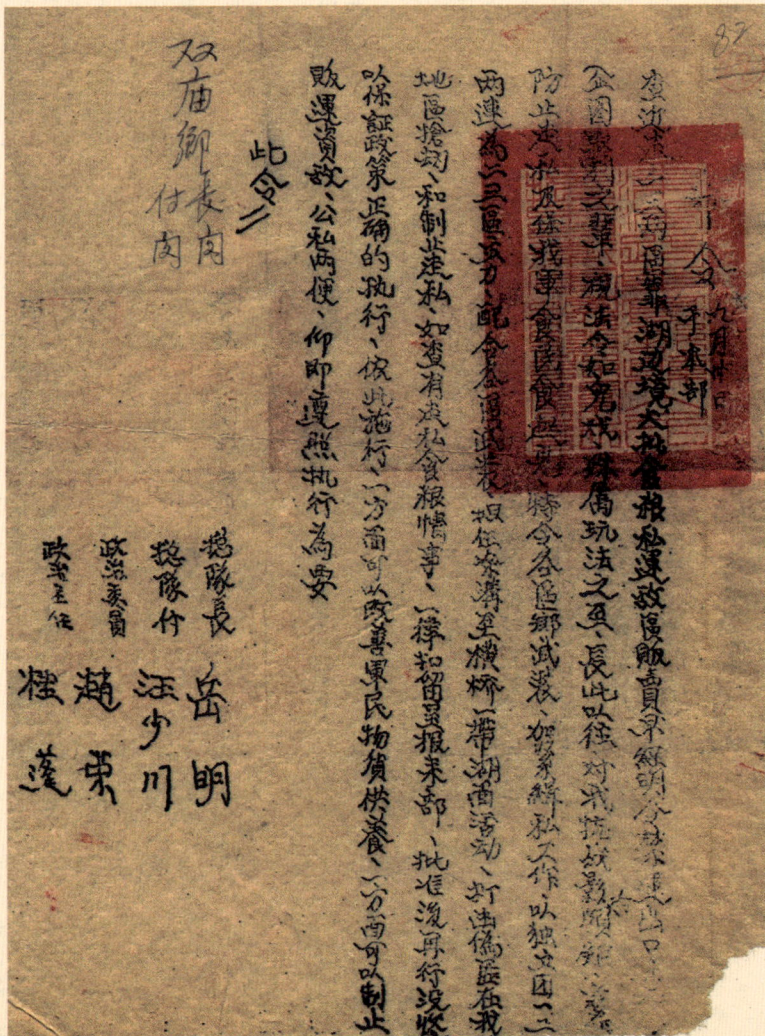

津浦路东高邮县人民抗日自卫军总队部关于加紧缉私工作的命令

全文：

命 令

九月三十日于本部

　　查近来二、三两区靠湖边境，大批食粮私运敌区贩卖，早经明令禁运出口，□企图取利之辈，视法令如儿戏、殊属玩法之至，长此以往，对我抗战影响颇钜，为防止走私及保我军食民食起见，特令各区乡武装，加紧缉私工作，以独立团一、二两连为二、三区主力，配合各区武装，担任涂沟至横桥一带湖面活动，打击伪匪在我地区抢劫和制止走私，如查有走私食粮情事，一律扣留呈报来部，批准后再行没收，以保证政策正确的执行。依此施行，一方面可以改善军民物质供养，一方面可以制止贩运资敌，公私两便，仰即遵照执行为要。

　　此令。

总队长　岳　明

总队副　汪少川

政治委员　赵　荣

政治主任　桂　蓬

新四军二师《路线调查法大纲》

保管单位： 金湖县档案馆

内容及评价：

新四军二师《路线调查法大纲》形成于1941年3月。为便利军事部署和部队联络等，新四军二师计划编制津浦路东各县详细地图，并制定了"路线调查法大纲"。该大纲要求各地以乡为单位开展调查并绘成各乡全图，然后由县政府齐聚各乡地图绘成全县详细地图，并从调查、绘图的意义、项目、方法和分工等作了详细说明。是新四军二师当时地图绘制的纲领性文件，为津浦路东根据地的建设和夺取军事斗争的更大胜利奠定基础。

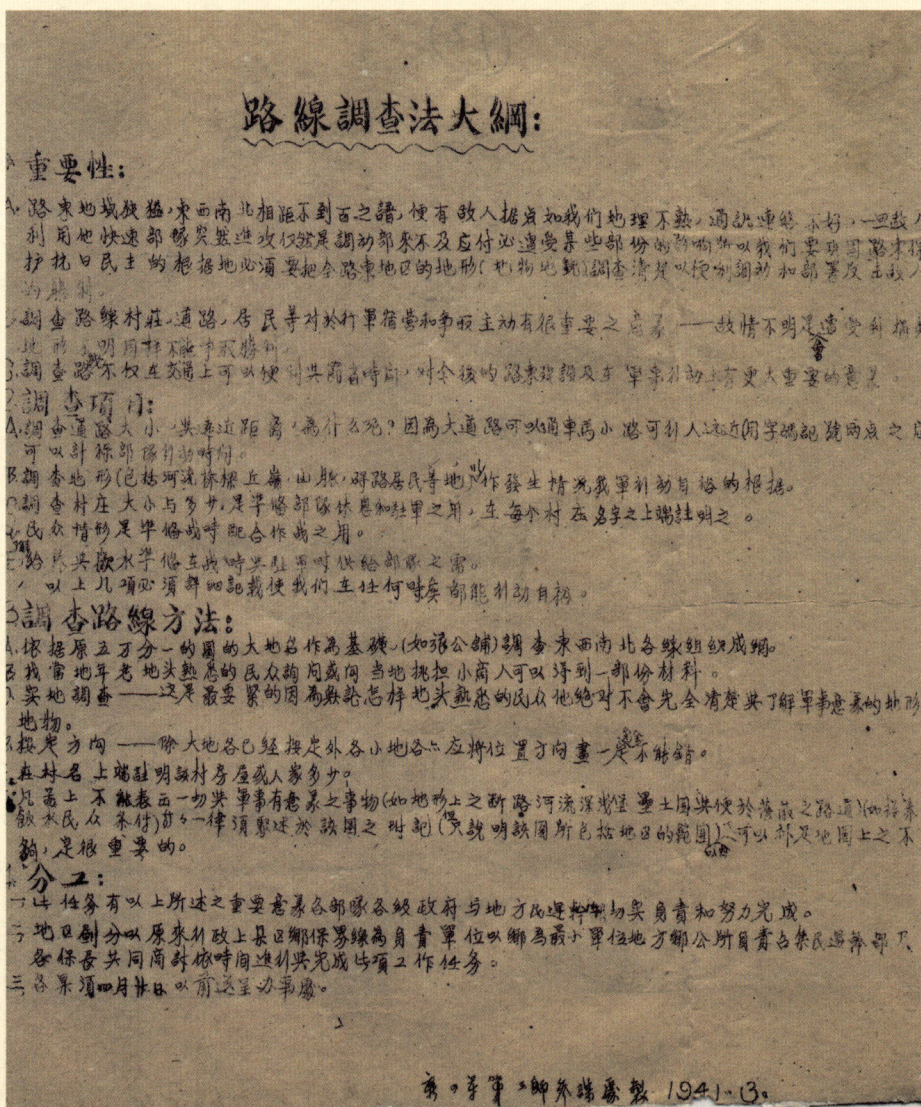

《路线调查法大纲》

全文：

路线调查法大纲

1. 重要性：

A. 路东地域狭隘，东西南北相距不到百之谱，便有敌人据点，如我们地理不熟，通讯连〔联〕络不好，一旦敌人利用他快速部队突然进攻，仅然是调动部队来不及应付必遭受某些部分的影响，所以我们要巩固路东保护抗日民主的根据地，必须要把全路东地区的地形（地物、地貌）调查清楚，以便利调动和部署反击敌人的胜利。

调查路线、村庄、道路、居民等对于行军宿营和争取主动有很重要之意义——敌情不明是会遭受到损失，地形不明同样不能争取胜利。

B. 调查路线不仅在交通上可以便利与节省时间，对今后的路东建设及在军事行动上有更大重要的意义。

2. 调查项目：

A. 调查道路大小，与远近距离，为什么呢？因为大道路可以通车马，小路可利用远近（用字码记号两点之间，可以计算部队行动时间）。

B. 调查地形（包括河流、桥梁、丘陵、山脉，碍路居民等地），以作发生情况我军行动自裕的根据。

C. 调查村庄大小与多少，是准备部队休息和驻军之用，在每个村庄名字之上端注明之。

D. 了解民众情形是准备战时配合作战之用。

E. 给养与饮水准备在战时与驻军时供给部队之需。

以上几项必须详细记载，使我们在任何时候都能行动自裕。

3. 调查路线方法：

A. 依据原五万分之一的图的土地名作为基础（如张公铺），调查东西南北各线组织成纲。

B. 找当地年老地头熟悉的民众询问或问当地挑担小商人可以得到一部分材料。

C. 实地调查——这是最要紧的，因为无论怎样地头熟悉的民众，他绝对不会完全清楚与了解军事意义的地形地物。

D. 按定方向——除大地名已经按定外，各小地名亦应将位置方向画，一定完全不能错。

E. 在村名上端注明该村房屋或人家多少。

凡画上不能标出一切与军事有意义之事物（如地形上之断路、河流深浅、堡垒、土围与便于隐蔽之路道）（如给养、饮水、民众条件）等等，一律须聚述于该图之附记（但只说明该图所包括地区的范围以内），足可以补足地图上之不够，是很重要的。

4. 分工：

一、此任务有以上所述之重要意义，各部队各级政府与地方民运干部切实负责和努力完成。

二、地区划分以原来行政上县、区、乡、保界线为负责单位，以乡为最小单位，地方乡公所负责召集民众干部，各保长共同商讨依时间进行与完成此项工作任务。

三、各县须四月廿日以前送呈办事处。

新四军第二师参谋处制

1941.3

天高县政府召开行政扩大会的重要通知

保管单位： 金湖县档案馆

内容及评价：

由李世农签发的天高县政府召开行政扩大会的重要通知形成于1944年8月16日。李世农（1911～2006），原名王者俊，河北巨鹿人，1930年夏加入中国共产党，1937年11月任中共皖中工委书记，1938年4月任中共皖东省委委员、组织部部长，1939年7月兼任中共皖东津南路东工委书记，1940年6月任淮南津浦路东地委副书记、书记，1945年10月任中共苏皖边区委员会副书记等职。其间并无在天高县任职的记载。史料记载中由李世农署名签发的天高县政府文件目前尚属新发现。因此，该文件对于研究津浦路东地区革命斗争历史以及李世农的工作经历均具有重要价值。

天高县政府召开行政扩大会的重要通知

全文：

重要通知

民国卅年八月十六日

于铜城市

——为召开行政扩大会——

兹决定于本月廿八日起至九月二日止，开全地区行政扩大会，会议内容主要有两个：（一）工作检查总结与整风。（二）讨论各项行政工作，其中以财粮工作与优抗工作为中心。

Ⅰ.参加人员：

一、每乡来乡长一人，每区来区长一人，区员一人，在全区内工作最好的粮委一人。

二、参加大会人员，须自带碗筷、被褥。

Ⅱ.伙食问题：

一、由各区自理：

a. 马坝、泥沛、大通、黎城为一伙食单位，各带伙食夫一名，由马坝区带事务工作人员一名。

b. 石梁、沂杨、汉涧为一伙食单位，各带伙夫一名，由沂杨带一事务工作人员。

c. 银涂、金沟、闵塔、南湖、北湖，为一伙食单位，各带伙夫一名，由闵塔区带事务工作人员一名。

二、米、草、油、盐，由本处派员负责管理，每日按照规定，发给菜金亦按照规定领取自购，吃内一次。

三、为了防止临时仓皇，放各区须于廿五日即派人来处，接洽驻地，锅灶等……

四、伙食定样搅【搞】的原因是因为办事处人少无力照顾。

Ⅲ.现在需要准备以下三件事：

一、工作检查的书面报告，要早点送来，最好在接此通知后两天内送办事处。

二、在"优抗""民夫""禁烟""民事调解""粮食""公学田产管理"各项工作中，每种在本区范围内选捡做的最好的乡，通知这个乡长准备，要他一定出席。

三、调查搜集违反政策的材料，要有关乡长一定出席。

此致

各区市乡镇长

主任　李世农

（二十六一律到后廿七开筹备会）

华中银行旧址、培训班等照片

保管单位： 中国人民银行淮安市中心支行档案室

内容及评价：

华中银行旧址、培训班等照片形成于1945年至1946年。1945年春，陈穆参与筹建华中银行，8月，华中银行在盱眙县张公埠（今安徽省天长县张铺镇）宣布成立，陈穆为首任行长。同年9月，华中银行总行迁至淮阴城内（今淮安市清浦区）。原华中地区各抗日民主根据地银行改为华中银行的辖属机构。经过改组和新设，华中银行共辖6个分行、13个支行、38个办事处。华中银行是华中解放区统一的区域性银行，是苏皖边区政府的组成部分。华中银行举办第一期业务培训班和华中银行直属清江支行集体照片等档案资料十分珍贵，对研究华中银行和华中解放区金融发展史具有重要查考价值。

华中银行第一任行长陈穆

华中银行直属清江支行同人留念

华中银行总行在淮阴城时的旧址
（淮阴城内东风大街114号）

华中银行总行业训班第一届学员合影

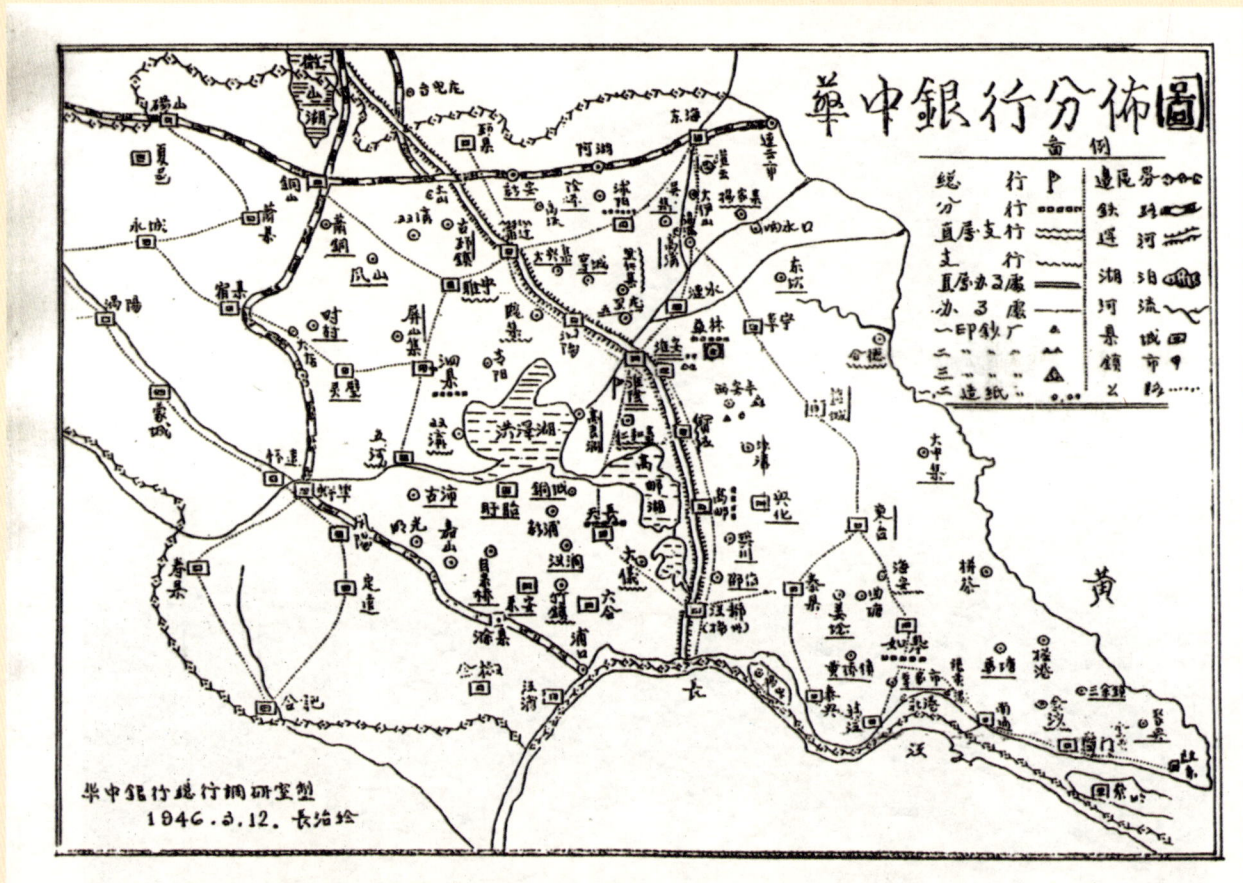

1946年3月华中银行分布图

华中银行伍角券（1945年版）

华中银行壹圆券（1945年版）

华中银行贰圆券（1945年版）

华中银行伍圆券（1945年版）

新四军淮阴县办事处保证书

保管单位： 淮安市淮阴区档案馆

内容及评价：

新四军淮阴县办事处保证书形成于1946年12月。1946年6月，国民党反动派大举进攻中原解放区，内战全面爆发。同年9月10日，作为苏皖解放区中心城市的淮阴失守。至此，解放区全面陷入艰难困苦的敌后斗争时期。面对严峻形势，我党我军地下工作者仍旧坚持顽强斗争，时任新四军淮阴县办事处主任陈化<明>和副主任马<骏>等同志以做生意为掩护，隐蔽在县城北郊棉花庄，他们积极开展对敌斗争，宣传革命道理，团结周围一切爱国人士共同保卫家乡。当时的棉花庄保长王如清深受我军教育开导，深明大义，利用保长的合法身份开展地下工作，为我军服务，得到了我党我军的充分信任。为保护王如清及其家人的生命财产安全，我军在转移前写下这份保证书。

正是有了这份保证书，王如清及其家人在后来的"土地改革"和"文化大革命"等多次运动中，均未受到冲击。

这份保证书十分珍贵，对于研究我党我军革命斗争和统一战线工作，具有重要价值。

新四军淮阴县办事处保证书

全文：

保证书

卅五年十二月 第七号 （公章）

　　兹有王如清在敌占区为反对内战实现民主和平，愿为我军服<务>，进行秘密<工作>，忠实执<行我方提>出<条件>，而能有成绩。今后本处当对其个人及<家庭>生命财产概负全责，<特>此发给<保>证书。

新四军淮阴县办事处

主任　陈化<明>（私章）　副主任　马<骏>（私章）

华中《第六专署鞋厂七至十月份总结报告》

保管单位: 淮安市档案馆

内容及评价:

华中《第六专署鞋厂七至十月份总结报告》形成于1948*年底。该总结报告,详细记录了鞋厂干部职工由供给制转为自给自足的"转制"过程,以及在此期间的组织机构、人员编制、定岗定员、作息时间、生产品种、产量统计、工资标准等方面的调整情况。该鞋厂实行自给自足,完全转为一个独立经营的生产企业,一切为提高技术、增加产量而工作,彻底改变了以前的机关化管理方式。这份总结对研究我军工企业的生产、经营管理和组织演变,具有重要查考价值。

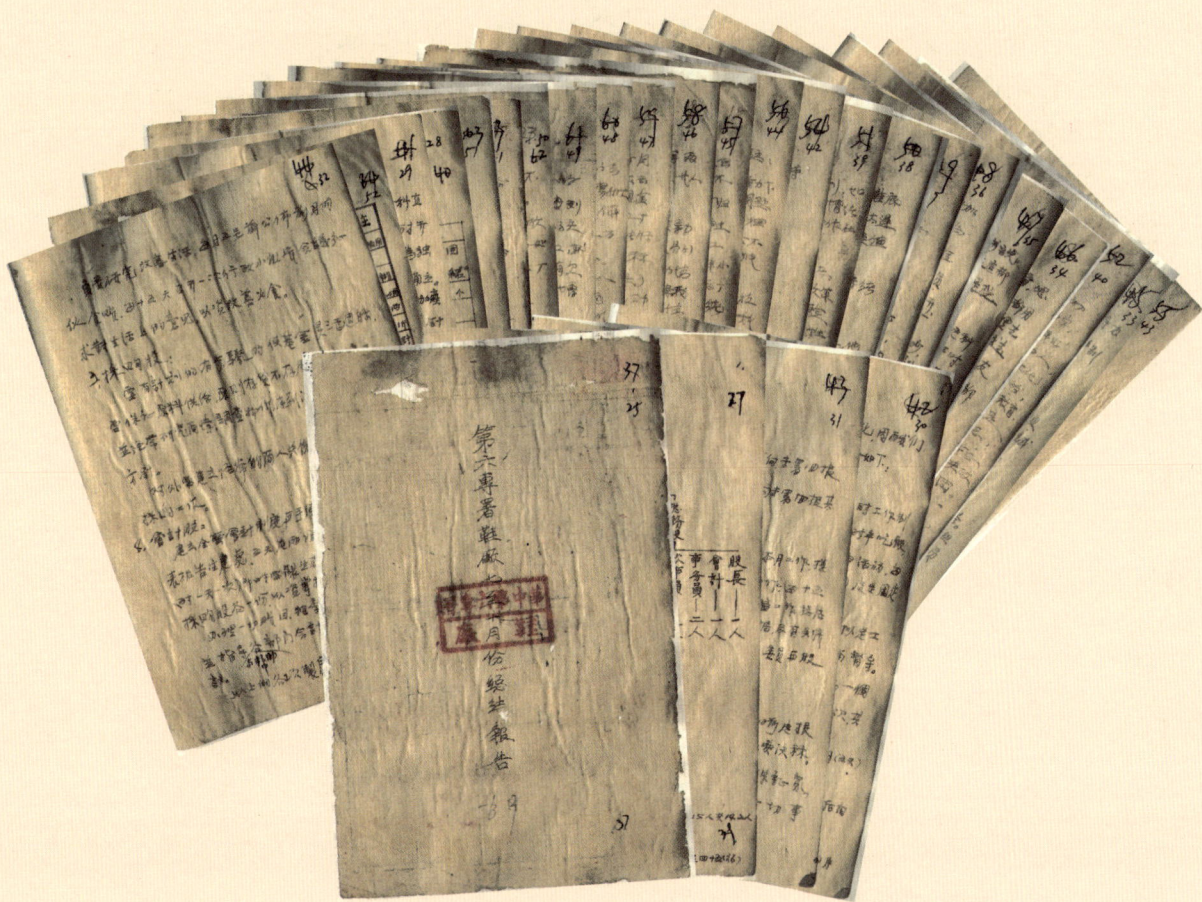

华中《第六专署鞋厂七至十月份总结报告》

全文：

第六专属鞋厂七至十月份总结报告

（一）现有组织机构

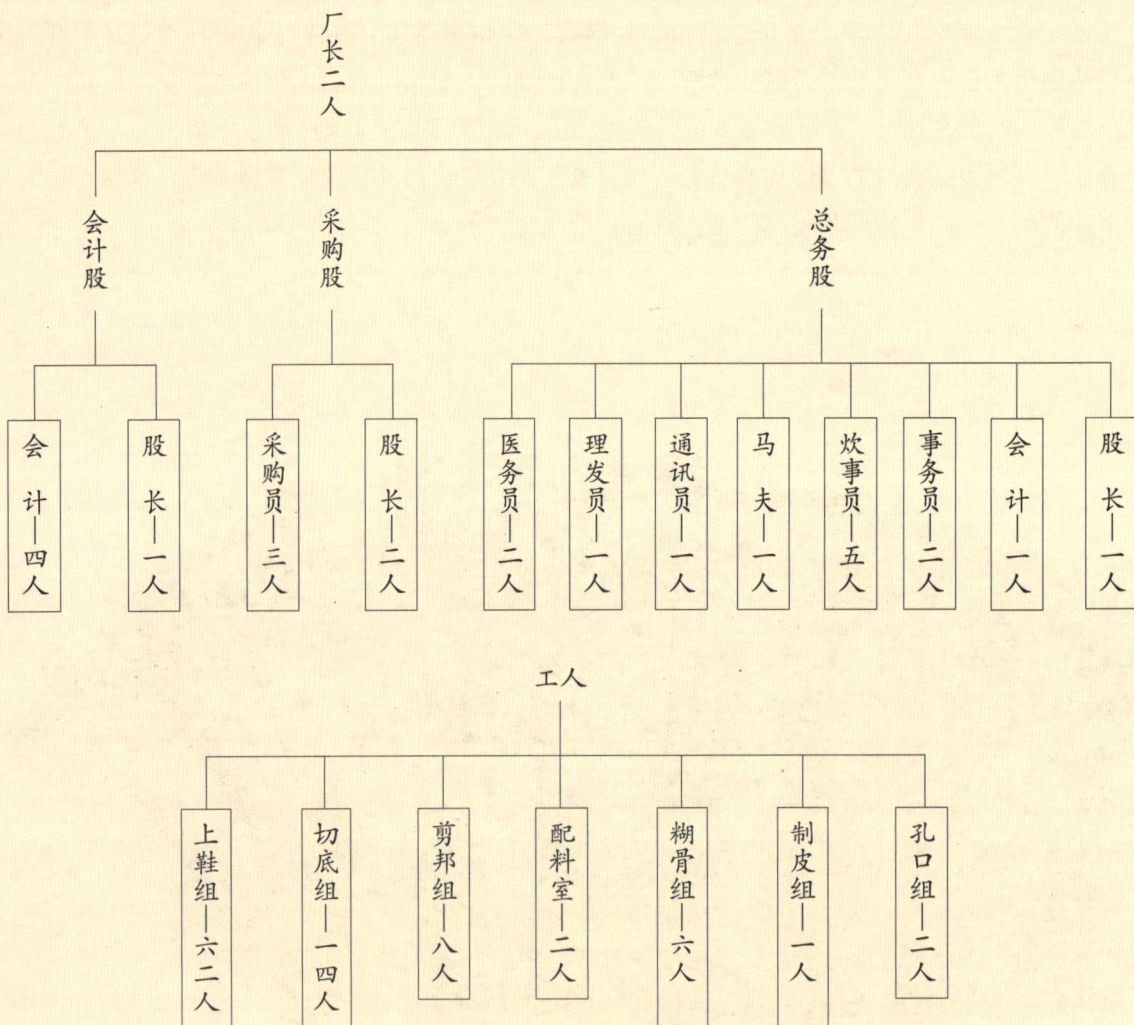

```
                            厂长二人
        ┌──────────────────────┼──────────────────────────────┐
      会计股                  采购股                          总务股
    ┌────┴────┐          ┌─────┴─────┐      ┌──────┬──────┬──────┬─────┬──────┬──────┬─────┬──────┐
   会计      股长        采购员      股长    医务员  理发员  通讯员  马夫  炊事员  事务员  会计  股长
   四人      一人        三人        二人    二人    一人    一人    一人  五人    二人    一人  一人

                            工人
        ┌──────┬──────┬──────┬──────┬──────┬──────┬──────┐
      上鞋组  切底组  剪邦组  配料室  糊骨组  制皮组  孔口组
      六二人  一四人  八人    二人    六人    一人    二人
```

厂长二人；会计股：股长1人，会计4人；采购股：采购员3人，股长2人；总务股：医务员1人，理发员1人，通讯员1人，马夫1人，炊事员5人，事务员2人，会计1人，股长1人。

工人：上鞋组62人；切底组14人；剪邦〔帮〕组8人；配料室1人；糊骨组6人；制衣皮组1人；扎口组2人。

说明：1、干什人员计23人，工人104人，家属小孩15人，共142人（制皮组不在内，因是外工。）

2、男工友48，女工友56人，小孩15人

3、有关家属（小孩在内）计62人，占总人数百分之四十五（弱）

（二）七月份至十月份生产成绩表

月份＼数量	鞋 子				被 服							
类别／名称	布底	双皮底	单皮底	合计	军干服	棉军干服	军帽	手榴弹袋	衬衫	绑腿	机枪套	围裙
单位	双	双	双	双	套	套	顶	个	件	付	个	个
七月份	5446	824	230	6500	69		160	2		120	2	
八月份	7204	359	96	7659	170		16		5			
九月份	4270	263	69	4602	10		20		6			
十月份	4075	795	544	5414	3	9	11		4			24
合计	20995	2241	939	24175	252	9	207	2	15	120	2	24
说明	1. 九十月份产量低原因是受冬衣影响，工人请假太多假期亦长，最多的有30人到40人请假，假期最长有半月至两个月。 2. 以现有的生产力，进行正常工作，每月生产布鞋八千双是没有问题的。											

乙、任务与工作要求：

鞋厂原来是供给科里的组成部份［分］，是在供给科直接领导下生长起来的，原来是供给制，自本年八月份才开始自给自足。九月份供给科改组，鞋厂才完全成为独立经营的机构，因而在方针上故有一种新的确立。

以鞋厂的现有基础进行生产，提高质量增加产量，达到减低成本，扩大销路，实行自给，在这个方针的基础上保证完成成品供给，这是我们当前任务。

当然在这个方针上，亦应彻底转变了以前的机关化，和管理方式，今后工厂一切活动，要服从生产，一切为提高技术，增加产量而工作，继续加强政治教育，避免那些单纯的雇佣观点，并改进我们的作风，按期召开民主检查大会，检查领导，结合评功检过，反对贪污浪费，厉行节约，重点在于生产中的原料和成品问题上及具体工作中的研究在"尊师爱徒"的口号下运用技术研究室，发扬改进与创造技术，提高技术人才的积极性，与创造性，这也是我们当前的重要工作。

从八月份开始根据自给自足的新方针，在保证供给的基础上，使其逐渐走向企业化，因而我们对具体的工作要求上亦有新的制度拟订如下：

1、各种制度：

作息时间上，原则上，确定每日十小时工作制度，即分为十小时工作，八小时休息，两小时半吃饭，一小时半学习，两小时集合游戏与自由活动，每月十五号，三十号为星期日，作休息时间。这是固定的，不准侵犯的。

在各股方面，每月初根据工作性质拟定工作计划，写成书面交厂长室，以便检查与督导。

会议制度方面，工厂管理委员会，固定为一个月开一次工作小组生活检讨会十五天一次，其它会议临时召开。

回报制度方面：工厂管理委员定期（五天），向厂长回报。必要时随时回报。

行政小组检讨会每月两次，即是会后向厂长回报，组员随时随地可以回报。

各股负责同志每旬向厂长汇报一次，每月要向厂长作具体汇报。

厂长每月向专署写信，摘其简要的向专署汇报一次，三个月总结工作一次写成书面向专署汇报其它制度略。

1、厂长室：

每月初三以前总结上月工作布置本月工作，提出及时的工作中心。掌握全厂工作，每十五天检查各股工作一次，三个月作全盘工作总结，向上级报告，按时检查审核各种条据，及有关帐目等问题表现问题随时召开管理委员与股长会议研究处理。

2、总务股：

负责全厂伙食订定制度，每月二十五日前造报下月经费预算，下月五号前，造报上月经费决算。交厂长审核领发，经常保证家中有一个月粮草，办理总务方面的一切事务。

负责研究改善生活，每月五号前公布前月的伙食帐，每十五天召开一次行政小组长会议，征求对生活上的意见，以资改善伙食。

3、采购股：

要有计划的有步骤的使基金灵活周转，要保证原料供给，原则存贷不存钱，和不停工，并经常研究商情，调查物价，达到减低成本的基本方针。

对外要建立经常的商人关系，以资扩大和开源采购工作。

4、会计股：

建立全盘会计制度与手续，每月全盘状况，造表报告生建处，五天造两份试算表，与厂长（必要时一天一次）即时要制出成本计算表，与专署、厂长、采购股各一份，以资掌握营业情况。

办理一切账目，按季造报预决算，交厂长审核并指导与帮助各部门会计工作，每月召开两次会计会议。

以上各项制度是在九月份供给科改组后修正的，由于厂长指导员调动，偶失领导力量，因而在具体执行上还未能完全做到，特别会计股方面，更未能做到。

丙、管理方法：

鞋厂的管理方法，除行政上正副厂长外，并组织工厂管理委员会，其管理委员会共七个人组成，厂长为主任委员，他的权利与义务有以下几种：

1、布置总结每个月的全厂生产工作。

2、评定工资标准与技术等级。

3、职工对厂方的反映，要吸收研究与解答。

4、按月评定每个工友同志的成绩（先由小组评）管理委员会研究通过。以后交行政负责人执行。

5、鞋厂的管理委员会，是今年二月成立的，这种管理方法当然是不错的，是进步的，不能否认，是有些成绩的，因他们和下层的工友生活完全打成一片，容易团结，与吸收反映和发现问题。

如今年七月份有一个糊骨的女工友偷盗公家布近四十方尺被他们发现给以适当的处理。在同时有一个上鞋的男工友，因失掉教育，思想落后，死不学习，把自己钢笔和小本子都用火烧了，还准备脱离工作，想到别的厂里去和到伪区去，后来被他们委员发现，自动找去谈话，最后研究通过大会处理，结果这个工友挽救好了。现在非常积极，思想也很进步，这都是管委的成绩。

鞋厂的管理委员会除有以上的成绩但这种组织当时失却注意，因而也有以下的缺点：

这几个委员的品质虽好，但能力较弱，在群众中的威信也不够高，特别技术不强，因此在开会时很少提出什么意见来，主动积极的去发现问题，解决问题是不够的，工作上大都处于被动。

检讨这种缺点根源是起初在选择委员的观点问题上，当时偏重於党员和什么思想成分好作风正派，对一些老练的技术工人，产生厌恶情绪，认为他们落后，苛求私人利益，是不进步的。所以在管委会成立以后，即引起那些老练的有技术的工友情绪不满，技术工人辛龙祥即说：你们有管理委员了，也用不着我们这些人了，并说什么（草驴叫驴二两五）意思是说好坏不分，总之这都是不满情绪，当然当时在技术上的提高，是受到限制的，特别是在八月份以前。

从八月份开始，鞋厂的口号是"尊师爱徒"在这种口号下，成立技术研究室聘请老师参加，规定时间专门研究技术，（每十天一次）对技术上征求与接受老师的意见，因此一般的工友对他的印象也就不同了，他们的情绪是在这时转好的，（特别是在八月上旬我们开办轮训队，从上鞋组织根据有培养前途的年龄合格的抽出来受训，专门学习技术。）

鞋厂根据既定方针，为奠定将来的发展前途是需要培养工友中的骨干，因此在八月的上旬开办轮训队，第一期15人，第二期10人聘请老师专教，当时举行开学典礼，开全厂大会，行政负责人讲话，请老师在会上发表讲话，表示态度，使每个学员达到头等技术等，学员亦发表答词，这时对老师精神上是有很大刺激，而他情绪更是显得兴奋不已。

轮训队的收获与成绩，确是很好的，老师们都竞争着很愿意拿出自己的本领来教，在学员技术上的提高，与改进都很明显的看出来，初进轮训队时，每天只上四双五双，到出学时增加到七双八双顶多到十双，先由翻上到十月份又改为明上，这明上即可节省小钉子，而且又坚固耐穿，这完全是轮训队的成绩，当时使一些未到轮训队的学员情绪发慌，要求进轮训队，认为没有技术吃不开，也没有前途，这种推动力是很大的，所以这时全厂工友，对提高技术已成热潮，不想学习技术的人极少，这确是轮训队开办成果的结晶所在，结合在轮训队的同时全厂进行"评功检过"从二月到八月份原则上有过必罚，有功必赏，肯学习，肯进步，都是主要条件，不少工友得奖，同时也有不少被处分，这也给了工友同志在思想情绪上又一个震动，（老师也包括在内）因此也不能否认，在全厂的技术上的提高与普及方面，是从这时候奠定的，在管理方法上亦是向前改进一步。

鞋厂工友这种提高技术的情绪是很高涨，但未能始终如一，形成前紧后松，其主要缺点，是由于领导人对技术的方面关心不够，偏重于其他事务，发现问题，又未能即时纠正，未能即时找技术师谈话。并且对老师们的思想情绪，不能即时研究与掌握，以至老师的积极方面未能正常到底。

丁、领导作风：

鞋厂自管理委员会成立以后，凡有关全厂比较大的问题，都是管委会通过以后去执行，在民主这方面是较可，每星期的行政小组和党的小组的检讨会，对领导提意见，作为一种内容，并决定每三个月开一次民主检查大会，专门对领导人提意见。

犯事务主义，特别是近来两月供给科改组以后，当然干部问题是有关系，但对工作抓不住中心环节，不能利用组织力量，这是个大缺点。

待人不能一样，有好恶观点，特别是对那些非正式生产人员（家属）及外工，不肯接近与解决困难，对印象较好的人，解决困难较比容易些。

对工作不够深入，工作布置以后，认为没有大的问题，因此也就缺乏检查，有依仗心理，认为有人问事了，结果工作上曾受影响与损失，如十月份买土布问题，布置三百匹，去的人只买一百尺匹，后来土布涨价，这是一个损失。纳鞋底问题，因为未抓紧检查与督导，鞋底送来太迟，以致上鞋组有两天停工，这是损失，都是值得检讨的问题。

戊、职工福利及学习方法和材料与情绪问题：

1、职工福利：

鞋厂里职工自己有小型的合作社，他们自己推选干部作经理，这合作社是八月上旬开办的，在初开办的时候职工的情绪和信心都不太高，只有三十多人投股，五百元一股，共三百七十八股，计华币十八万玖千元，这就是合作社的基金。

合作社的义务主要是供给职工们的日用必需品，如毛巾肥皂，钢笔，纸张等，合作社规定每三个月结账分红一次，凡投股的人，买东西打九折，经八月份到十月份结账共赚红利十四万五千元，每股分红利三百八十多元，分红以后第二期投股，已达二十七万元，从前未投股的同志这次都投了。他们感到有利可赚，买东西又便宜又便利，如技师辛龙祥一个人就投三万元，大家的情绪与信心与初开办时大大不同，因此这个合作社大有发展气象。

2、职工学习方法和材料与情绪：

在干部学习方面，经九月份规定以政策学习材料为中心，报纸为辅，规定测验时间，这种测验对于干部学习的刺激性很大，因而干部学习情绪很高，如李少清、尤适之等同志在晚上睡觉时在床上还抱着书本复习。

工友学习材料是依其当时的中心工作结合实际情况商定之，如目前支前，即以支前作中心，根据报纸材料，编成简单词句指定干部代为上课，出题分组讨论，按时测验，测验的课程交学委员会修改以后贴在墙报上，按时集体阅读，这种学习方法对工友学习是有刺激作用的。

一般工友的学习情绪是很好的，如吴秀香、刘平等女同志除集体学习外往往晚上单独学习到半夜才睡，她们今春初来时是不识字的，现在已能认识三百多字，并能写上来，简单的信也能写了，像这样的进步与成绩是不少的，学习情绪不高的人只占百分之十，甚至还少，特别是想学习文化认为不识字不能写信是可□的，没有前途的，我们即抓住这中心，结合政治意义进行教育，提高政治觉悟，如七月份规定学习材料是党员基础教材，因此已启发了部分工友同志，达到提高政治觉悟，如孙荣、尤新华、徐正建、徐□等女同志现在都积极要求解决政治问题，崔玉山、钱照球等都参加了新青团。

这里的主要缺点也是未能够始终一贯使其经常下去，如果上课人有事了对他们的学习就会受到影响，这确是领导作风问题，在领导作风中，已经检讨，这里不再评说了。

己、工资制与工资标准：

鞋厂的干什人员待遇是按照供给标准执行的，对工友已实行全面工资制，早在本年二月间，已有部分是按件记工，按质分等，至十月份则全面实行按件记工按质分等伙食自理。

为更能刺激工友同志的生产情绪，拟在十二月份实行累进工资制，这是准备试验一下。

我们的工资标准一般是不高的，原因是技术与产量低，根据我们这里上鞋的中上等手来说，每天能上布鞋六双，每月以二十八天计算可得工资粮一百六十八斤，每月除九十斤伙食，再除去六十斤作本人衣服日用品等经费支出外仅余下十八斤连半个人的生活也维持不了，在上鞋方面的下等手要占到四分之一强那也就仅够维持本人生活，甚至不敷，若遇本人有病或因原料缺乏而停工那就成问题了。

能上十双布鞋的手是不多的，只有四、五个人就拿十双计算，除去九十斤伙食，六十斤衣服日用品等支出，仅余九十八斤还不够维持一个人的生活，这要在正常工作下才行，若遇其他原因当然还是问题。

因此对以前的工资标准则稍有修改，特附表于下仰祈鉴核，以便执行：

名称	上鞋			糊骨			剪帮		扎口		铺底	切底	纳底	打麻绳
	单	双	布	一面整	二面整	二面碎	贴裹	不贴	内机	外机				
单位	双	双	双	张	张	张	双	双	双	双	双	双	双	斤
日产标准	7.5	3.5	10	50	65	35	50	85	60	60	12	25		
月产标准	210	98	280	1400	1820	980	1400	2380	1680	1680	336	700		
每件工资 单位	斤	斤	斤	两	两	两	两	两	两	两	两	两	斤	斤
每件工资 甲	1.375	3	1	3	2.3	4.5	3	1.8	2.6	4.5	13	6.5	3	8
每件工资 乙	1.125	2.625	.8125	2.7	2	4.2	2.7	1.5	2.3	4	11	5.5	2.5	7
每件工资 丙	.875	2.125	.625				2.5	1.2	2	3	9	4.5	2	6

备注
1. 各项工资均以稽头计算
2. 糊骨尺寸是长3.5尺三阔1.5尺（帮骨）长2.6尺三阔1.6尺（底骨）
3. 内机扎口工资低是因为我们自己的机件消耗在内。

厂长 　　　　　　　　　　　　　　　　　　　　　　　　　　　制表

第六专署鞋厂各项工资标准表

一九四八、十一、十五订

庚、目前的具体情况及须要解决的问题：

以现有基础下，在完成供给任务的余力下进行营业，保证自给自足，可说是没有问题的，干部努力与信心上，均是很好，抱有担当热情，想把工厂搞起来，确保自给，不要公家负担，在干部这种情绪与精神是非常高涨的。

在工友方面一般的说还不错，特别是技术的老工友情绪很好，他们看到供给科改组以后与负责干部调动，即关心鞋厂前途就自动的向我们提出工作计划、和意见。这不能否认这不是有利于鞋厂方面的表现。

自轮训队开办以后，不独老师情绪转好，受训的学员已成厂方的骨干，在技术上已经打下很好的基础，总的方面说已经闯过难关，达到有利发展的基地，但在下面却有不利的情况，特提出作上级的参考。

自入秋以来，因冬衣问题无法解决，工友在思想情绪上为之一乱，由于一般的技术不高，苦的工资甚微。故很难自行解决冬衣问题，我们想预借，上级又不批准，这时候说怪话甚多，有的说自己连自己衣服都苦不到，去家要钱是感觉丢人，也不容易。但实际上这是难以为情的事，这是有家可归的，还有无家可归的（是敌区或被群众斗争过的）那就更成实际问题了，如切底组工友李松经 李松□等至十月份还穿着单小褂，那更谈不上被子了。当然这并不是他两个人问题，类似情况尚多。这时候的生产情绪不免受其影响，因此我们根据这种实际情况一再研究，最后决定酌予借给部份［分］，但我们对外宣布任何人不借钱，棉衣完全由自己解决，虽然抓的这样紧，可是实际问题甚多，总之没有衣穿是不能工作，在这种精神下，到目前为止，业已借出二百五十余万元，约能解决二三十人的棉衣困难及其他困难，根据他们的技术与生产量来说，也可证明借出容易要进很难。

在这棉衣闹荒的同时，产量大为下降。自八月份下半月开始，常有三十到四十人请假，由于任务不急，我们精神放松更是促成降低产量的一方面，假期最多的有两个月，一般的有一个月，直到现在还有近二十人没有回来。

特别十月份供给科改组，失却领导力主要干部调走几个，及一时的原料缺乏（骨子）上鞋组与切底组实行变工，因而这时候的情绪更乱，有的人认为鞋厂要解散了，后来我们召开一次全体大会，专做解释与稳定情绪，当时好些，后来由于领导人事务太多，对工友情绪失掉掌握，故又有一度变化，直至近来几天，才稍好些，这些当然都不利于厂方，但也不至成什么大问题，比较严重而且急待解决的还是下面两个问题：

根据目前的具体情况，鞋厂的前途是尚不可乐观的，要扭转局势，必须解决其以下两个实际问题：第一是基金周转与成品销路问题，第二是非正式生产人员的处理问题。

1、关于资金周转问题，鞋厂的基金太少，以现有生产力进行工作，可说是不可能周转的开的，当然工作进行上也就很困难了，就拿最低的作例，至少要有三个月的流动本钱才能翻过身来。起码要做出一个月的成品，一月的原料，一个月的现金这是最低限度的。一般较有基础的工厂至少保持两个月到三个月的原料才能保证得住不停工。鞋厂共有基金以自前计算是九千六百六十七万元，固定的（即器具）六百一十七万七千六百五十三元现有流动基金九千零六十九万八千十五元，如以三个月的成品计算作为流动基金的话，每双鞋以八千计需一万九千二百万元，除现有流动基金尚缺一万零一百多万元。

目前未停工其原因是预领财处各季鞋费四千二百万元维持到今天，因此我们的要求要增添基金，如万一没有，但祈上级要有意识的扶植，从其他方面转借亦可，否则鞋厂即成问题，实无法维持这并不是胆怯，不敢负责，而是负不了的责任。

关于销路问题：同是一个大问题，也可说是鞋厂的命脉，前徐处长介绍我们去华中供给部谈一下，因为要我们送运不易做到，故未获结果，分区供给部来买，因出价太低（每双七千元）以现化成本已达八千三百多元，故又未谈妥，除此别无销路。

如拿目前的生产力来说，每月能产八千双（不能以九、十月做标准因那时候有客观原因）除本分区每月供给任务四千双外下余成品尚需有固定销路，我们的意见仍需要求华中要有意识的培植与扶持最好要华中供给部布置固定任务，或者就是生意关系，但是也要固定。我们保证鞋子的一定品样，孬许他不要。要他先付钱能及时赎买原料，这对成本上均有相当关系，故特提出作上级参考。

2、关于非正式生产人员的处理

根据我们自给自足的总方针，因而这些冗员（即是家属）是急需处理的问题，总计有62人占总人数百分之四十强这些人员确是鞋厂走向企业化道路中的障碍，负担很重也是鞋厂的累□。如刘玉珍、王淑珍等同志一个人带两个小孩这也难怪除带小孩外，就没有时间做工，就是做一点也不够自己吃，不够吃就只有欠账，而且大人小孩经常有病那也难免增加鞋厂负担与成本了。

这些人来厂的动机就是临时观点因而他们的技术也就不易提高，仅管一时提高但他的思想情绪上是不能正常的，时在动荡与摇摆，事实如此有些家在伪区现时解放就会回去想不来，你再留他也是不易，留下也无益，因之只有听之任之罢了。对这些人员的处理，我们这里有两个具体意见：

1、为照顾工厂，又照顾干部问题，必须有组织的有领导的把他们从厂里划分开来，伙食自理。他们自己从内部选出负责人领导，或上级派人领导，住在厂的旁边做工，与外工同样待遇。生活之不足，由上级党委酌予批发，与鞋厂无关。

2、目前地区解放有家可归不愿做工的尽量动员回去，无家可归的由上级处理，或与外工同样做工也可，总之要与工厂分开。

以上问题不知是否有当，仰祈鉴核祗遵，以利工作。

辛、今后计划：

以上这两个意见，如获得上级批准，将达到增产投资减低成本，使工厂逐渐走向企业化的基本方针，故在人员编制方面现有新的拟定，依然保证每月八千双，并保证成本减轻。

附下列人员编制表：

今后组织机构：

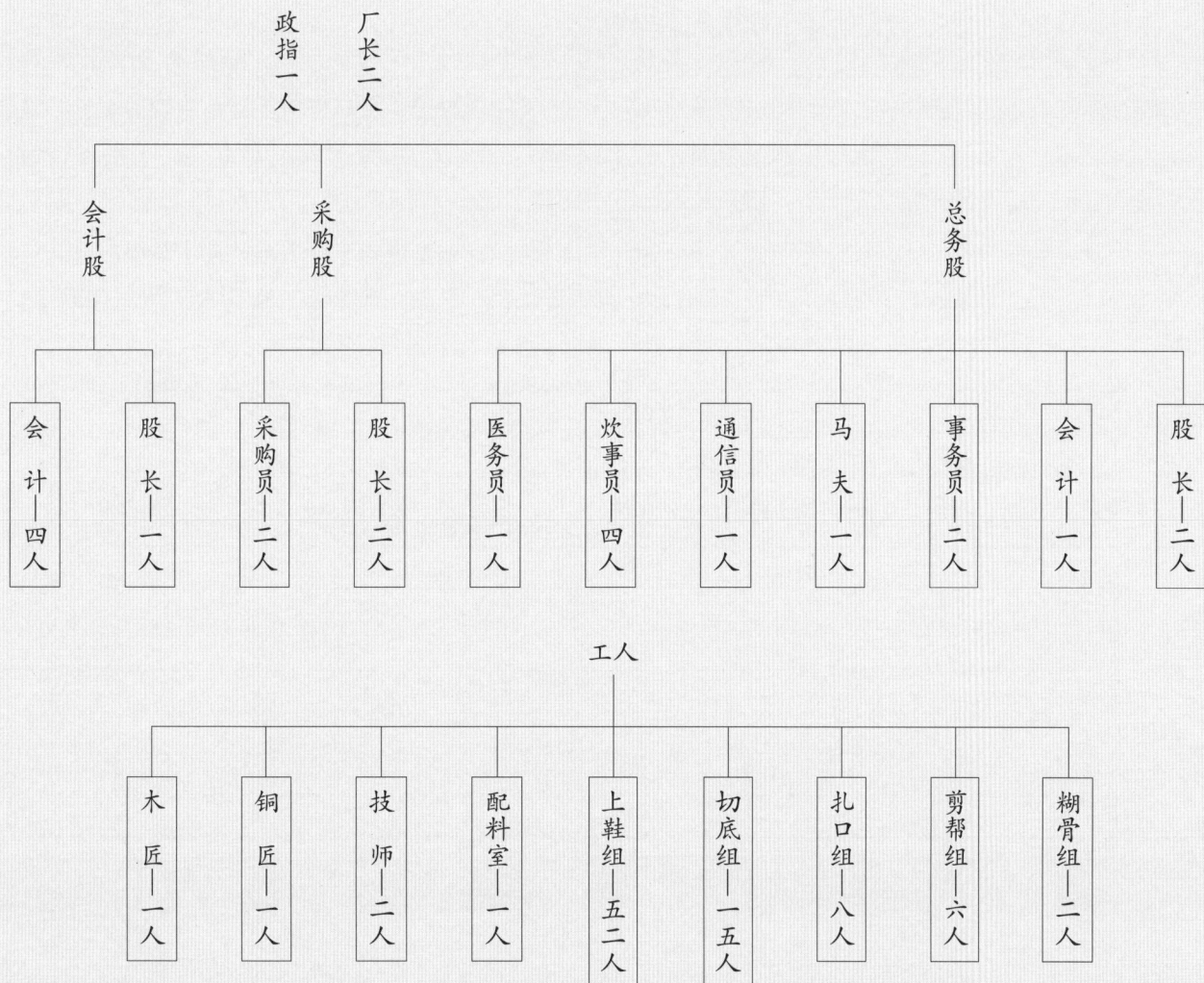

政指一人　厂长二人

会计股：会计四人、股长一人
采购股：采购员二人、股长二人
总务股：医务员一人、炊事员四人、通信员一人、马夫一人、事务员二人、会计一人、股长二人

工人：木匠一人、铜匠一人、技师二人、配料室一人、上鞋组五二人、切底组一五人、扎口组八人、剪帮组六人、糊骨组二人

说明：1、干什人员计20人，工人计88人，共108人。

2、女工友43人，男工友65人。

专署鞋厂十一月份布鞋成本计划表

名称	单位	每双材料	单价	复价	备注
鞋面布	方尺	.85	1400	1190	1. 贴衬是贴鞋头用的。
口条	方尺	.15	1400	210	
鞋里	方尺	.9	850	760	2. 工资粮是包括糊骨4.5两，切底6.5两，纳底3斤，剪帮3两扎口4.5两，上工1斤。
鞋帮	方尺	.9	850	760	
贴衬	方尺	.12	850	102	
贴底	方尺	.57	850	485	
扎口线	码	20	4	80	3. 费用是包括女子针锥条小钉，明矾擦刀油，火柴等。
纳底麻	两	2.5	2.5	563	
上鞋绳	根	2	3.0	60	
鞋底骨	张	□	1300	1300	4. 干什待遇是包括干什人员伙食、被服、医药、办公、什支、牲口粮、技师待遇等。
糊骨草	两	3.2	3.175	10	
糊骨面	两	1.6	31.25	50	
材料小计				5580	
百分比				75.1%	
工资粮	斤	5.125	300	1538	5. 干什待遇是根据厂内每月消耗，加在我们月产八千双鞋上每双应摊之数。
小计	斤			1538	
百分比				20.7%	
费用	元			25	
干杂待遇	元			294	6. 工资是以稽头计算
费待小计	元			319	
百分比				4.2%	
合计				7437	

华中行政办事处文件

（1）华中行政办事处关于加强公路修建维护的训令

保管单位： 淮安市档案馆

内容及评价：

华中行政办事处关于加强公路修建维护的训令形成于1949年1月14日。1947年11月，华中行政办事处正式成立，主任曹荻秋，副主任贺希明、陈国栋。工作机构设民政、公安、财粮等三个处，对外贸易、邮政管理两个局及华中银行。原苏皖边区第一、二、五、六、九行政专员公署及两淮市政府归华中行政办事处领导。1949年4月，苏北、苏南两个行政公署相继成立，华中行政办事处撤销。

华中行政办事处关于加强公路修建维护的训令，对辖区内公路的修建（维护）作出了详细的规定。例如：原筑公路路面，未达到二丈宽度应予帮宽；对于不必要的S形弯子，在修建时，尽量纠正，改成直线等。此外，对公路沿线的渡船、码头保护等也提出了要求。此份训令对于研究苏皖边区公路建设史具有重要参考价值。

华中行政办事处关于加强公路修建维护的训令

全文：

华中行政办事处训令

建字第二十三号

一九四九年一月十四日

令各行政区专员公署及市府：

查护路组织及护路办法，久经本处公示饬遵，除六专署按□[数]建立护路组织，办理较有成绩外，其他各地尚未能切实遵行，以致各该区境公路，仍多不平不实，宽度不够，弯度不合，有些地方路基太低，路必不高，雨水停积，车辆行驶，颇感不便，希即按级指派专人，作全面的检查督修，订立奖惩制度，按级汇报制度，以资鼓励，而便考核。关于公路修建，应注意下列各点：

一、原筑公路路面，如未达二丈的宽度时，应予帮饳，帮饳部分与原筑部分应求结合压实。如因地势限制，亦可稍窄，但不得小于一丈二尺，可在相隔适当距离处，加筑月牙形的停车场，以便同时对驶。

二、公路两侧排水沟，应予浚通，以便排水，免使路基浸湿。

三、横面线上，路心高出两边八寸，成一适当的凸起弧形，转弯处弧度不宜过大，内弧须酌量加宽，外弧须酌量加高，（一般较路心高四寸）将近弯处，在三百尺内，如有阻碍视线的障碍物须铲除，以便望见来车。

四、原筑公路不必要的S形的弯子，应在修建时，尽量纠正，改成直线。

五、已造之桥，检查其是否足够载十轮卡二万斤之载量。

六、护路小组，应于小组与小组分界处，设置小组路牌，上面写明修守路段起讫，全组人员姓名，以便检查，小组路牌，用长二尺，宽一尺的板，钉在高六尺的木柱上，长方形板的下边，须距地面四尺。由各专署统做，发交县、区、乡竖立。

再各行政区境公路沿线，由某集镇到某集镇实际距离，仰即令饬县区速着专人实量，由各专署汇总，以便在路牌上分别注明里程，此项路牌，已由本处统一制作，发交各专署树立，并由本处工程队派专人指导，以期一律。

另查各地对于公路线上渡船，尚未能注意保护，码头亦多未修好，且更有向来去客商，擅自收索过船费，群众颇多意见，殊属非是，希即切实查禁，为要！

此令。

主　任　曹荻秋

副主任　贺希明

陈国栋

（2）《淮盐缉私暂行办法》

保管单位：淮安市档案馆

内容及评价：

《淮盐缉私暂行办法》形成于1949*年，是"为杜绝盐税走私偷漏，并奖励缉私与检查，以期增加财政收入，保证供给支援人民革命战争之早日胜利"而制定的一份重要文件。其内容共四章十二条，分别对私盐罚金标准、处理办法、缉私办法、组织行为、奖励办法及审计要求等作了明确规定。该文件经华中行政办事处批准颁布，从中可以看出，淮盐在苏北解放区国民经济中占有十分重要的地位。该办法对研究两淮盐务管理和解放区经济发展史具有重要参考价值。

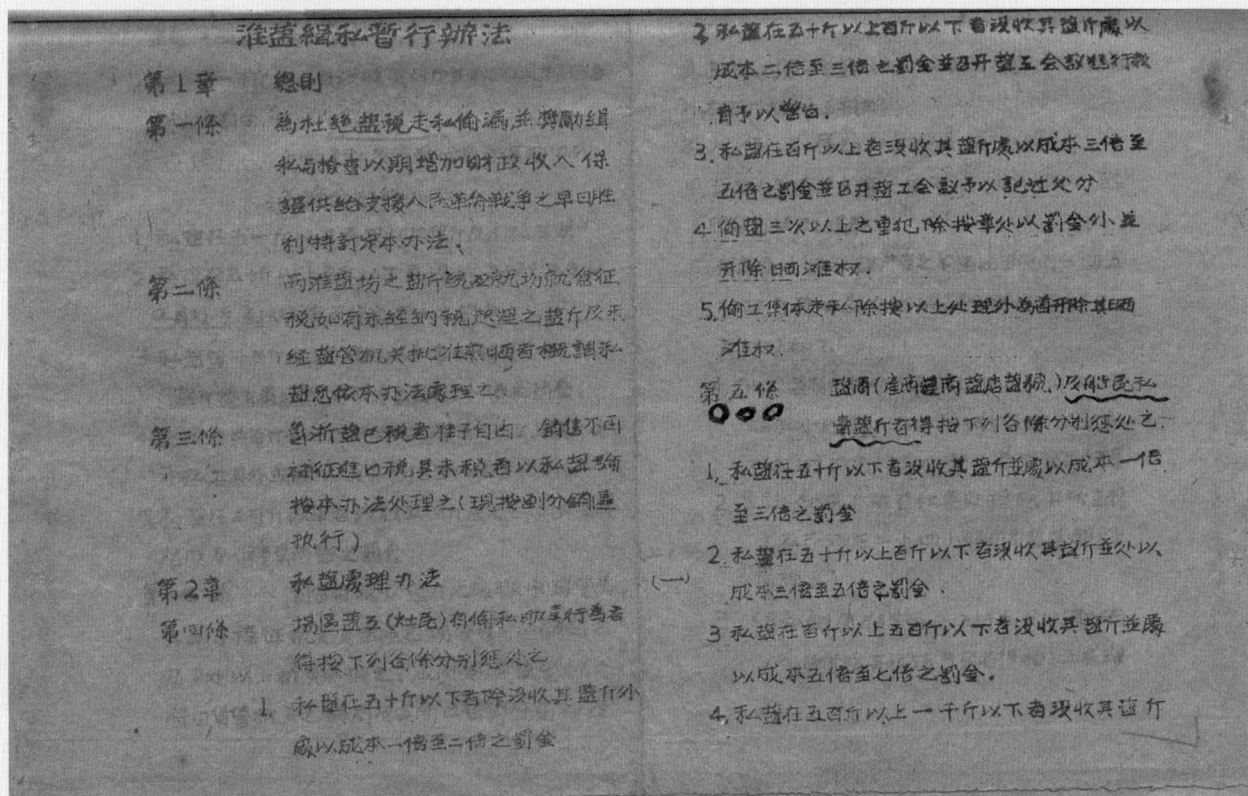

《淮盐缉私暂行办法》

盖处以成本七倍至十倍之罚金。

5. 私盐在一千斤以上者没收其盐行及处成本十倍以上之罚金。

第六條　小贩走私及零售行為者得按下列各條分別懲处之

1. 私盐在五十斤以下者没收其盐行及走私工具

2. 私盐在五十斤以上者以下者没收其盐行及走私工具并处以成本百分之五十之罚金

3. 私盐在一百斤以上二百斤以下者没收其走私工具与盐行外并处以成本百分之五十至一倍之罚金

4. 私盐在二百斤以上三百斤以下者除没收其盐行及走私工具外并处以成本一倍至二倍半之罚金

5. 私盐在三百斤以上者没收其盐行及走私工具并处以成本二倍至两倍之罚金

第七條　罚合局没收盐行之处理由管盐局之部门稽征机关使閉处之场公通与运輸局之办事处以上机关处理之以外如无监管机关時由销管机关之縣局及其所屬係管分局抽查

丙　在未組織私盐和小組地区胡管局得奖动群众检举

1. 任何机关团体与个人均可檢举私盐但不得個私舞弊

2. 盐管局於走私盐地点未設私盐小組者可委託可靠关係檢举私盐前項組私之私盐处理权抵归盐管机关若有盐管机关者由各級货管机关稽查缉私办法处理之

第3章　奖励

第九條　凡檢举緝私盐之们人或团体经盐商理後得给予一次之奖金以示奖励

1. 盐区職工农区群众及其他人民当緝私盐者经處罰後得以没收之盐行按当地市場等價提取百分之七十五作奖金

2. 机关部政組緝私盐者经處罰後得以没收之盐行按当地市場等價提取百分之五十九作奖金

（二）
（三）

第八條　劳动群众檢举緝私盐得分别奖励

甲　緝区内普通盐工級资敵（及別資敵）经審保台流动緝私

乙　在盐区外圈私盐严重之較近边区便於同当地政府發动群众力組成盐私小組进行緝私其办法如下

1. 以盐区已組織的群众团体為基鈷組織緝私小組该緝私組進行正式成立並得市政府領導並得上級理當局領導

2. 緝私小組過渡盐权处理权及其查獲之私盐應在三十四小時送交盐管部门處理

3. 緝私組過有不得有出私行為否則取消其組織格並其犯法严重者得懲之處理之

3. 盐務机关及直管緝私盐查获盐后得以没收之盐行按当地市場等價提百分之三十九作奖金（以百分之十作緝獲机关本单位改善伏食並以外充办公费用其开支以百分之二十缴管理局組作公益事业之用

4. 他别人民何机关部政货緝因而緝获私盐者经處罰後可按当地市場等價提取奖金百分之五十（發出人得百分之三十緝緝机关得百分之二十）

上項奖金统按当地市場等價（盐税除外）以人民中折務不得奖缘雜物領取奖金之机关或群众必須填寫領據给發奖机关以便按级向上报納之

第4章　附則

第十條　本办法出经　華中行政办事处和批准　呈請華東財政才确佈實施

第十一條　本办法公佈後以前所公佈之办法一律廢除之

第十二條　本办法如兩未盡屬呈請華東財政经濟办单处以命令修改或补充之

（四）

全文：

淮盐缉私暂行办法

第1章　总则

第一条　为杜绝盐税走私偷漏，并奖励缉私与检查，以期增加财政收入，保证供给，支援人民革命战争之早日胜利，特订定本办法。

第二条　两淮盐坊之盐斤统应就坊就仓征税，如有未经纳税起厘之盐斤，及未经盐管机关批准煎晒者，概谓私盐，悉依本办法处理之。

第三条　鲁浙盐已税者准予自由销售，不再补征进口税，其未税者以私盐论，按本办法处理之（现按划分销区执行）。

第2章　私盐处理办法

第四条　场区盐工（灶民）有偷私贩卖行为者，得按下列各条分别惩处之：

1、私盐在五十斤以下者，除没收其盐斤外，处以成本一倍至两倍之罚金。

2、私盐在五十斤以上百斤以下者，没收其盐斤处以成本两倍至三倍之罚金，并召开盐工会议进行教育予以警告。

3、私盐在百斤以上者，没收其盐斤处以成本三倍至五倍之罚金，并召开盐工会议予以记过处分。

4、偷盐三次以上之重犯，除按章处以罚金外，并开除晒滩权。

5、偷工集体走私，除按以上处理外，为首开除其晒滩权。

第五条　盐商（厂商盐商盐店盐号）及船民私卖盐斤者，得按下列各条分别惩处之：

1、私盐在五十斤以下者，没收其盐斤并处以成本一倍至三倍之罚金。

2、私盐在五十斤以上百斤以下者，没收其盐斤并处以成本三倍至五倍之罚金。

3、私盐在百斤以上五百斤以下者，没收其盐斤并处以成本五倍至七倍之罚金。

4、私盐在五百斤以上一千斤以下者，没收其盐斤并处以成本七倍至十倍之罚金。

5、私盐在一千斤以上者，没收其盐斤并处以成本十倍以上之罚金。

第六条　小贩走私及夹带行为者，得按下列各条分别惩处之：

1、私盐在五十斤以下者，没收其盐斤及走私工具。

2、私盐在五十斤以上百斤以下者，没收其盐斤及走私工具并处以成本百分之五十之罚金。

3、私盐在一百斤以上两百斤以下者，没收其走私工具与盐斤外，并处以成本百分之五十至一倍之罚金。

4、私盐在两百斤以上三百斤以下者，除没收其盐斤及走私工具外，并处以成本一倍至一倍半之罚金。

5、私盐在三百斤以上者，没收其盐斤及走私工具，并处以成本倍半至两倍之罚金。

第七条　罚金与没收盐斤之处理，由盐管局之专门稽征机关及盐区之场公署与运销局之办事处以上机关处理之。此外如无盐管机关时，由货管机关之县局及其所属货管分局按盐管条例处理之，管理机关处理私盐后必须填具正式收据交受罚人，没收之盐斤及罚款，除提奖外应即按级向上报解。

第八条　发动群众检举与组织缉私

甲、盐区内普遍建立盐工检查队（或纠查队），经常集合流动缉私。

乙、在盐区外围私盐严重之农区，由盐管局会同当地政府发动群众组成缉[私]小组进行缉私。

其办法如下：

1、以农区有组织的群众团体为基干组成缉私小组，该项缉私组织行政上受当地乡村政府领导叶[业]务上属盐管局领导。

2、缉私组员有检查权无处理权，其所查获之私盐须在二十四小时送交盐管部门处理。

3、缉私组员不得有违法行为，否则取消其组员资格，其犯法严重者得按法处理之。

丙、在未组织缉私小组地区，盐管局得发动群众检举。

1、任何机关团体与个人均有权检举私盐，但不得徇私舞弊。

2、盐管局于走私地点未设缉私小组者，可委托可靠关系检举私盐，前项缉私之私盐处理权概归盐管机关，若无盐管机关者，由各级货管机关按淮盐缉私办法处理之。

第3章 奖励

第九条 凡检举缉获私盐之个人与团体，经处理后得给予一定之奖金以示奖励。

1、盐区盐工农区群众及其他人民缉获私盐者，经处罚后得以没收之盐斤按当地市场变价提取百分之七十充作奖金。

2、机关部队缉获私盐者，经处罚后得以没收之盐斤按当地市场变价提取百分之五十充作奖金。

3、盐务机关及盐警缉获私盐者经处罚后得以没收之盐斤按当地市场变价提取百分之三十充作奖金（以百分之十作缉获机关本单位改善伙食或补充办公费用等开支，以百分之二十缴管理局留作公益事叶[业]之用）。

4、个别人民向机关部队告密因而缉获私盐者，经处罚后可按当地市场变价提取奖金百分之五十（告密人得百分之三十缉获机关得百分之二十）。

上项奖金统按当地市场盐价（盐税除外）以人民币折发，不得奖发杂物，领取奖金之机关或群众必须填写领据给发奖机关，以便按级向上报销之。

第4章 附则

第十条 本办法叶[业]经华中行政办事处批准及呈请华东财办备案。

第十一条 本办法公布后，以前所颁之办法一律废除之。

第十二条 本办法如有未尽处，呈请华东财政经济办事处以命令修改或补充之。

苏皖第六行政区专员公署文件

（1）苏皖第六行政区专员公署关于拥军优荣的通令

保管单位： 淮安市档案馆

内容及评价：

苏皖第六行政区专员公署关于拥军优荣的通令形成于1949年1月23日。1945年11月，苏皖边区第六行政区专员公署（简称六专署）成立，下辖沭阳、潼阳、泗沭、宿迁、宿北、淮阴、涟水、灌云、东海9个县。1947年11月、1949年4月，六专署先后改属华中行政办事处、苏北行政公署，并于1949年5月14日改称淮阴行政区专员公署。

淮海战役胜利后，六专署及时作出拥军优荣决定，针对开展拥军优荣工作的指导思想、慰问军烈属方式、说服逃兵自动归队、动员广大人民加紧生产支援前线等问题作出决定，旨在密切军民关系，鼓舞部队斗志。该文件是研究解放战争时期拥军优荣工作的重要史料。

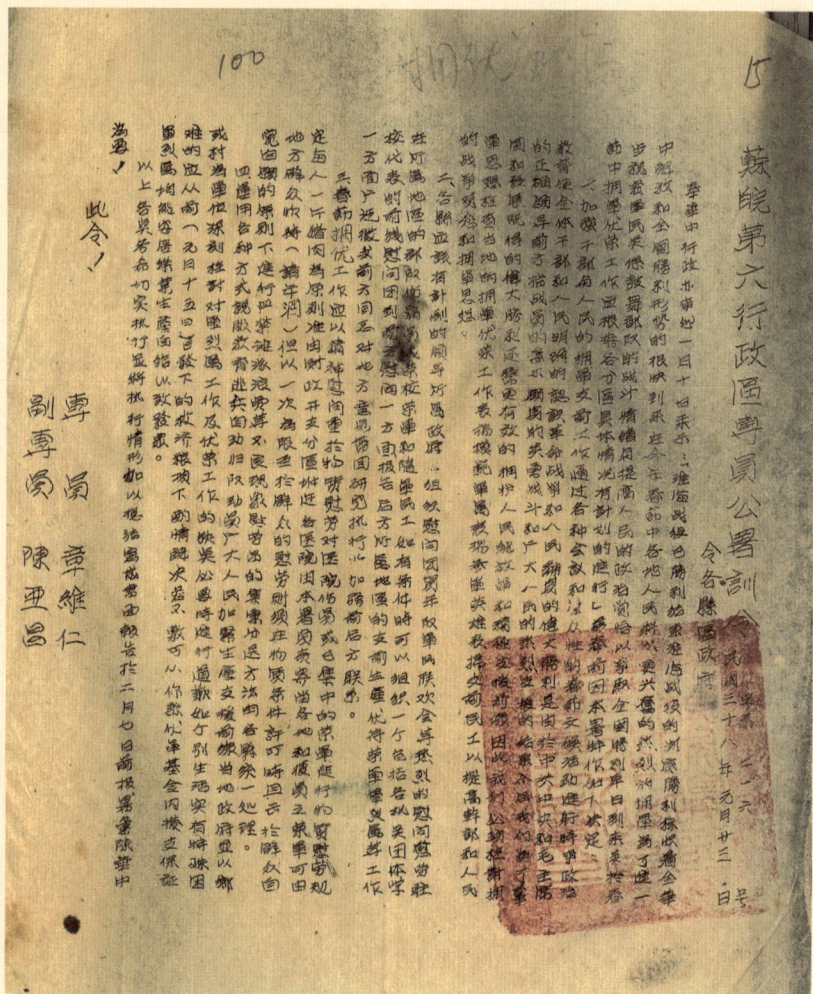

苏皖第六行政区专员公署关于拥军优荣的通令

全文：

苏皖第六行政区专员公署训令

字第二一六号

民国三十八年元月廿三日

令各县区政府：

奉华中行政办事处一月十日来示："淮海战役已胜利结束，淮海战役的彻底胜利标志着全华中解放和全国胜利形势的很快到来。在今年春节中，各地人民将以更兴奋的、热烈的拥军。为了进一步亲密军民关系，鼓舞部队的战斗情绪，与提高人民的政治觉悟，以争取全国胜利早日到来。关于春节中拥军优荣工作，并根据各分区具体情况有计划的进行。"兹奉前因本署特作如下决定：

一、加强干部与人民的拥军支前工作。通过各种会议和群众性的春节文娱活动，进行时事政治教育。使全体干部和人民明确的认识革命战争和人民翻身的伟大胜利是由于中共中央和毛主席的正确领导，前方指战员的奋不顾身的英勇战斗，和广大人民的热烈支援的结果。今后我们为了巩固和发展既得的伟大胜利，还需更有效的拥护人民解放军和积极支援前线。因此我们必须检讨拥军思想，检查当地的拥军优荣工作，表扬模范军属，表扬参军英雄，表扬支前民工，以提高干部和人民的战争观念和拥军思想。

二、各县应该有计划的领导所属政府组织慰问团、贺年队、军民联欢会等，热烈的慰问、慰劳驻在所属地区的部队伤病员或荣校荣军和随军民工。如有条件时，可以组织一个包括各机关、团体、学校代表的前线慰问团，到前方慰问。一方面报告后方所属地区的支前生产、优待荣军军烈属等工作，一方面广泛征求前方同志对地方意见，带回研究执行，以加强前后方联系。

三、春节拥优工作应以精神慰问重于物质慰劳。对医院伤员或已集中的荣军进行物质慰劳，规定每人一斤猪肉为原则，准由财政开支。分区附近各医院，由本署负责寄留各地和复员之荣军，可由地方群众款待（请年酒），但以一次为限。至于群众的慰劳则须在物质条件许可时，且出于群众自觉自愿的原则下进行，严禁摊派浪费等不良现象。慰劳品的集汇分送方法由各县统一处理。

四、运用各种方法说服教育逃兵自动归队。动员广大人民加紧生产支援前线。当地政府并以乡或村为单位，深刻检讨军烈属工作及优荣工作的缺点，必要时进行道歉。如个别生活实有特殊困难的，应从前（元月十五日）日发下的救济粮项下酌情解决。若不敷，可从你县优军基金内拨支，保证军烈属均能安居乐业，生产自给以致发家。

以上各点，务希切实执行。并将执行情形加以总结，写成书面报告，于二月七日前报署汇陈华中为要！

此令！

专　员　章维仁

副专员　陈亚昌

（2）苏皖第六行政区专员公署关于战时护路的通令

保管单位： 淮安市档案馆

内容及评价：

苏皖第六行政区专员公署关于战时护路的通令形成于1949年2月27日。为贯彻落实华中行政办事处建字第88号训令的精神，切实加强护路工作，以适应战时军运的需要，夺取全国解放的胜利，苏皖六专署转发了华中行政办事处《战时护路办法》。该办法对战时护路的组织分工、制度执行、总结汇报、工具保管、护路要求等作出了具体规定，在此基础上，苏皖六专署又作了"补充指示"。此文件是研究解放战争时期战时护路工作的重要史料。

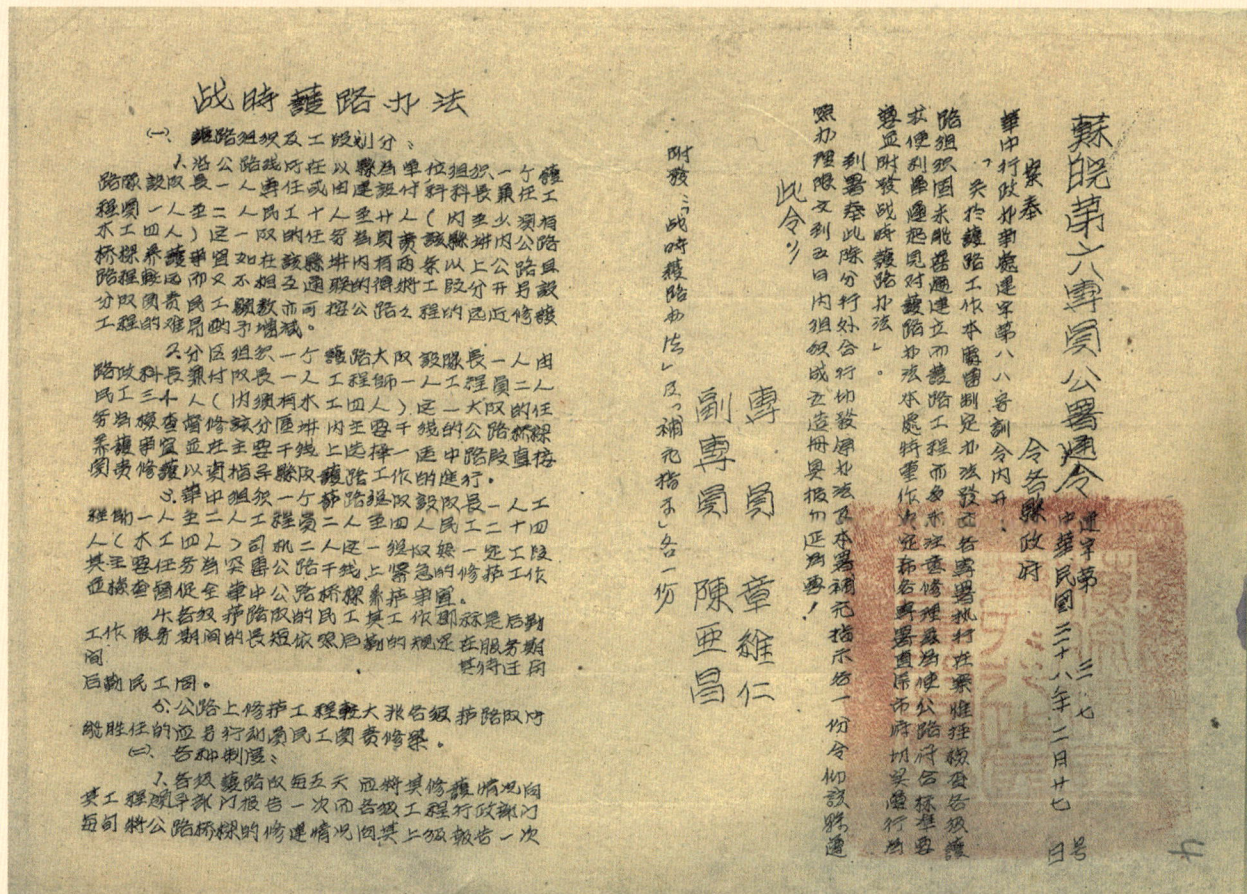

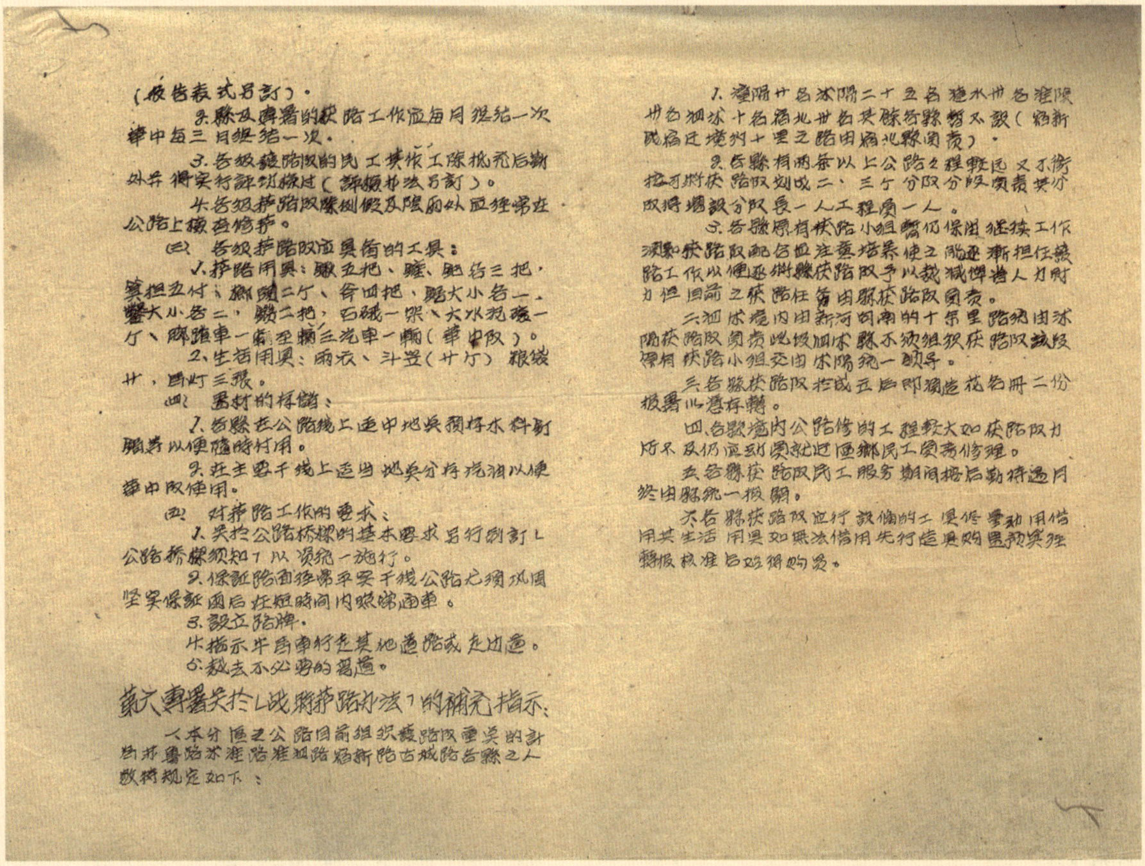

苏皖第六行政区专员公署关于战时护路的通令

全文：

苏皖第六专员公署通令

建字第三七号

中华民国三十八年二月廿七日

令各县政府：

案奉

华中行政办事处建字第八八号训令内开：

"关于护路工作，本处曾制定办法发交各专署执行。在察惟经检查，各处护路组织固未能普遍建立，而护路工程亦多未注意修理。兹为使公路符合标准，要求便利军运起见，对护路办法本处特重作决定。希各专署直属市府切实遵行为要。并附发战时护路办法。"

到署奉此。除分行外，合行印发原办法及本署补充指示各一份，令仰该县遵照办理。限文到五日内组织成立造册，具报勿延为要！

此令！

专　员　章维仁

副专员　陈亚昌

附发："战时护路办法"及"补充指示"各一份

战时护路办法

（一）护路组织及工段划分

1. 沿公路线所在，以县为单位，组织一个护路队。设队长一人专任或由建设付科科长兼任；工程员一人至二人，民工十人至廿人（内至少须有木工四人）。这一队的任务为：负责该县境内公路桥梁养护事宜。如在该县境内有两条以上公路且路程较远而又不相互通联的，得将工段分开，另设分队。负责民工额数亦可按公路路程的远近、修护工程的难易酌予增减。

2. 分区组织一个护路大队。设队长一人，由路政科长兼；副队长一人，工程师一人，工程员两人，民工三十人（内须有木工四人）。这一大队的任务为：检查督修该分区境内主要干线的公路桥梁养护事宜，并在主要干线上选择一适中路段，直接负责修护以资指导县队护路工作的进行。

3. 华中组织一个护路总队。设队长一人，工程师一人至两人，工程员两人至四人，民工二十四人（木工四人），司机二人。这一总队无一定工段，其主要任务为：突击公路干线上紧急的修护工作，并检查督促全华中公路桥梁养护事宜。

4. 各级护路队的民工，其工作即算是后勤工作。服务期间的长短按照后勤的规定，在服务期间其待遇与后勤民工同。

5. 公路上修护工程较大、非各级护路队所能胜任的，应另行动员民工负责修筑。

（二）各种制度

1. 各种护路队每五天应将其修护情况向其工程领导部门报告一次，而各级工程行政部门每旬将公路桥梁的修建情况向其上级报告一次（报告表式另订）。

2. 县及专署的护路工作应每月总结一次，华中每三月总结一次。

3. 各级护路队的民工，其工作除抵充后勤外，并得实行评功检过（评检办法另订）。

4. 各级护路队除例假及阴雨外，应经常在公路上检查修护。

（三）各级护路队应具备的工具

1. 护路用具：锹五把，铲、钯各三把，箕担五付，榔头二个，斧四把，锯大小各一，凿大小各二，钻两把，石硪一架，大水泥硪一个，脚踏车一辆至三辆，汽车一辆（华中队）。

2. 生活用具：雨衣、斗笠（廿个），粮袋廿，马灯三张。

（四）器材的存储

1. 各县在公路线上适中地点预存木料、钉镴等以便随时付用。

2. 在主要干线上适当地点分存汽油以便华中队使用。

（五）对护路工作的要求

1. 关于公路桥梁的基本要求另行制定"公路桥梁须知"，以资统一施行。

2. 保证路面经常平实，干线公路尤须巩固、坚实，保证雨后在短时间内照常通车。

3. 设立路牌。

4. 指示牛马车行走其他道路或走边道。

5. 裁去不必要的弯道。

第六专署关于"战时护路办法"的补充指示

一、本分区之公路，目前组织护路队，重点的计为苏鲁路、沭淮路、淮泗路、宿新路、古城路，各县之人数特规定如下：

1. 潼阳廿名，沭阳二十五名，涟水卅名，淮阴卅名，泗沭十名，宿北卅名，其余各县暂不设（宿新线宿迁境内十里之路由宿北县负责）。

2. 各县有两条以上公路，路程较远又不衔接，可将护路队划成二三个分队分段负责，其分队得增设分队长一人，工程员一人。

3. 各县原有护路小组暂仍保留继续工作，须和护路队配合并注意培养，使之能逐渐担任护路工作，以便逐将县护路队予以剪裁，俾省人力、财力，但目前之护路任务由县护路队负责。

二、泗沭境内由新河向南的十余里路，统由沭阳护路队负责此段，泗沭县不需组织护路队，该段原有护路小组交由沭阳统一领导。

三、各县护路队于成立后即须造花名册二份，报署以凭存转。

四、各县境内公路修的工程较大，如护路队力所不及，仍应动员就近区乡民工负责修理。

五、各县护路队民工服务期间按后勤待遇，月终由县统一报销。

六、各县护路队应行设备的工具，尽量动用借用其生活用具。如无法借用，先行造具购置预算，经转报核准后始得购买。

苏北淮阴行政区专员公署文件

（1）苏北淮阴行政区专员公署关于启用新印信的通令

保管单位： 淮安市档案馆

内容及评价：

    苏北淮阴行政区专员公署关于启用新印信的通令形成于1949年5月23日。1949年4月21日，华中行政办事处撤销，苏北行政公署成立，苏皖第六行政区专员公署划属苏北行政公署。5月23日，苏北淮阴行政区专员公署发出通令（秘字第一号）：根据苏北行政公署训令，原六专署5月25日起改为"苏北淮阴行政区专员公署"，同时启用新印信。该文件为研究淮阴革命老区沿革提供了历史凭证。

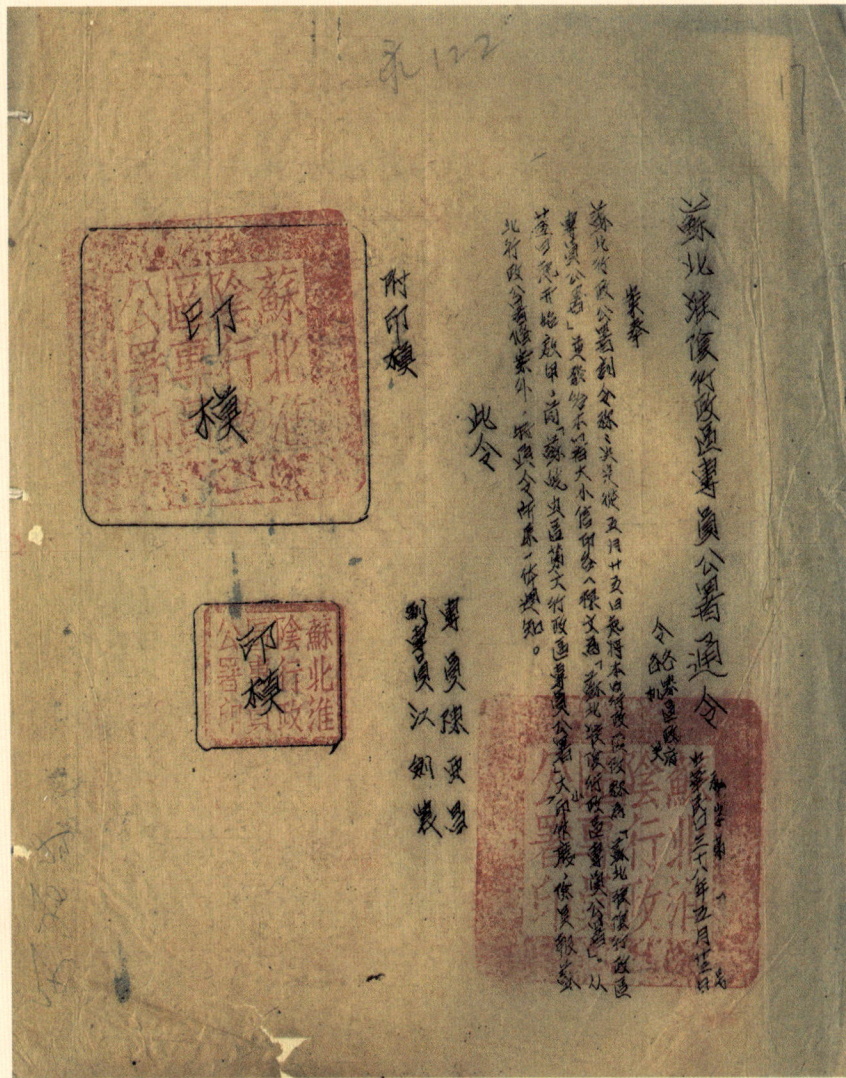

苏北淮阴行政区专员公署关于启用新印信的通令

全文：

苏北淮阴行政区专员公署通令

中华民国三十八年五月廿三日 （公章）

秘字第一号

令各县区政府各机关

案奉

苏北行政公署训令称：决定从五月廿五日起将本行政区改称为"苏北淮阴行政区专员公署"并发给本署大小信印各一枚文为"苏北淮阴行政区专员公署"。从廿五日起开始启用，前"苏皖边区第六行政区专员公署"大小印作废，除呈报苏北行政公署备案外，特通令所属一体周知。

此令。

专　员　陈亚昌

副专员　江剑农

附印模　（大印模略）（小印模略）

（2）苏北淮阴行政区专员公署《关于废除旧六法全书及一切反动法律的指示》

保管单位： 淮安市档案馆

内容及评价：

苏北淮阴行政区专员公署《关于废除旧六法全书及一切反动法律的指示》形成于1949年5月26日。苏北淮阴行政区专员公署成立以后，针对处理司法案件不用旧六法全书就没有法律根据等错误观念，及时发出了关于废除旧六法全书及一切反动法律的指示，明确提出人民政府、人民解放军发布的各种纲领、条例、命令、布告、决议、指示及新民主主义政策，就是人民法律的具体依据。这份文件对于研究淮阴革命老区的司法实践和法规建设，具有重要价值。

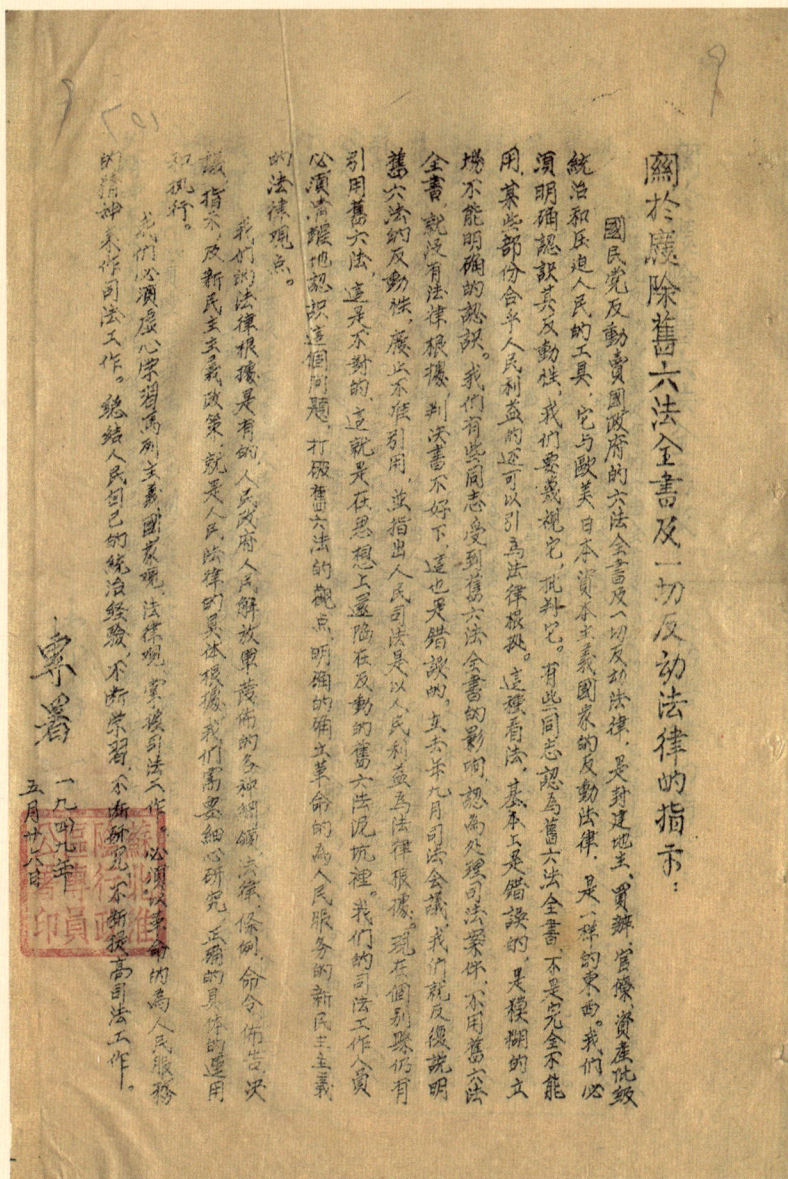

苏北淮阴行政区专员公署《关于废除旧六法全书及一切反动法律的指示》

全文：

关于废除旧六法全书及一切反动法律的指示

国民党反动卖国政府的六法全书及一切反动法律，是封建地主、买办、官僚、资产阶级统治和压迫人民的工具，它与欧美日本资本主义国家的反动法律，是一样的东西。我们必须明确认识其反动性，我们要蔑视它，批判它。有些同志认为旧六法全书不是完全不能用，某些部分合乎人民利益的还可以引为法律根据。这种看法，基本上是错误的，是模糊的立场不能明确的认识。我们有些同志受到旧六法全书的影响，认为处理司法案件，不用旧六法全书，就没有法律根据，判决书不好下，这也是错误的。在去年九月司法会议，我们就反复说明旧六法的反动性，废止不准引用，并指出人民司法是以人民利益为法律根据。现在个别县仍有引用旧六法，这是不对的，这就是在思想上还陷在反动的旧六法泥坑里。我们的司法工作人员必须清醒地认识这个问题，打破旧六法的观点，明确的确立革命的为人民服务的新民主主义的法律观点。

我们的法律根据是有的，人民政府人民解放军发布的各种纲领、法律、条例、命令、布告、决议、指示，及新民主主义政策，就是人民法律的具体根据，我们需要细心研究，正确的具体的运用和执行。

我们必须虚心学习马列主义国家观、法律观，掌握司法工作。必须以革命的为人民服务的精神来作司法工作。总结人民自己的统治经验，不断学习，不断研究，不断提高司法工作。

专　署

一九四九年五月廿六日

中华人民共和国
成立后档案

，不論已領得功臣獎章與否，均發給此立功證明書重新登記（立有小功者則以軍爲單位立冊進行登記）以資襃揚紀念並享受政府與部隊對功臣之一切優待與榮譽。望持有此立功證明書之功臣同志，愼緄保业爲保持光榮與發揚光榮而繼續努力！

此令

司令員　林彪

政治委員　羅榮桓　鄧子恢　譚政

政治部主任　陶鑄

《苏北行政公署关于苏北区各级法院会议与请示报告制度的决定》

保管单位： 淮安市档案馆

内容及评价：

《苏北行政公署关于苏北区各级法院会议与请示报告制度的决定》形成于1949年10月15日。1949年4月21日，苏北行政公署成立，下辖泰州、扬州、盐城、淮阴、南通5个行政区。1950年4月改称江苏省苏北人民行政公署，9月改称苏北人民行政公署。

《苏北行政公署关于苏北区各级法院会议与请示报告制度的决定》，对举行各类会议和请示报告事项的时间、内容等都提出了要求。规定详细具体，可操作性很强。该文件不仅对研究苏北行政公署的领导体制、管理体制以及各级法院的制度建设等具有重要参考价值，而且它所反映的务实、严谨、细致、缜密的施政风格，至今仍有借鉴教育意义。

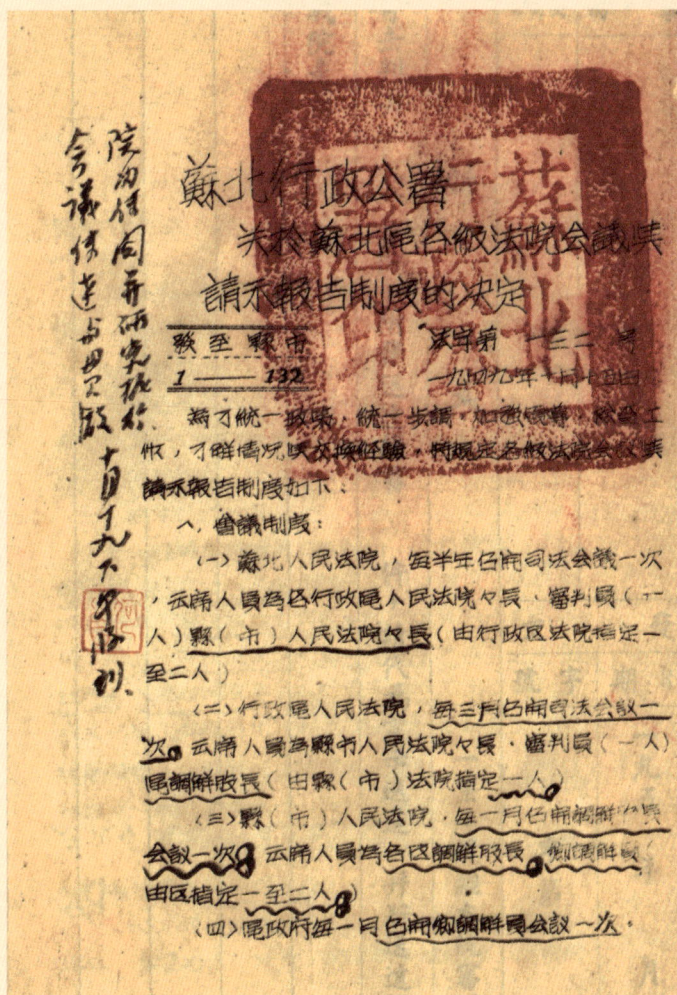

（五）各级司法会议出席人员除以上规定外，本机关内部应行出席人员由召集召集会议之机关，自行决定之。

（六）各级司法或调解会议於必要时，得临时召集之，出席人员，得视会议内容及要求，酌量增减之。但会议应可能按期举行。每次会议所要解决的问题须有中心避免一般化与问题过多应有充分准备

（七）各级司法机关内部会议，自行规定，但必须定期举行，以加强民主生活，发挥组织领导的作用，如院务会议，狱务会议等。

二、请示报告制度：

（一）经常性的业务工作报告，从县起起，每月都要向上级报告一次。县起在每月二日前，区在每月五日前，县在每月十日前，行政区在每月十五日前，将上一月受理的民刑案件旧存，新收已结未结数字，人犯拘捕及案件执行情形，作成书面报告（已题报告）。县起得用并附必要说明，按序转交上级县起报告。月终报告，除案件统计外，并将上月工作概况，特点，及本月工作计划择要报告。

（二）临时发生的重要事件或某一阶段的工作总结，应随时作专题报告。

（三）凡有关政策性、原则性的问题，如条例、办法、重要指示、决定，均须请示核准後，始得实

云。

（四）人民要求解答有关法律上的问题，除已有明文规定者，各级法院得直接答复外，各级法院应负责认真研究意见，连同原件送苏北人民法院研核再为答复云。

（五）报告须力求简明扼要，切忌空洞冗长，并由法院办，并由我院负责人执笔，经行政首长审阅签名盖章，寄交上级政府批交法院研办。

（六）法院接到报告时，应采取负责态度，细心研阅，发现优点，应予表扬，发现缺点，应予纠正，不得束之高阁，视若具文。如有优异成绩或新的创造，应随时按级呈报本署。

主任 贺希明

全文：

苏北行政公署关于苏北区各级法院会议与请示报告制度的决定

法字第 一三二号

发至县市1——132号　　一九四九年十月十五日　　（公章）

为了统一政策，统一步调，加强领导，检查工作，了解情况与交换经验，特规定各级法院会议与请示报告制度如下：

一、会议制度：

（一）苏北人民法院，每半年召开司法会议一次，出席人员为各行政区人民法院院长、审判员（一人）县（市）人民法院院长（由行政区法院指定一至二人）。

（二）行政区人民法院，每三月召开司法会议一次。出席人员为县市人民法院院长、审判员（一人）区调解股长（由县（市）法院指定一人）。

（三）县（市）人民法院，每一月召开调解股长会议一次。出席人员为各区调解股长，乡调解员（由区指定一至二人）。

（四）区政府每一月召开乡调解员会议一次。

（五）各级司法会议出席人员除以上规定外，本机关内部应行出席人员由各该召集会议之机关，自行决定之。

（六）各级司法或调解会议于必要时，得临时召集之，出席人员，得视会议内容及要求，酌量增减之。但会议尽可能按期举行。每次会议要解决的问题须有中心，避免一般化，时间要短，会前应有充分准备。

（七）各级司法机关内部会议，自行规定，但必须定期举行，以加强民主生活，发挥组织领导的作用，如院务会议，狱务会议等。

二、请示报告制度：

（一）经常性的业务工作报告，从乡镇起，每月都要向上级报告一次。乡镇在每月二日前，区在每月五日前，县在每月十日前，行政区在每月十五日前，将上一月受理的民刑案件积存，新收已结未结数字，人犯拘押及案件执行情形，做成书面统计（表式已发）。（乡镇得用口头报告并附必要说明，按期寄交上级）月终报告，除案件统计外，并将上月工作情况、特点及本月工作计划择要报告。

（二）临时发生的重要事件或每一阶段的工作总结，应随时作专题报告。

（三）凡有关政策性、原则性的问题，如条例、办法、重要指示、决定，均需请示核准后，始得发出。

（四）人民请求解答有关法律上的问题，除已有明文规定者，各级法院得直接答复外，各级法院应负责拟具解答意见，连同原件送苏北人民法院审核再为发出。

（五）报告须力求简明扼要，切忌空洞冗长，并由法院负责人执笔，经行政首长审阅签名盖章，寄交上级政府批交法院审查。

（六）法院接到报告时，应采取负责态度，细心审阅，发现优点，应予表扬，发现缺点，应予纠正，不得束之高阁，视为具文，如有优异成绩或新的创造，应随时按级呈报本署。

主任　贺希明

锦州战役第一个带头冲锋入市的
战斗英雄立功证明书

保管单位：淮安市淮阴区档案馆

内容及评价：

　　锦州战役第一个带头冲锋入市的战斗英雄立功证明书形成于1950年。马怀富，中共党员，1944年4月入伍，在原番号新四军三师十旅三十团当兵。1945年5月加入中国共产党，先后参加过抗日战争、解放战争、抗美援朝战争，曾荣立大功两次。1948年辽沈战役中，担任尖刀排排长的马怀富第一个冲进锦州城，为锦州的解放建立了卓越功勋。中国人民解放军中南军区兼第四野战军给他颁发了立功证明书，并对其立功事迹作了褒扬。该立功证明书，为我们进行中共党史、军史和革命斗争史的教育，举办相关展览，提供了重要素材。

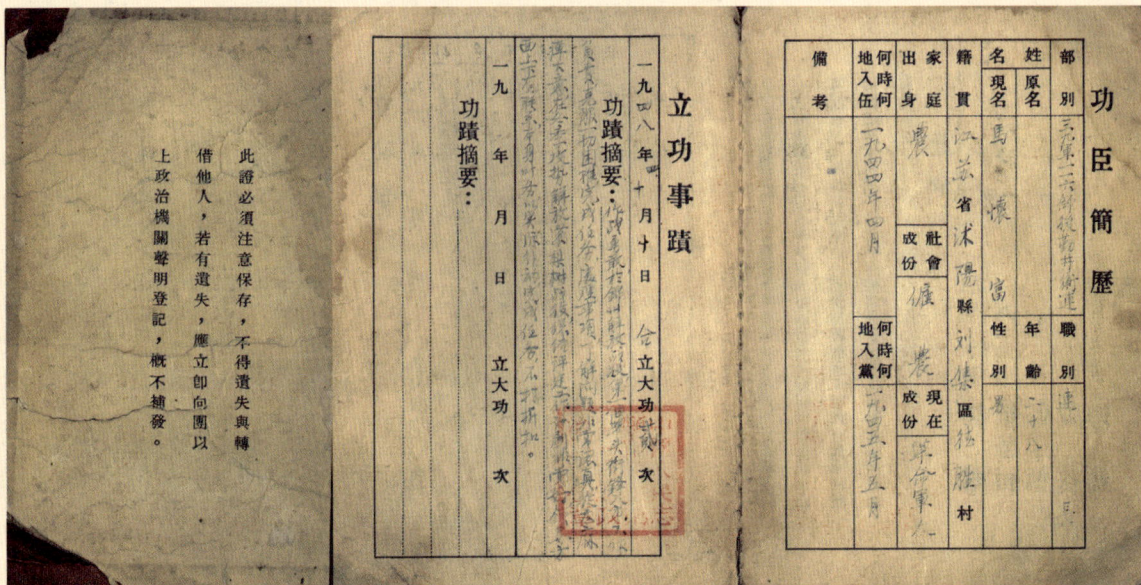

锦州战役第一个带头冲锋入市的战斗英雄立功证明书

全文：

功绩摘要

作战勇敢，于锦州解放战役，第一个带头冲锋入市。工作负责，克服一切困难，完成任务，处理事项，了解问题非常认真，从不麻痹大意，在冬季攻势解放紫梨树战役，总结评定工作计划非常好，领导方面上下有联系，本身业务，以实际行动完成任务，不打折扣。

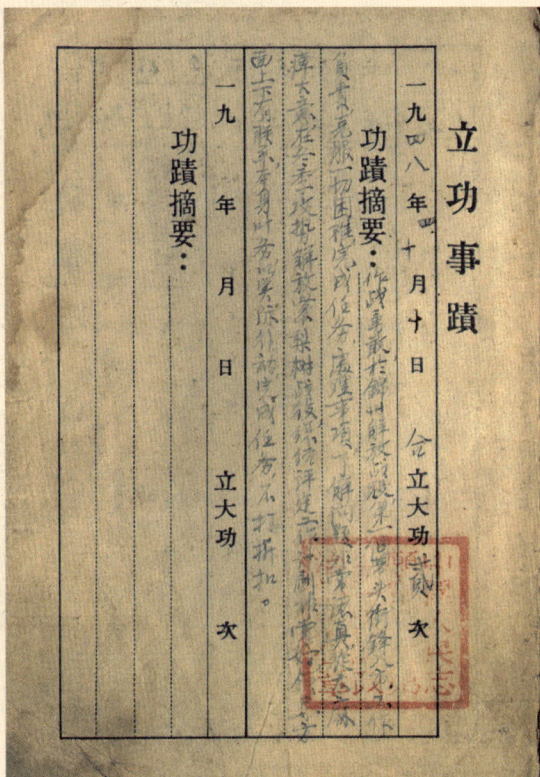

立功事迹

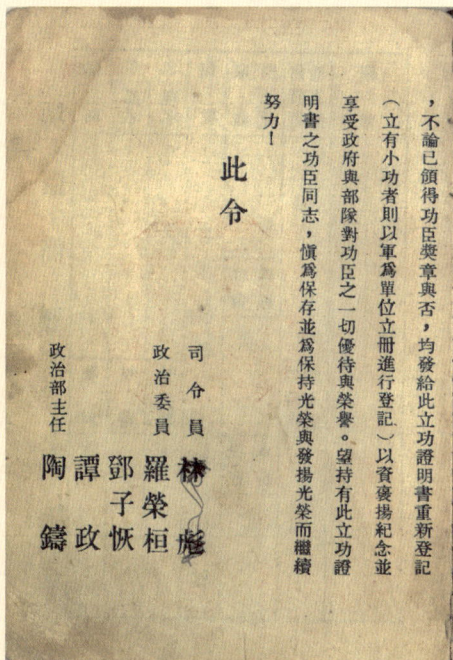

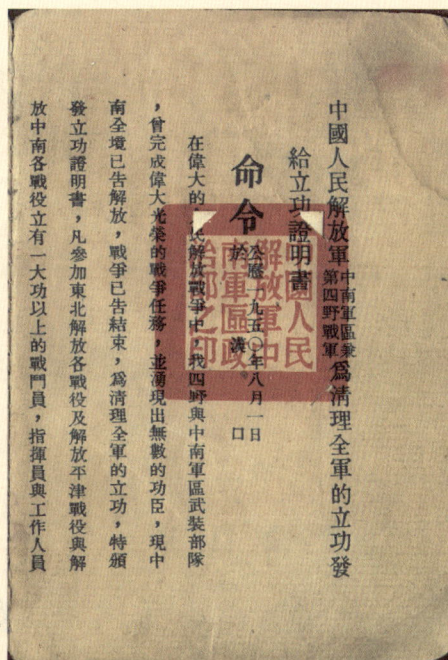

全文：

中国人民解放军中南军区兼第四野战军为清理全军的立功发给立功证明书

（中国人民解放军中南军区政治部之印）

命 令

公历一九五〇年八月一日

于 汉 口

在伟大的人民解放战争中，我四野与中南军区武装部队，曾完成伟大光荣的战争任务，并涌现出无数的功臣，现中南全境已告解放，战争已告结束，为清理全军的立功，特颁发立功证明书，凡参加东北解放各战役及解放平津战役与解放中南各战役立有一大功以上的战斗员，指挥员与工作人员，不论已领得功臣奖章与否，均发给此立功证明书重新登记（立有小功者则以军为单位立册进行登记）以资褒扬纪念并享受政府与部队对功臣之一切优待与荣誉。望持有此立功证明书之功臣同志，慎为保存并为保持光荣与发扬光荣而继续努力！

此令。

司 令 员　林　彪

政治委员　罗荣桓

邓子恢

谭　政

政治部主任　陶　铸

刘少奇给中共盱眙县委的信和
题写的《盱眙日报》报头

保管单位： 盱眙县档案馆

内容及评价：

刘少奇给中共盱眙县委的信和题写的《盱眙日报》报头形成于1956年7月5日。1956年6月，中共盱眙县委决定创办《盱眙日报》，函请抗日战争时期曾任中共中央中原局书记并到盱眙指导过工作的刘少奇题写报头。7月5日，刘少奇认真题写了9条《盱眙日报》报头，同时诚恳地就所写报头给盱眙县委写了一封亲笔信函。刘少奇给县级报刊题写的报头和给县委的亲笔信函难得一见，十分珍贵。

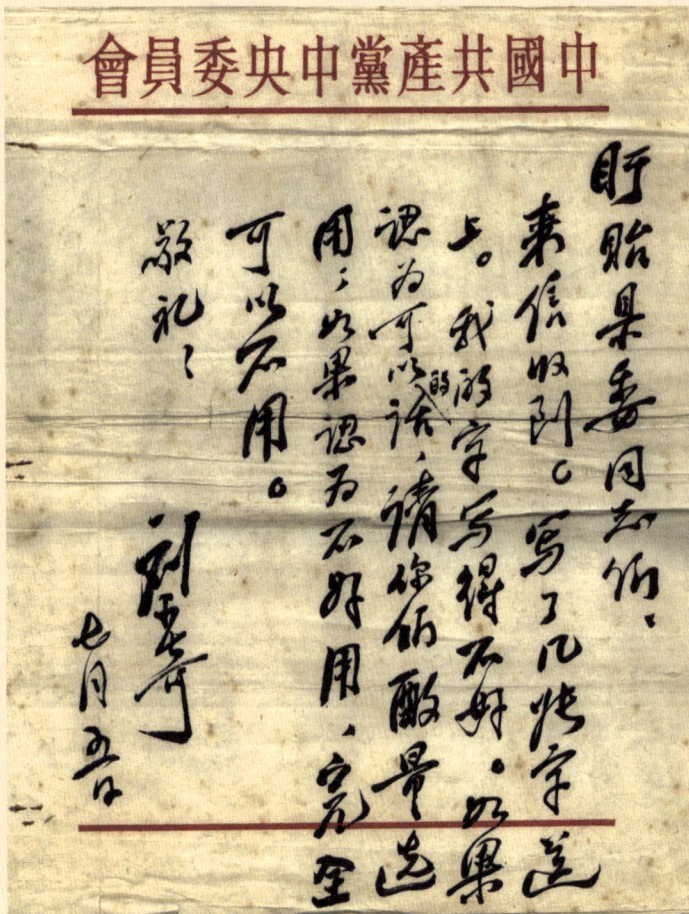

刘少奇给中共盱眙县委的亲笔信

全文：

盱眙县委同志们：

　　来信收到。写了几张字送上。我的字写得不好。如果认为可以的话，请你们酌量选用；如果认为不好用，完全可以不用。

　　敬礼！

刘少奇

七月五日

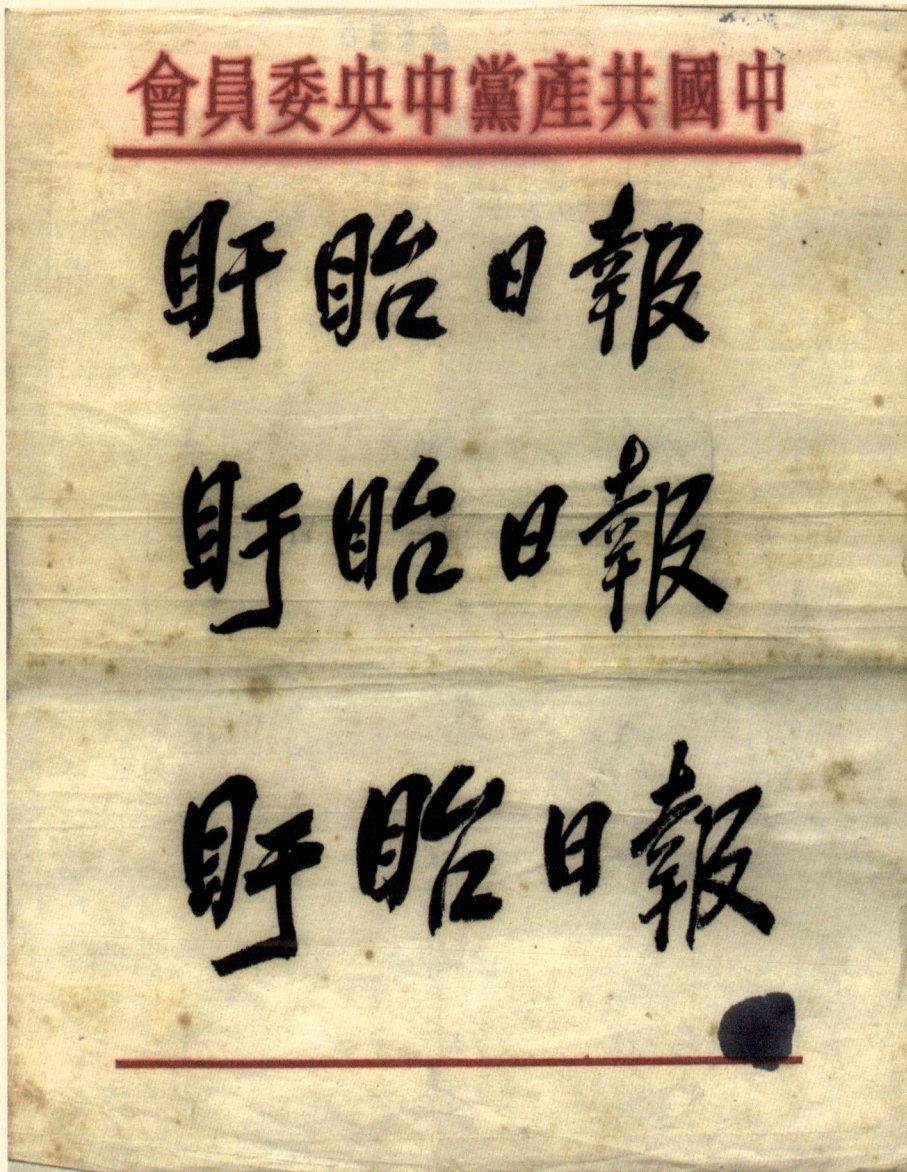

刘少奇为《盱眙日报》题写的报头

周恩来给淮安县人民委员会的信

保管单位：淮安市淮安区档案馆

内容及评价：

周恩来给淮安县人民委员会的信形成于1956年10月。周恩来少年时期，在生母和嗣母去世后受到八婶母抚育，共同度过一段艰苦岁月。1956年10月在八婶母病重期间，周恩来致信淮安县人委（工作人员代笔，本人审阅加盖私章），对关心照顾八婶母表示感谢，要求实事求是地进行治疗，简朴办理后事，并寄去医药和丧葬费用。此信反映了周恩来对八婶母的亲情，以及严于律己、公私分明、清正廉洁、不搞特权的高尚品质和人格魅力，体现了中华民族的传统美德和共产党员的先进性。

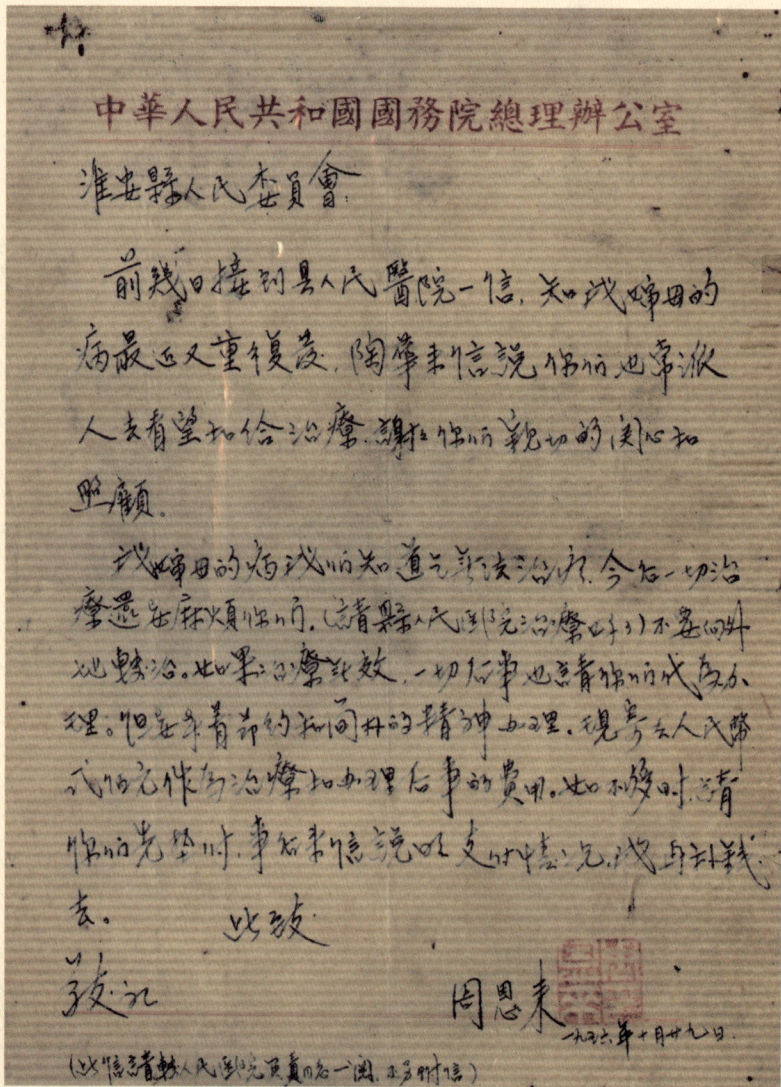

周恩来给淮安县人民委员会的信

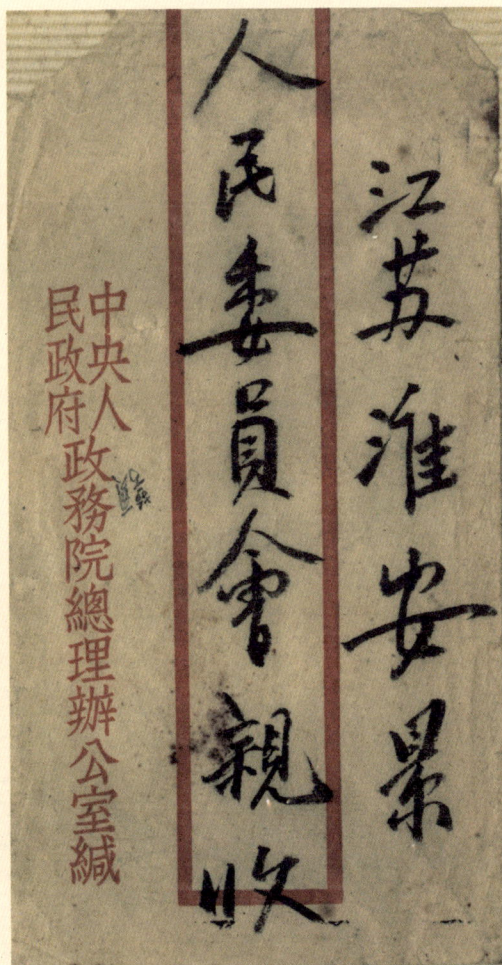

全文：

淮安县人民委员会：

前几日接到县人民医院一信，知我婶母的病最近又重复发，陶华来信说你们也常派人去看望和给治疗。谢谢你们亲切的关心和照顾。

我婶母的病我们知道是无法治疗。今后一切治疗还要麻烦你们。（请县人民医院治疗好了）不要向外地转治。如果治疗无效，一切后事也请你们代为办理。但要本着节约和简朴的精神办理。现寄去人民币二百元作为治疗和办理后事的费用。如不够时，请你们先垫付，事后来信说明支付情况，我再补钱去。

此致

敬礼！

周恩来（私章）

一九五六年十月廿九日

（此信请转人民医院负责同志一阅，不另附信）

邓颖超给淮安县人民委员会的信

保管单位： 淮安市淮安区档案馆

内容及评价：

邓颖超给淮安县人民委员会的信形成于1956年12月24日。1956年底周恩来婶母亡故，周恩来和夫人邓颖超因工作繁忙，未能回家乡淮安办理丧事。邓颖超专门致信淮安县人民委员会，对承办婶母的后事表示感谢，并说明"前寄费用，如有不足，请告知，当由我们寄还。"字里行间短短片语，充分体现了周恩来和邓颖超清正廉洁的高尚品德。

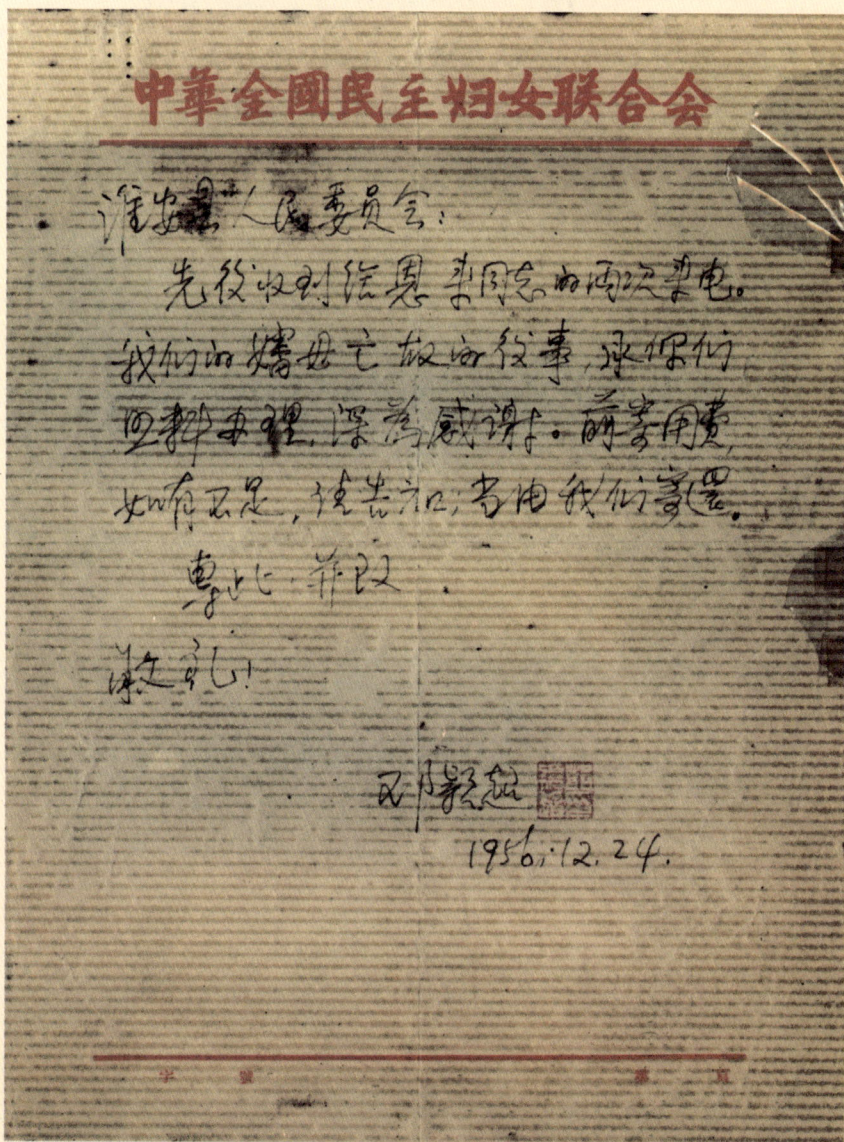

邓颖超给淮安县人民委员会的信

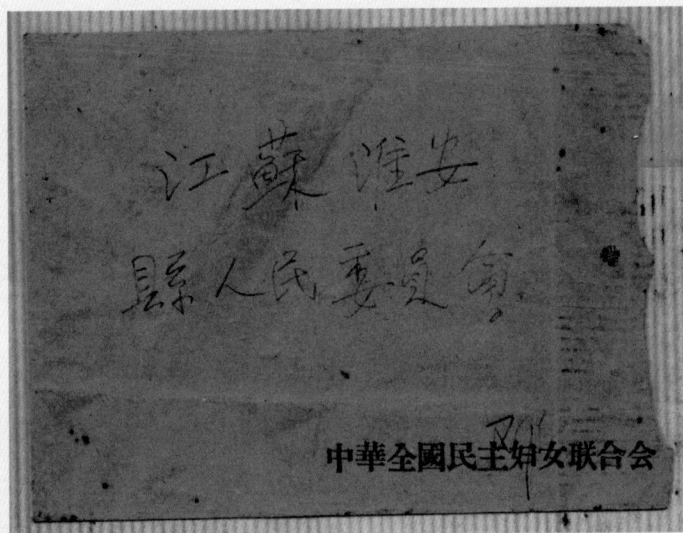

全文：

淮安县人民委员会：

　　先后收到给恩来同志的两次来电。我们的婶母亡故的后事，承你们照料办理，深为感谢。前寄用费如有不足，请告知，当由我们寄还。

　　专此。并致

敬礼！

邓颖超（私章）

1956.12.24

周恩来题写的《淮安日报》报头和 给淮安县负责人的题词

保管单位：淮安市淮安区档案馆

内容及评价：

周恩来题写的《淮安日报》报头和给淮安县负责人的题词形成于1958年7月。1958年6月29日，周恩来亲笔致函淮安县副县长王汝祥并转淮安县委，对县人委准备修理他家房屋感到"万分不安"，并附寄屋漏修缮费50元，表示把房屋"交给公家"，要求"万不要再拿这所房屋作为纪念，引人参观"。（此信原件已交中央档案馆）

同年7月，王汝祥专程赴京向总理汇报，并请总理题词。周恩来两次接见王汝祥，先于23日听取关于家乡老屋处理情况汇报；4天后把应邀题写的6条《淮安日报》报头交给王汝祥，又在王的笔记本上题词："鼓足干劲，力争上游，多快好省地建设社会主义！"周恩来题写的报头和题词体现了对家乡人民的深厚感情和对家乡工作的支持，具有重要的纪念意义和教育作用。

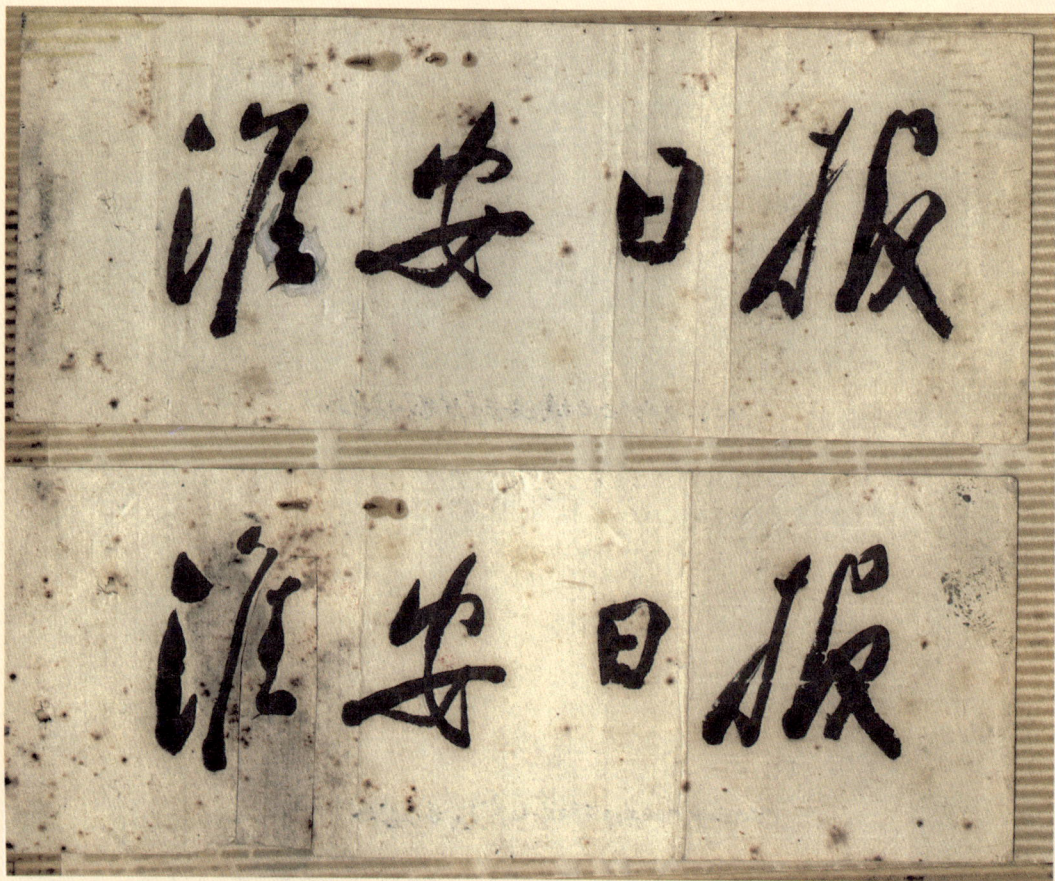

周恩来题写的《淮安日报》报头

周恩来在王汝祥笔记本上的题词

邓颖超给侄儿周尔辉、侄媳孙桂云并转淮安县委领导同志的信

保管单位：淮安市淮安区档案馆

内容及评价：

邓颖超给侄儿周尔辉、侄媳孙桂云并转淮安县委领导同志的信形成于1976年11月25日，是邓颖超就整修周恩来故居事宜用铅笔书写的亲笔信函。信中情真意切地提出："遵循周恩来同志生前一贯的主张"，"立即停止修建之事"。该信函体现了周恩来、邓颖超严格遵守党内生活准则，廉洁奉公，光明磊落的高风亮节和高尚情操，是进行党性教育的生动教材。

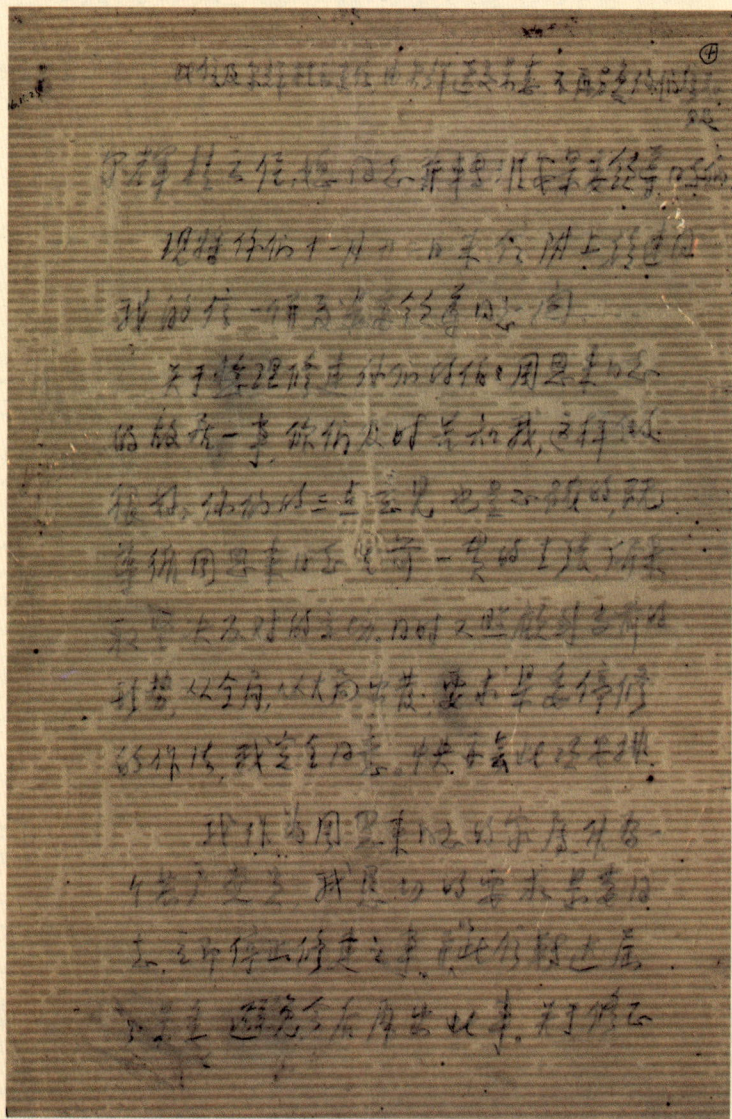

邓颖超给侄儿周尔辉、侄媳孙桂云并转淮安县委领导同志的信

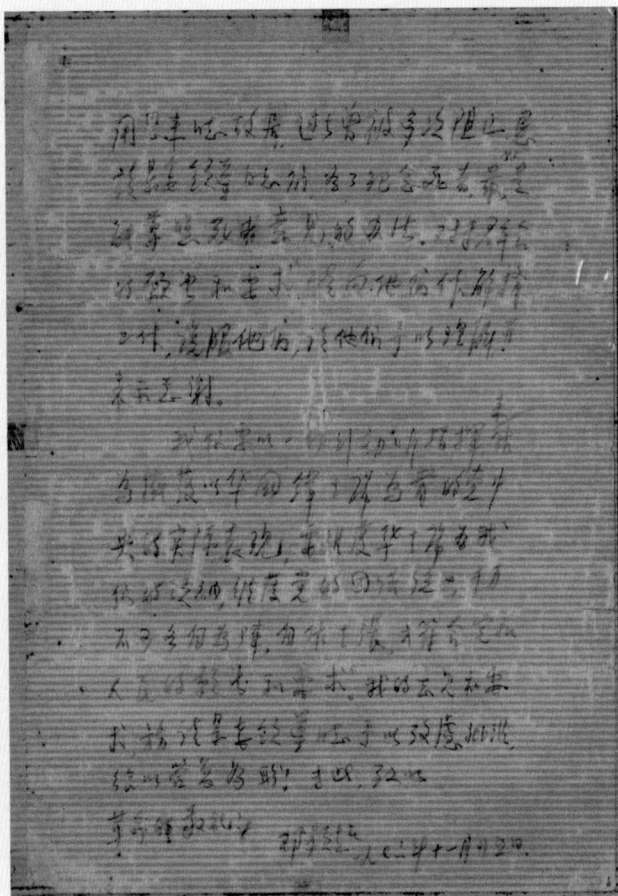

全文：

尔辉桂云侄、媳同志并转淮安县委领导同志们：

现将你们十一月廿二日来信附上，请速同我的信一并交县委领导同志阅。关于整理修建你们的伯伯周恩来同志的故居一事，你们及时告知我，这样做很好；你们的三点意见，也是正确的，既遵循周恩来同志生前一贯的主张，所采取坚决反对的立场。同时又照顾到当前的形势，从全局、从大局出发，要求县委停修的作法，我完全同意。中央亦会此项安排。

我作为周恩来同志的家属，作为一个共产党员，我恳切的要求县委同志，立即停止修建之事。并以此信转达届届县委，避免今后再出此事。关于修整周恩来同志故居，过去曾被多次阻止，恳请县委领导同志们，为了纪念死者，最好是能遵照死者意见的办法。对于群众的愿望和要求，请向他们作解释工作，说服他们，请他们予以理解，并表示感谢。

我们要以一切行动听指挥，来作为拥护以华国锋主席为首的党中央的实际表现，要维护华主席为我们的领袖，维护党的团结统一，千万不可各自为阵，自作主张，才符合党和人民的愿望和要求。我的意见和要求，务请县委领导同志予以考虑批准，给以答复为盼！专此，致以革命的敬礼！

邓颖超

一九七六年十一月廿五日

此信及尔辉桂云来信，由尔辉送交县委，不再另复你们信了。又及。

吴承恩故居及墓地修复档案

保管单位： 淮安市城建档案馆

内容及评价：

吴承恩故居及墓地修复档案形成于1980年4月至1982年11月。明代杰出小说家、四大名著之一《西游记》作者吴承恩的故居及墓地修复工程档案，内容包括1980年淮安县（今淮安市淮安区）人民政府调查吴承恩故居、1982年进行修建的文件材料、图纸等。该档案对于研究吴承恩及《西游记》的创作具有较重要的参考价值。

需要说明的是，吴承恩故居原屋毁于抗日战争时期。吴承恩墓地（包括吴承恩父亲吴菊翁墓和吴承恩墓）于1974年底被盗挖。1982年为纪念吴承恩逝世四百周年，迎接全国首次《西游记》学术讨论会的召开，淮安县（今淮安市淮安区）人民政府在吴宅旧址复建了吴承恩故居。 吴承恩故居及墓地现为江苏省文物保护单位。

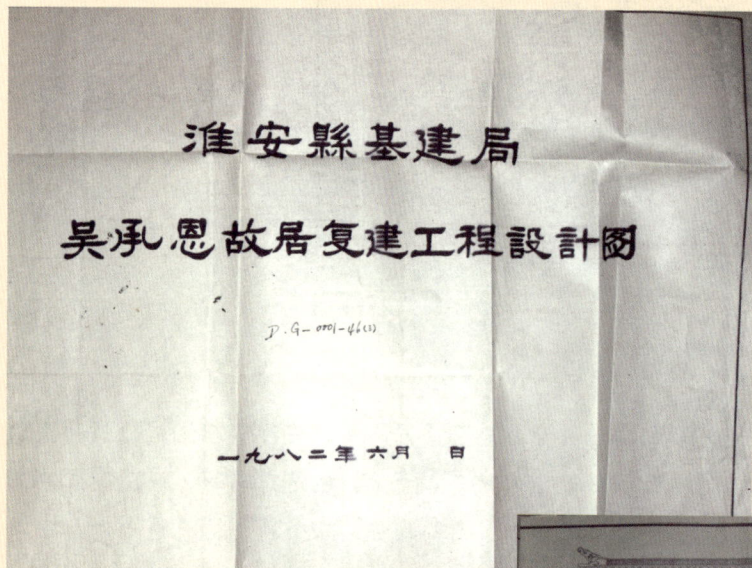

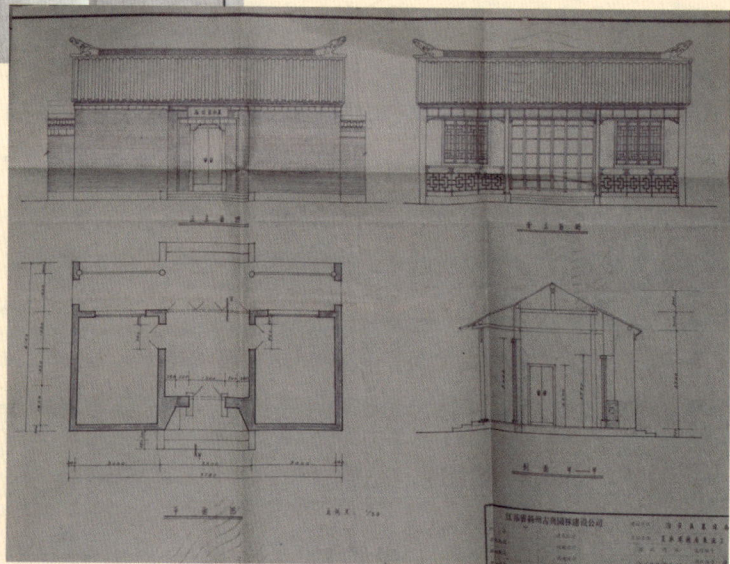

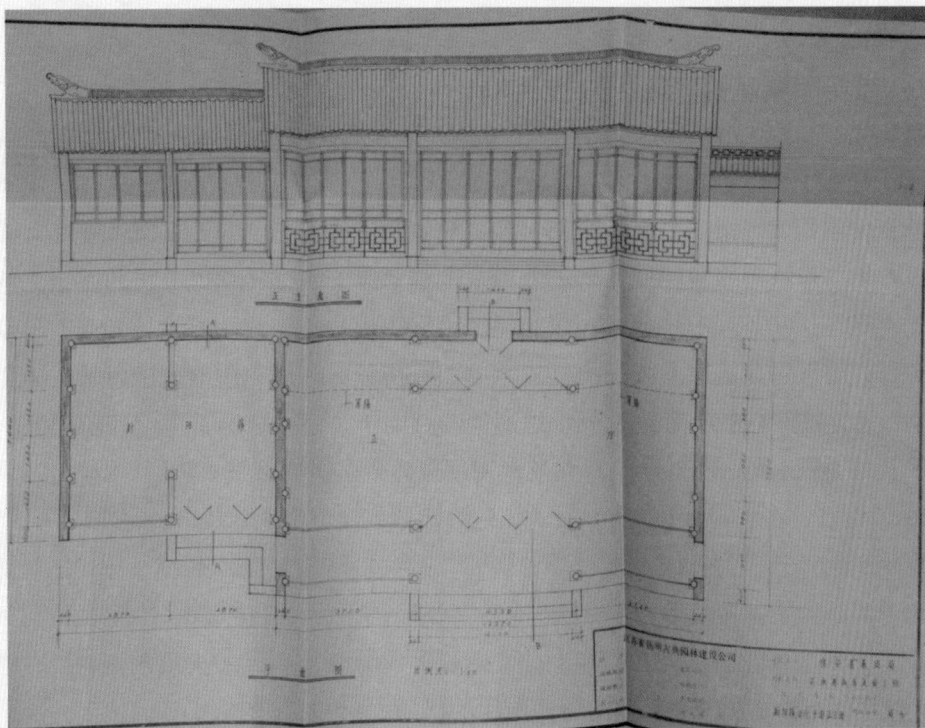

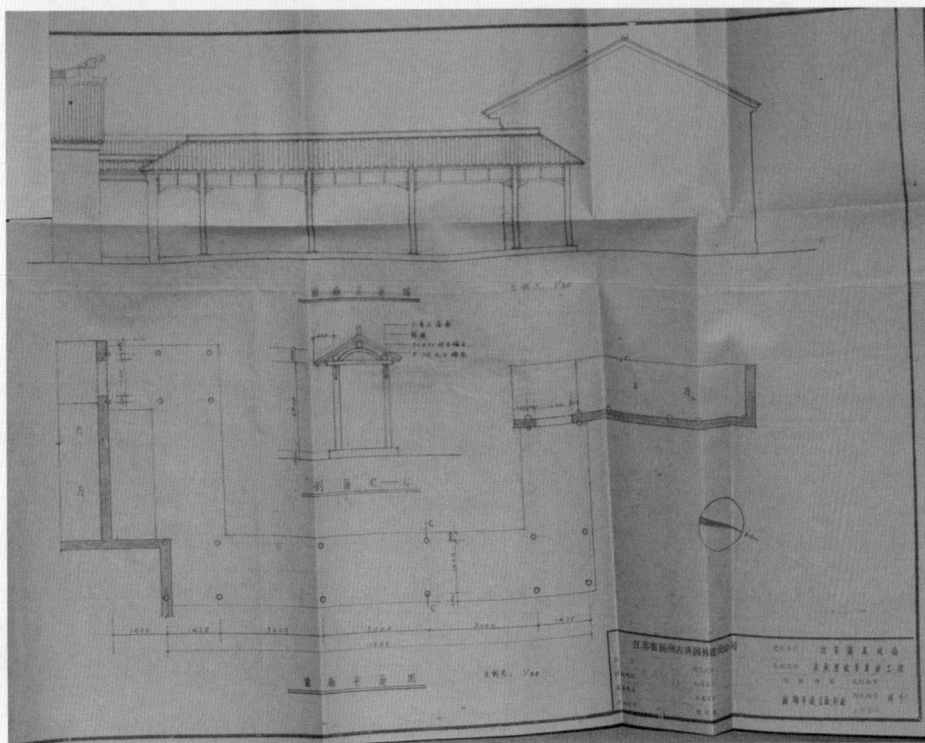

吴承恩故居及墓地修复档案

周恩来纪念地修建档案

保管单位：淮安市城建档案馆

内容及评价：

周恩来1898年出生于淮安府山阳县（今淮安市淮安区），在淮安度过了童年的12个春秋。

周恩来纪念地修建档案形成于1976年至1998年，包括1976至1978年形成的周恩来童年读书处修复档案，1984年形成的周恩来故居修复档案，1993年形成的周恩来纪念馆档案及1998年形成的周恩来遗物陈列馆（西花厅）档案，共60卷。上述档案不仅记录了淮安人民长期以来为纪念周恩来、弘扬周恩来精神而作出的各种努力，而且对于研究一代伟人周恩来的成长历程、光辉思想、崇高品质、道德风范、人格魅力及其对中国和世界的影响都具有重要价值。

周恩来故居，是周恩来诞生和幼年生活过的地方，现为全国文物保护单位。

周恩来童年读书处（又称周恩来童年旧居），现为江苏省文物保护单位。

周恩来纪念馆，由建筑大师齐康主持设计，1992年1月6日落成开放，是一座比较系统而完整地展示周恩来光辉一生的综合性纪念馆。

周恩来遗物陈列馆（西花厅），1998年3月5日落成并对外开放。其中上层的四合院"西花厅"，是按周恩来曾经工作生活25年之久的北京中南海西花厅的格局等比例设计建造。

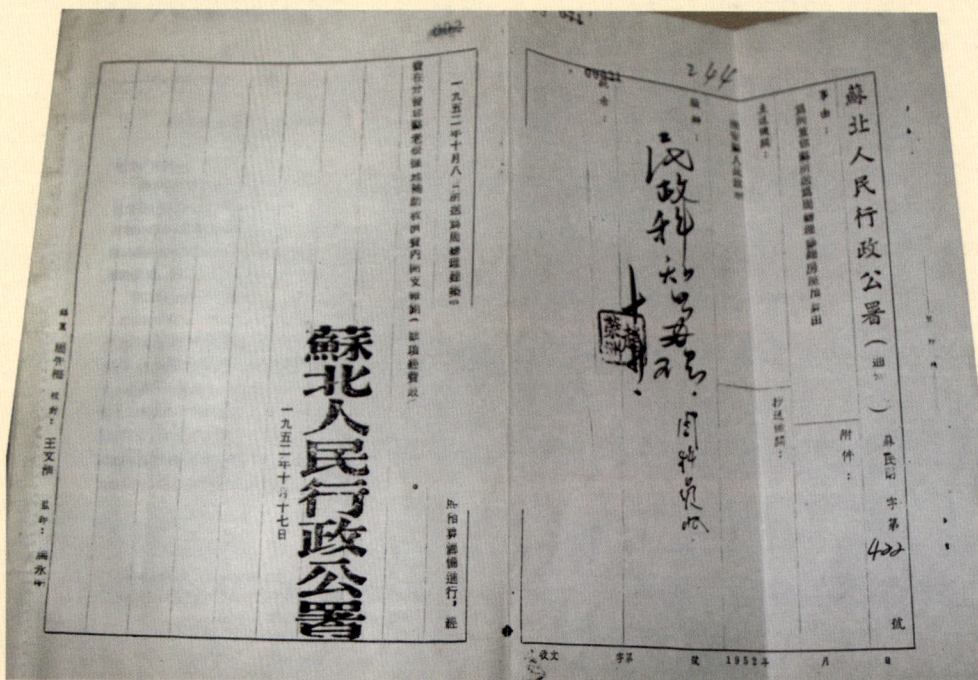

淮安县委和苏北人民行政公署关于修建周恩来故居的报告及经费预算的批复

中共淮安县委文件

淮发〔76〕107号

★

关于修建周恩来总理故居的报告

省委、地委:

淮安是中国人民伟大的无产阶级革命家、杰出的共产主义战士周恩来总理的诞生地。淮安人民一直以此引为自豪。周总理坚定不移地贯彻执行毛主席的革命路线。为党为人民立下了不可磨灭的功勋。他的崇高品质和革命精神,理所当然地受到了全党全军全国人民的衷心敬佩和爱戴;淮安人民敬爱周总理的心情尤为深切。

周总理一贯保持谦逊精神,生前曾反复指示我们,不准修建和带人参观他的故居。多年来,这些房屋已有不同程度的损坏。其中部分房屋严重失修,即将倒塌。对此,县内外干部、群众对县委批评建议很多,县委也深感不安,但是周总理和邓颖超同志先后多次指示,我们又不得不认真执行。我们的心情一直是很矛盾的。最近,英明领袖华主席秉承毛主席的遗志,一举粉碎了"四人帮",为党锄了奸,为国除了害,为民平了愤。广大干群愤怒揭发了"四人帮"陷害、贬低和攻击周总理的罪恶行径,对于周总理更加崇敬,更加热爱,对于修建和开放周总理故居的要求更为强烈。县内县外,城市农村,军队地

·1·

一九七六年十二月十八日

中共清江市委文件

清发(1978)第185号

★

关于"周恩来同志童年居住、读书旧址"修复的请示报告

中共淮阴地委:

敬爱的周总理童年在淮阴(现清江市)居住、读书的情况,我们在省、地委的关怀和领导下,经过广泛发动群众,全面调查了解,现已核实清楚。周恩来同志6至9岁(1904年—1907年)居住、读书旧址,位于我市河北路驸马巷工机制厂和面粉厂院内。周总理童年居住的驸马巷第十四间瓦房尚在,基本保持原貌,但多年失修,另外,在外祖父万家和"蒸家花园"居住和读书的房屋已被拆掉(后附周总理童年在淮阴居住、读书旧址平面图)。在这里,中央关于宣扬和加强革命传统教育的示和"假恶县在江苏革命大批判集办公室邬生才同志的建议。市委于10月23日讨论决定恢复周总理童年在清江居住、读书旧址,命名定为"周恩来同志童年居住、读书旧址"。并满足首先修复驸马巷的十四间瓦房于(设计预算20万元),力争明年1月份修好。关于周总理在外祖父万家和蒸家花园两处亲关居住、读书房屋和语教场地,拟作为第二期工程进行修复,以三处构成为一体,基本恢复原貌,供人民群众瞻仰。

以上报告,当否,请批示。

—1—

抄报:江苏省委

抄送:省、地委宣传部

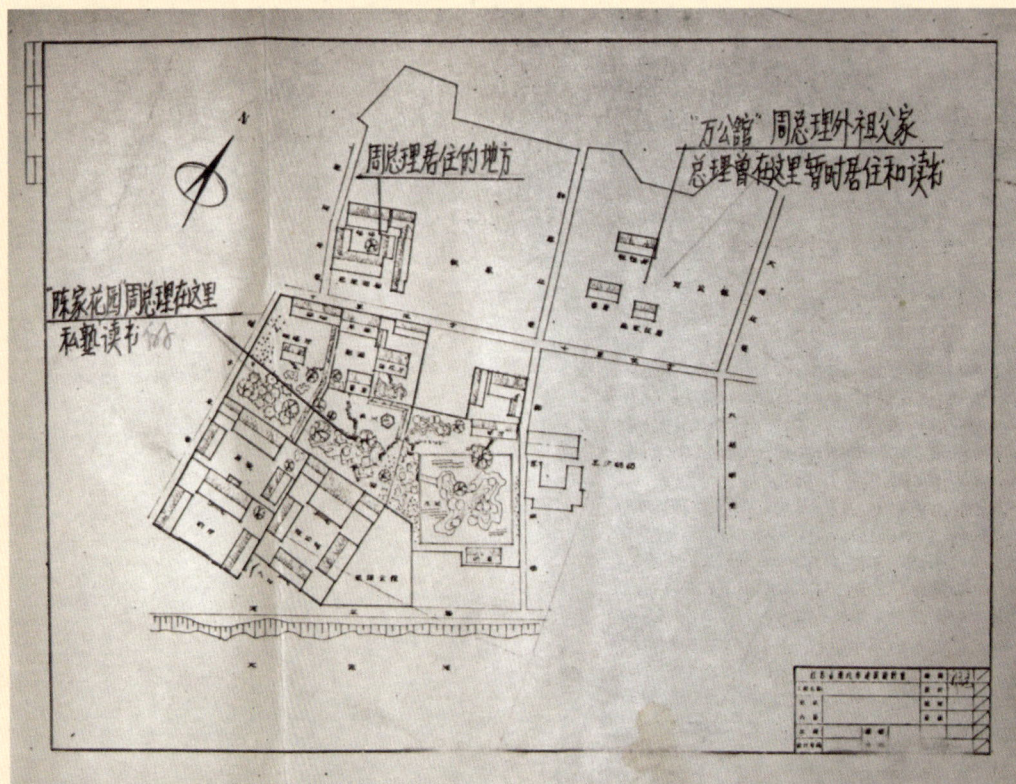

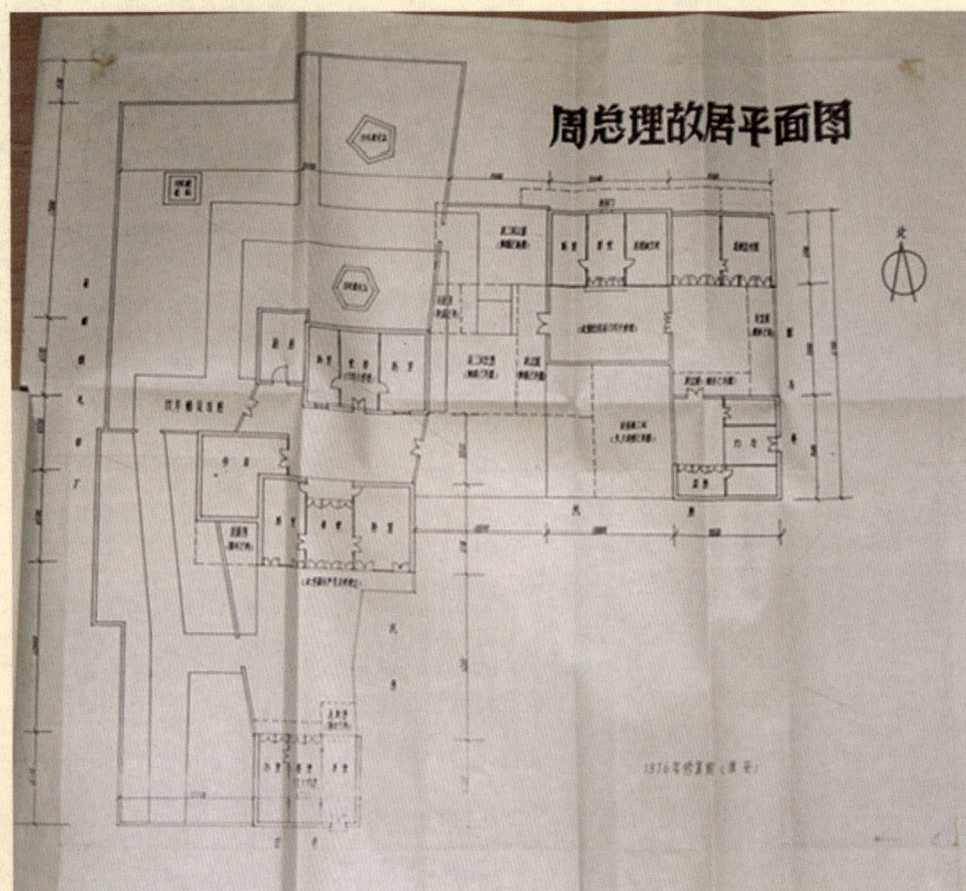

周恩来故居修复档案

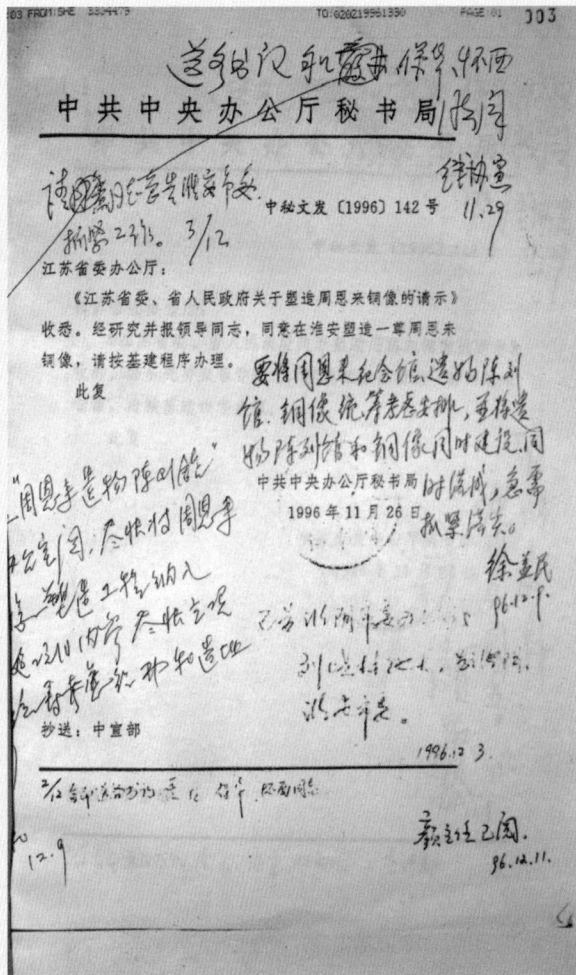

周恩来遗物陈列馆建设档案

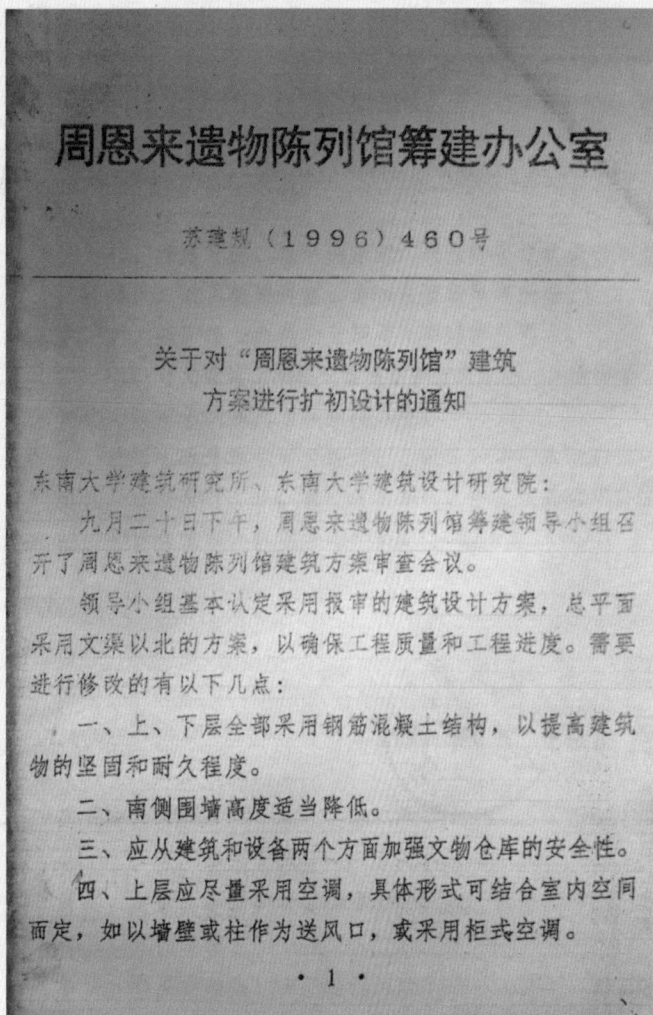

周恩来遗物陈列馆筹建办公室

苏建规（1996）460号

关于对"周恩来遗物陈列馆"建筑
方案进行扩初设计的通知

东南大学建筑研究所、东南大学建筑设计研究院：

九月二十日下午，周恩来遗物陈列馆筹建领导小组召开了周恩来遗物陈列馆建筑方案审查会议。

领导小组基本认定采用报审的建筑设计方案，总平面采用文渠以北的方案，以确保工程质量和工程进度。需要进行修改的有以下几点：

一、上、下层全部采用钢筋混凝土结构，以提高建筑物的坚固和耐久程度。

二、南侧围墙高度适当降低。

三、应从建筑和设备两个方面加强文物仓库的安全性。

四、上层应尽量采用空调，具体形式可结合室内空间而定，如以墙壁或柱作为送风口，或采用柜式空调。

· 1 ·

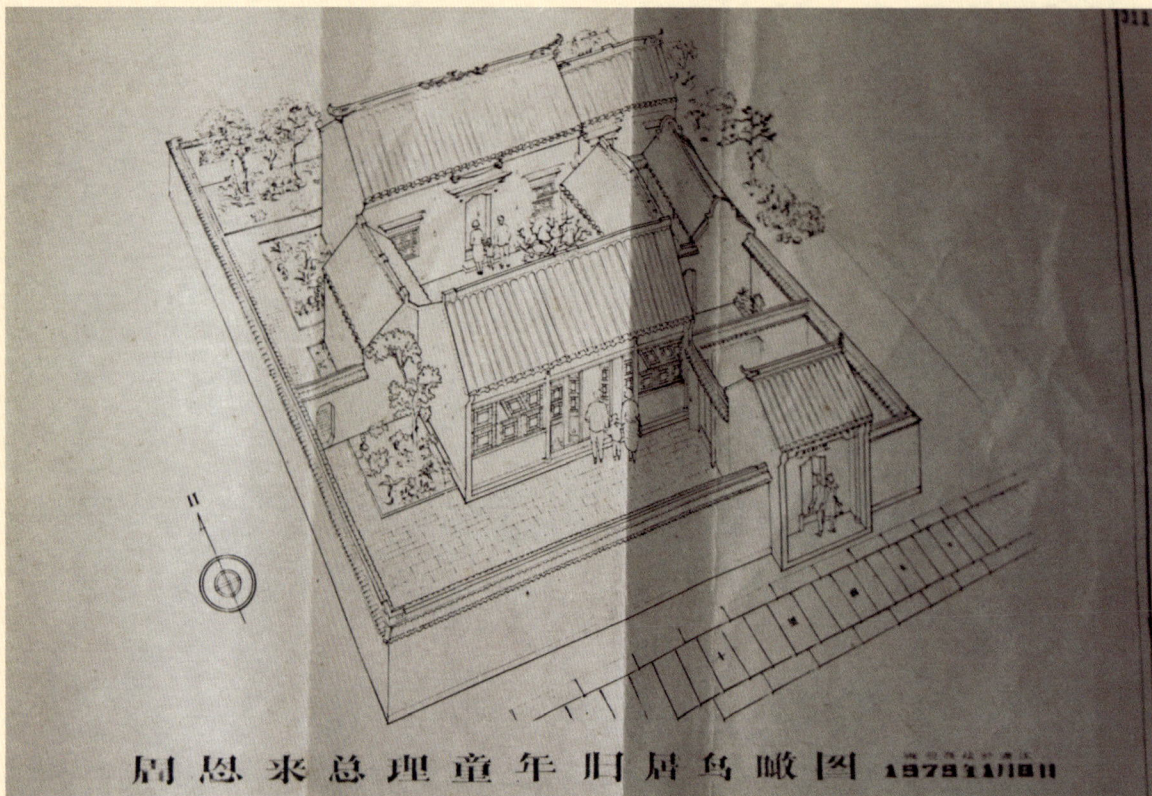

周恩来童年读书处修复档案

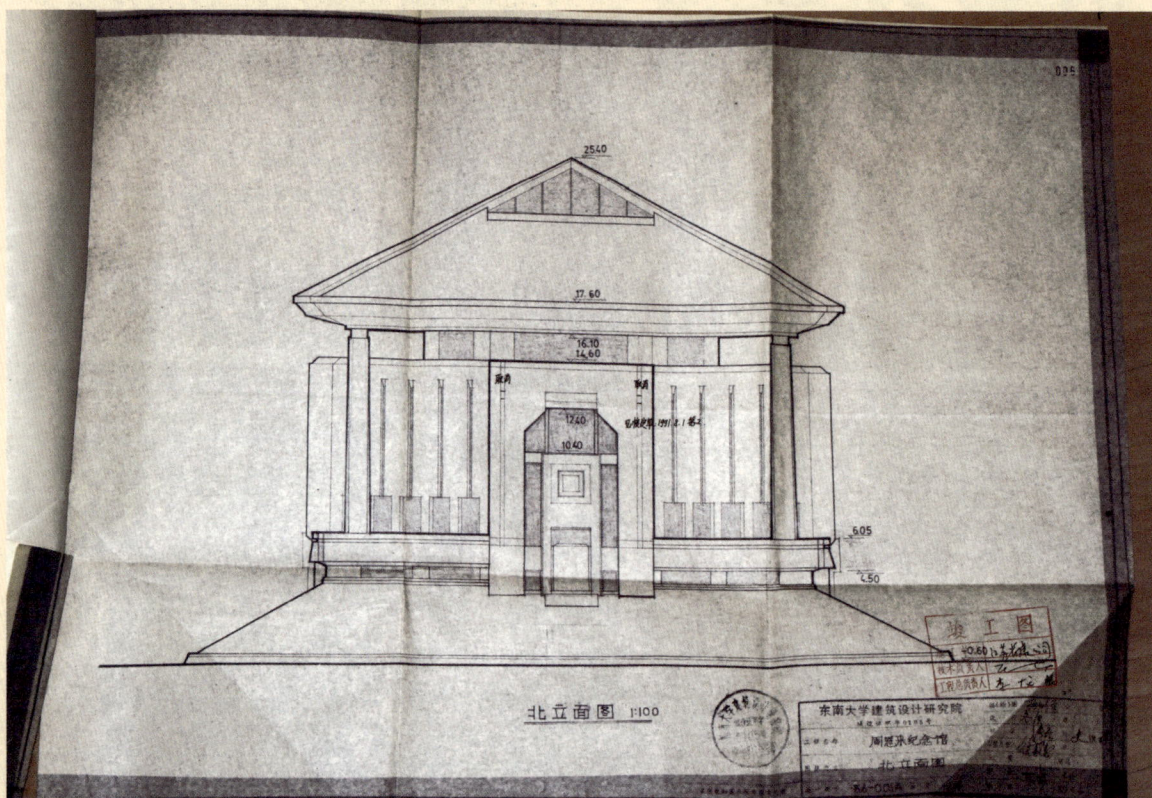

周恩来纪念馆建设档案

胡耀邦瞻仰周恩来故居题词"全党楷模"

保管单位： 淮安市周恩来纪念地管理局

内容及评价：

胡耀邦瞻仰周恩来故居题词"全党楷模"形成于1984年10月29日。1984年底，中共中央总书记胡耀邦在江苏各地视察。10月29日下午，中共中央总书记胡耀邦、中共中央办公厅主任王兆国、中央组织部副部长尉健行、司法部副部长郑希文、石油部副部长李敬、新华社社长穆青、《人民日报》农村部副主任姚立文等一行十多人，在中共江苏省委书记韩培信、淮阴市市长徐燕等省和地方领导同志陪同下，参观周恩来故居。胡耀邦参观故居结束回到淮安宾馆住地，应淮阴市领导同志所邀，为参观周总理故居签名留念。总书记沉思良久，在留言簿上挥笔写下"全党楷模"四个大字。"全党楷模"，不仅是对周恩来评价的高度概括，表达了胡耀邦对周总理的无限崇敬和深切缅怀之情，也是对全党发出的号召，希望全党同志向周恩来学习，忠于党、忠于祖国、忠于人民，全心全意为人民服务，像周恩来同志那样，永远把党和人民的利益放在第一位，鞠躬尽瘁，死而后已。

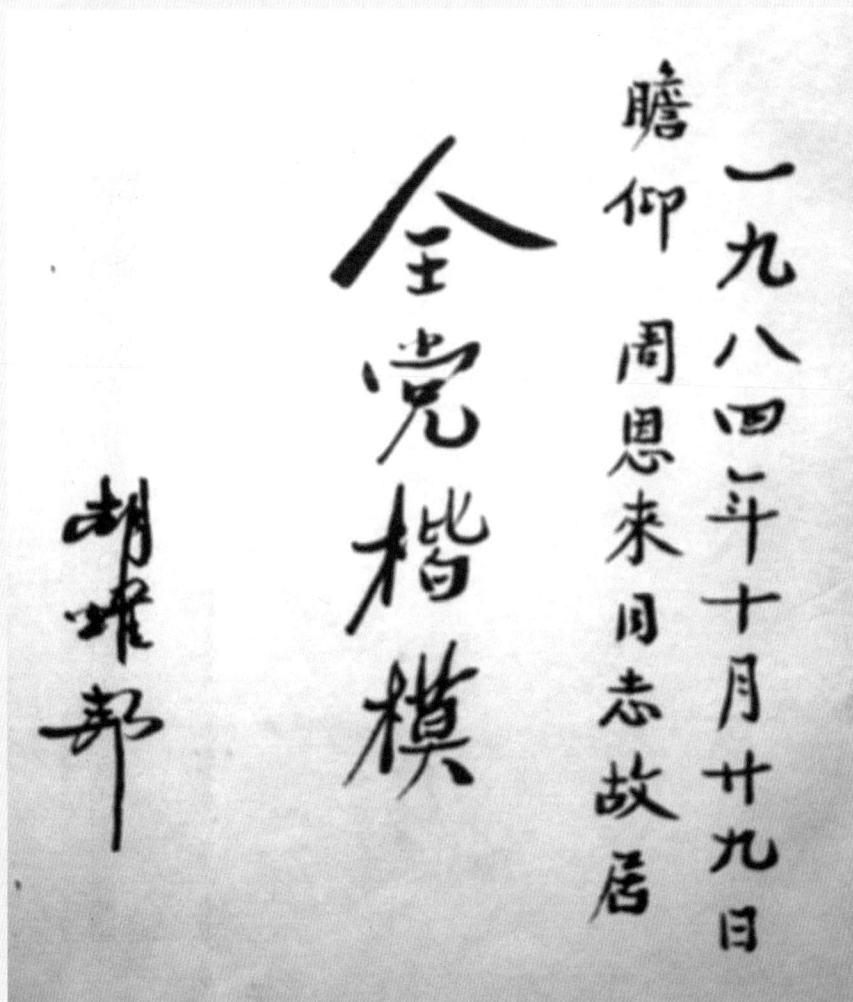

胡耀邦题词"全党楷模"

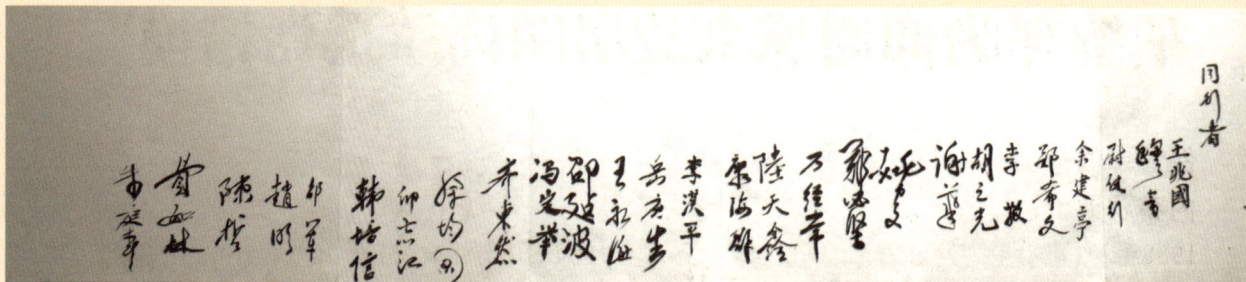

同行者签名

全文：

一九八四年十月廿九日瞻仰周恩来同志故居

全党楷模

胡耀邦

同行者

王兆国	穆 青	尉健行	余建亭	郑希文	李 敬	胡之光	谢 华	姚立文
郑必坚	万经常	陆天鑫	康海群	李汉平	岳庆生	王永海	邵建波	冯定举
齐东然	□均国	□志江	韩培信	邵 军	赵 明	陈 哲	费如林	朱庭春

注：部分同行者身份介绍

王兆国（时任中共中央办公厅主任）

穆 青（时任新华通讯社社长）

尉健行（时任中央组织部副部长）

余建亭（时任中央整党工作指导委员会办公室副主任）

郑希文（时任司法部副部长）

李 敬（时任石油部副部长）

胡之光（时任公安部党组成员、政治部主任）

谢 华（时任中央书记处农村政策研究室副主任）

姚立文（时任《人民日报》农村工作部副部长）

韩培信（时任中共江苏省委书记）

邓小平为周恩来纪念馆题写的馆名

保管单位： 淮安市档案馆

内容及评价：

1988年2月邓小平为周恩来纪念馆题写馆名。周恩来纪念馆，位于江苏省淮安市淮安区北门外桃花垠，1988年3月5日奠基，1992年1月16日落成。同年，中共淮阴市委办公室将邓小平题写馆名的手迹移交给淮阴市档案馆保存。

独具特色的纪念性建筑，丰富的馆藏，优美的环境，规范的管理，使周恩来纪念馆成为周恩来故乡淮安两个文明建设的重要窗口，成为江苏省和全国重要的爱国主义教育示范基地和旅游胜地。邓小平同志为周恩来纪念馆题名，更加辉映了一代伟人周恩来的崇高威望。此件档案被评为江苏省珍贵档案，具有重要的历史价值和纪念意义。

邓小平为周恩来纪念馆题写的馆名

张爱萍为淮安革命老区题字

（1）张爱萍为涟水战役革命烈士纪念碑题写碑名

保管单位：涟水县档案馆

内容及评价：

1988年8月张爱萍为涟水战役革命烈士纪念碑题写碑名。涟水战役，即1946年的两次涟水保卫战。1946年6月，蒋介石撕毁《停战协定》，发动全面内战。6月下旬，国民党军队以围攻中原解放区为起点，展开了向全国各解放区的全面进攻，战火烧到了"两淮"。1946年10月19日至11月1日，华中野战军第1、6师，第9、10纵队，第13旅及淮南第6旅等部队，在涟水城下摆好战场，与张灵甫所率国民党整编第74师和整编第28师之192旅共4个旅3万余兵力对垒，经过14个昼夜的浴血奋战，第一次涟水保卫战以我军歼敌9000余人而宣告胜利结束。敌人不甘心失败，12月3日，国民党整编第74师、第28师一部、广西军第7军一个旅，再度进犯涟水城。我华中野战军第6师、淮南第6旅在涟水城再次与敌军激战。在完成阻击敌人的任务后，我军各部于16日先后撤出战斗。第二次涟水保卫战历时两周，共歼敌4000余人，拖住了敌军的主力，保障了宿北战役的胜利，起到了战略配合的重要作用。

解放后，涟水县委、县政府为纪念涟水保卫战中英勇献身的革命先烈，在涟城修建了烈士陵园和纪念碑。1988年，张爱萍将军应邀题字"涟水战役革命烈士纪念碑"，同年8月27日将题字手迹寄给涟水县人民政府。2005年该题字由县烈士陵园移交涟水县档案馆永久保存。

该题字具有重要的历史价值和纪念意义。

张爱萍为涟水战役革命烈士纪念碑题写的碑名

（2）张爱萍为江淮大学旧址题字

保管单位：洪泽县档案馆

内容及评价：

1994年9月张爱萍为江淮大学旧址题字。江淮大学是新四军军部和中共江苏省委于1942年9月联合创办的一所综合性大学，在敌后坚持了两年左右先后办了两期，学生共计120余人。期间吸收了一批爱国教授进入根据地。在我党统战史和中国教育史上留下了光辉的一页。1994年9月，新四军江淮大学建校52周年之际，洪泽县举办了新四军洪泽湖革命斗争历史研讨会，江淮大学校友会的同志应邀参加并集体前往仁和镇，在江淮大学旧址上树起了纪念碑。"江淮大学旧址"，是张爱萍将军应江淮大学校友会之邀题写的，其手迹于2004年被洪泽县档案馆征集进馆。

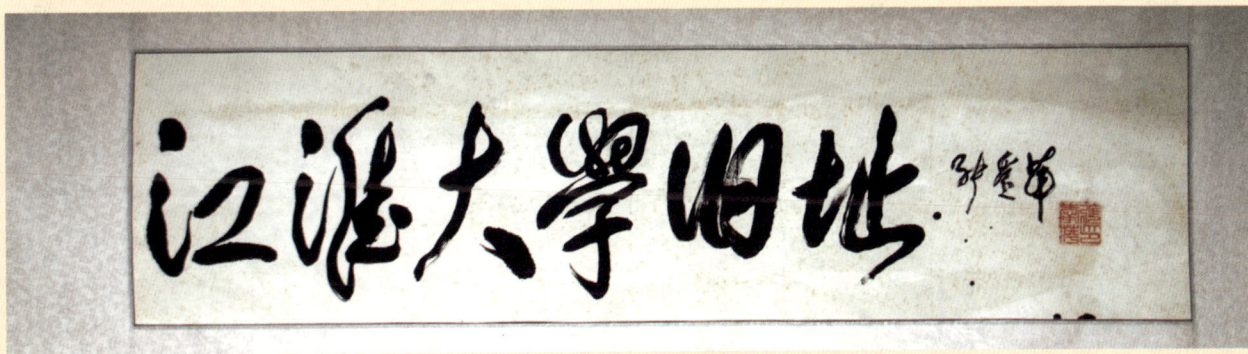

张爱萍为江淮大学旧址题字

李一氓《淮阴八十二烈士墓碑记》修改稿

保管单位：淮安市淮阴区档案馆

内容及评价：

李一氓《淮阴八十二烈士墓碑记》修改稿形成于1990年5月26日。1990年上半年，淮阴县地方志办公室在编写《江苏县邑风物丛书——淮阴》一书时，李一氓同志1946年3月18日撰写的《淮阴八十二烈士墓碑记》是入选的重要篇目，但发现原碑文中有一些字和标点有明显的讹误。出于对历史负责和对作者的尊重，中共淮阴县委副书记李忠善、县人大常委会主任王宝善和县志办主任周立诚一行3人，于1990年5月26日赴京拜访了中顾委常委、原苏皖边区政府主席李一氓同志。说明来意后，李老非常重视，他说："原碑文在1946年国民党进攻淮阴时被打烂了。后立的这个碑不知是谁搞的，出现了这么多错误，早该改正。"说着他戴上眼镜，对碑记文稿逐字过目，还不时地和一旁的谢冰岩同志（时任《中国书法》杂志主编、中国书法家协会常务理事）反复斟酌，确定后进行校正。虽然字写得有些歪，句号也画得不那么圆，但老人家那种严肃认真的态度和对历史负责的精神，使在场的人肃然起敬。该档案对于研究"刘老庄战斗"历史具有重要的价值。

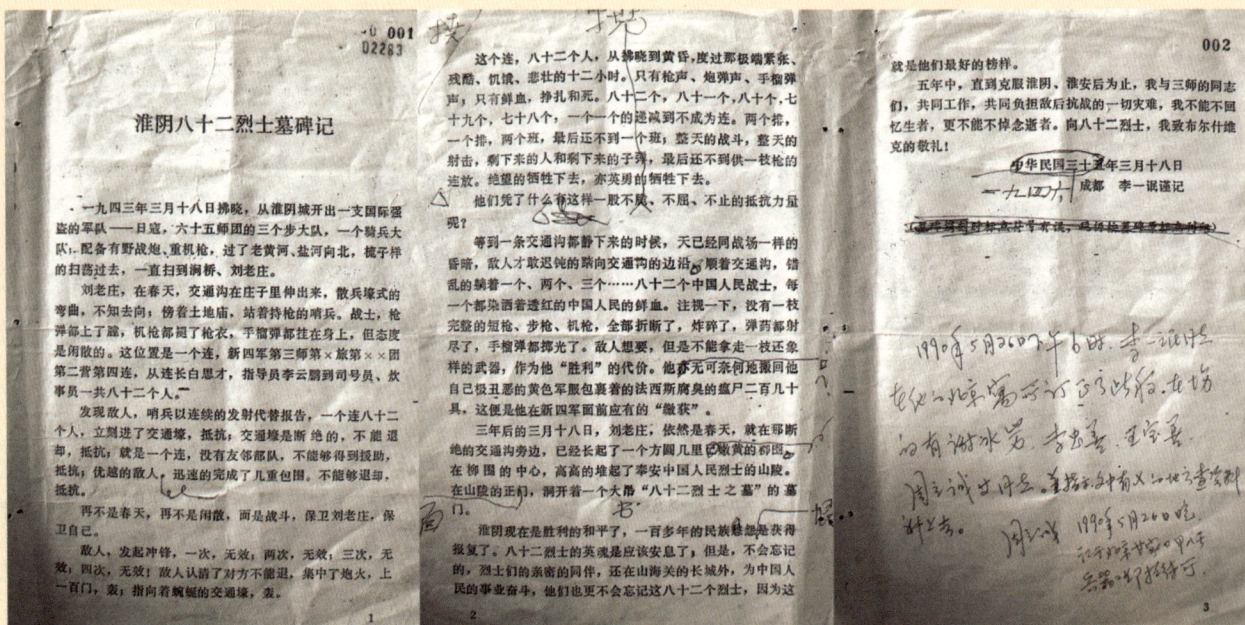

李一氓《淮阴八十二烈士墓碑记》修改稿

后记

　　《淮安卷》是江苏省档案局统一部署出版的《江苏省明清以来档案精品选》（丛书）之一，也是淮安市档案部门第一次整合并集中公布的馆（室）藏档案精品。该书通过公布开放档案精品，展示淮安市档案资源建设的丰硕成果，彰显淮安历史、人文的深厚底蕴，是淮安市档案文化精品建设的一个标志性成果。

　　为确保编纂任务的顺利完成，淮安市档案局成立了《淮安卷》编纂委员会。编委会由市、县（区）档案局、市城建档案馆以及有关单位负责人等组成。编委会主任、副主任由市档案局领导担任，副局长王克喜具体分管编纂工作。编委会下设编纂组，负责制定计划、调研采集、筛选鉴别、编辑加工、统稿审定，以及报省终审、修改校对、付印出版等工作。编纂组由鹿建平、张建国、沈淮、叶静、熊育进等5位编辑组成。在《淮安卷》编纂过程中，编纂组本着精心制作的原则，精选材、精编纂、精审校，力争实现档案资源开发利用工作的新突破。

　　《淮安卷》编纂过程中，得到了省档案局领导和专家顾问的关心指导，朱子文同志对本书进行了审阅；得到各县区档案局馆、市城建档案馆和市档案馆管理处的通力配合；得到中国人民银行淮安市中心支行、周恩来纪念地管理局、市体育局、总工会、淮安供电公司、淮阴发电厂、淮阴师院、黄花塘新四军纪念馆等单位的领导和档案工作人员的大力支持，在此表示衷心的感谢。本书筹备编辑过程中，征选档案近600件，其中多数由于篇幅限制等因素未能入选，我们将在今后续编时酌情采用。

　　受馆（室）藏、编纂时间以及编者水平之所限，书中难免有不足之处，敬请读者朋友不吝指正。

编　者

2013年7月

图书在版编目（CIP）数据

江苏省明清以来档案精品选·淮安卷/江苏档案精
品选编纂委员会编.––南京：江苏人民出版社，2013.10
　ISBN 978-7-214-10840-1

　Ⅰ.①江…　Ⅱ.①江…　Ⅲ.①档案资料—汇编—淮安
市　Ⅳ.①K295.3

　中国版本图书馆CIP数据核字（2013）第240135号

书　　　名	江苏省明清以来档案精品选·淮安卷
编　　　者	江苏档案精品选编纂委员会
责 任 编 辑	韩鑫　朱超　石路
责 任 监 制	王列丹
出 版 发 行	凤凰出版传媒股份有限公司
	江苏人民出版社
出版社地址	南京市湖南路1号A楼，邮编：210009
出版社网址	http://www.jspph.com
	http://jspph.taobao.com
经　　　销	凤凰出版传媒股份有限公司
照　　　排	江苏凤凰制版有限公司
印　　　刷	江苏凤凰新华印务有限公司
开　　　本	880毫米 × 1230毫米　1/16
总 印 张	227.5　插页56
总 字 数	1800千字
版　　　次	2013年10月第1版　2013年10月第1次印刷
标 准 书 号	ISBN 978-7-214-10840-1
总 定 价	1500.00元（全14卷）

（江苏人民出版社图书凡印装错误可向承印厂调换）